★★★★★
리뷰마케팅

R E V I E W
M A R K E T I N G

리뷰마케팅

리뷰에 담긴 고객의 목소리로
비즈니스를 키워라

박찬우 지음

박찬우

기업의 소셜/디지털 커뮤니케이션을 기획하고 실행하는 컨설팅 컴퍼니 왓이즈넥스트Whatisnext의 대표이며 데이터 분석 기반 컨설팅 컴퍼니인 옥토퍼스코드의 CSO를 겸직하고 있다. 17년 동안 한국지엠, 한국마이크로소프트, 소니코리아, 한국인삼공사, 삼성화재, 현대캐피탈, 미래에셋생명, 신세계백화점, 불스원, YBM, 푸르덴셜, G마켓, 코원등의 기업 디지털 마케팅을 컨설팅했으며 통일부, 통계청, 기상청, 서울시 등의 소셜미디어 마케팅의 자문을 진행했다. 그리고 조선일보 위클리비즈에 '소셜미디어마케팅' 칼럼을 연재하였고 동아비즈니스리뷰와 기업들의 사보에 그간의 경험을 중심으로 컬럼을 기고하였다. 또한 디지털 군중의 컬처를 반영한 커뮤니케이션을 기반으로 브랜드 기자단 기획 운영 경험과 팬 커뮤니티의 기획 경험을 정리하여 브랜드 팬덤 서클Brand fandom Circle 모델을 설계하고 〈스노우볼 팬더밍〉을 저술하였다.

　월라 오디오북의 브랜드 팬덤 컨설팅을 진행하였고 해녀의 부엌과 널핏의 고객 리뷰 분석을 통해 제품이나 서비스의 평판을 개선하거나 보완하고 나아가 지지 세력 구축 및 브랜드 팬덤을 설계하는 '리뷰 컨설팅'을 진행중이다.

www.whatisnext.co.kr / cwpark71@gmail.com

같이 고민하고 같이 용기 내준

아내 경아에게

함께하는 사랑의 마음으로

(feat. 철야 원고 도우미 다냐, 다돌 감사)

성공의 열쇠는 고객 목소리에 숨어있다.

한양대학교 경영대학 명예교수 홍성태

요즘 고객 리뷰는 제품이나 서비스의 구매 결정에 주요한 영향을 미치는 요소입니다. 이전에도 제품이나 서비스를 먼저 사용한 고객의 평가는 중요했습니다. 다만 당시의 리뷰는 전달될 수 있는 범위가 넓지 못했죠. 그러나 인터넷과 소셜미디어가 등장하면서 리뷰의 영향력은 점점 더 커지고 있습니다. 그리고 이제는 누구나 쉽게 자신의 생각을 담은 리뷰를 공유할 수 있어 모든 고객들이 평론가가 되어 버린 세상입니다.

기업에도 고객 리뷰는 제품이나 서비스의 신뢰도를 높이고 판매를 증가시키는 데 매우 효과적인 방법입니다. 기업이나 브랜드의 신뢰도가 하락하고 있는 세상에 고객 입장에서의 평가가 다른 고객에게 진정성 있게 전달되는 것은 어찌 보면 당연한 이야기입니다. 따라서 기업도 이제 고객 리뷰가 비즈니스에 중요하다는 것을 깨닫고 다양하게 활용하며 보완하고 있습니다. 특히 커머스 플랫폼은 리뷰의 확보와 활용에 집중하고 있는 상황입니다.

이 책의 저자는 하나의 걱정에서 집필을 시작했다고 합니다. 이렇게 고객이나 기업 모두에게 중요한 리뷰가 진정성을 의심받는 상황을 말이죠. 고객들의 리뷰가 제품과 서비스의 홍보나 판매에 효과가 있지만 자발적인 리뷰를 수집하는 것이 만만치 않자 영향력을 가진 셀럽이나 인플루언서를 활용하여 허위 리뷰를 만들어 내거나 체험단, 서포터즈 등을 동원해 대량의 리뷰를 찍어 내곤 합니다.

결국 기업이 비용을 지불하여 리뷰어와 짜고 치는 '뒷광고 논란'과 '가짜 리뷰'가 초래한 혼란으로 인하여, 리뷰는 기업의 과장된 광고나 홍보물로 취급받는 처지가 되었습니다. 이처럼 기업에 중요한 리뷰가 이전의 방식으로 더 이상 효과를 거둘 수 없는 이 상황에 정작 기업들은 어떠한 대책을 마련하고 있는 걸까요? 이러한 의심과 걱정의 이야기를 차근차근 풀어 갑니다.

이 책은 리뷰와 리뷰어에 대한 이해부터 리뷰의 속성에 따른 분류까지 리뷰가 사람들에게 영향력을 발휘하게 된 배경을 자세하게 설명하는 것으로 시작합니다. 그리고 저자가 실무에서 한 경험을 바탕으로 현재 기업의 리뷰 마케팅 문제점을 하나하나 분석합니다. 그리고 일방향적 리뷰 마케팅을 넘어 양방향으로 소통하는 리뷰 커뮤니케이션으로의 전환을 제안합니다.

리뷰 마케팅은 잠재고객에게 영향력을 갖는 유명인이나 특정 직업군의 일반인을 활용하여 누구나 이해하기 쉬운 범용의 리뷰를 소량 제작하고 이를 널리 퍼트리는 리뷰 마케팅 1.0에서 시작되었습니다. 그러다가 소셜미디어의 등장으로 리뷰를 확보하고 확산하는 방법이 쉬워지자 다양한 리뷰어에게 다양한 주제의 리뷰를 얻어 활용하면서 리뷰의 양이 폭발적으로 증가한 리뷰 마케팅 2.0의 시대로 전환되어 왔습니다.

하지만 기업의 주도하에 고객에게 요청하여 제작되는 리뷰는 기업이나 제품에 우호적인 내용만을 주로 담아 고객들에게 광고나 홍보처럼 느껴지게 되었고, 고객의 외면을 받게 되어 리뷰 마케팅의 효능성이 떨어지는 상황이 되어 버렸죠. 이에 저자는 그동안 기업들이 관심을 상대적으로 가지지 않았던 고객의 자발적인 리뷰를 수집하고 반응하고 가치를 높여 지속적인 리뷰 생태계를 만드는 리뷰 커뮤니케이션의 시대로의 전환이 필요하다고 주장합니다.

여기에 저자는 리뷰 커뮤니케이션으로의 전환만을 주장하는 것이 아니라 지금 기업들이 진행하고 있는 리뷰 마케팅의 개선점, 체험단·서포터즈의 보완점도 실무의 경험을 바탕으로 설명해 주고 있습니다. 놓치지 말아야 할 포인트입니다.

비즈니스 성공의 열쇠는 고객 목소리에 숨어 있습니다. 고객 목소리, 즉 고객 리뷰에는 기업의 제품과 서비스에 대한 다양한 의견과 아이디어가 담겨 있습니다. 단순히 다른 고객의 구매를 촉진하는 영향력 외에도 비즈니스에서 주목해야 할 내용을 놓치면 안 됩니다. 고객 목소리에 집중하고 그 목소리에 담긴 이야기를 비즈니스에 반영할 때 고객은 여러분의 비즈니스를 지지하는 진정한 팬이 될 것입니다. 고객 리뷰는 비즈니스의 팬덤을 연결하는 주요한 연결고리가 될 수 있습니다. 이 책을 통해 리뷰 밑에 숨어 있는 고객 목소리를 어떻게 비즈니스에 발현할 수 있을지 많은 아이디어를 얻으시기 바랍니다.

목차

리뷰 없이는 구매도 없다

1.

〈스노우볼 팬더밍〉을 출간하고 모 기업과 브랜드 팬덤을 구축하기 위해 미팅을 하는 자리였습니다. 미팅 초기인지라 팬덤 구축에 대해 막연하게 만 이야기할 뿐 구체적인 구축 방안에 대해 논의가 이루어지지 않는 상황이었습니다. "브랜드의 팬덤이 생기면 무슨 일을 함께하거나 무슨 역할을 해주길 바라시죠?", "그들이 우리 기업이나 브랜드를 응원하고 지지해 주었으면 합니다." 대중의 팬덤과 브랜드의 팬덤을 헷갈리고 있는 상황입니다. 실제적인 접근이 필요하였죠. 그때 자발적으로 브랜드나 제품을 주위에 알리고 있는 고객이 떠올랐습니다. 바로 리뷰어와 그들의 리뷰였죠. 자연스럽게 브랜드 팬더밍의 시작점으로 고객들의 리뷰를 살펴보기 시작했습니다.

2.

"뭐 좀 새로운 것 없나?"

마케팅 회의 자리라면 쉽게 들을 수 있는 이야기입니다. 이뿐인가요. 연말이 다가오면 일 년짜리 트렌드 전망서를 분야별로 구입해 새로움을 충족합니다. 메타버스, NFT, ChatGPT 등등. 그런데 언제부턴가 새로운 그 무엇인가에 대한 기대감 때문에 익숙함은 오래된 것, 철 지난 것으로 취급하는 경향이 생겨났습니다.

"익숙함에 속아 소중함을 잃지 말자."

한때 소셜 웹에서 유행했던 말입니다. 오글거리기 그지없는 이 말은 막 연애를 시작한 풋풋한 학생들 사이에서 진리처럼 받아들여진 말이기도 합니다. 주로 연인 관계에 사용되는 이 말은 사실 다양하게 적용될 수 있습니다.

고객과 비즈니스 간의 관계에서 리뷰도 그러합니다. 오랜 기간 동안 익숙해져 버린 리뷰에는 새로움 못지않은 많은 가치들이 담겨있습니다. 하지만 점점 리뷰는 대부분의 기업들이 고객들에게 자신의 제품과 서비스를 어필하기 위해 일방적으로 찍어내듯 만들고 확산하는 것으로 익숙해져 버리고 있습니다. 리뷰의 진정한 가치를 잃어버리게 된 상황이죠. 안타까운 일입니다.

3.
아침 운동을 시작해서 운동화 하나를 구입했을 때의 이야기입니다. 매장에 들러 운동화를 신어보고 구입할 시간적 여유가 없었죠. 이전에 온라인으로 구입을 해 본 결과 큰 문제가 없었기에 이번에도 온라인으로 구입을 하기로 했습니다. 먼저 검색을 통해 마음에 드는 제품 후보군을 찾았습니다. 각 제조사가 정리해 놓은 상품 정보를 비교해 보고 신중하게 골라 제품을 구매했습니다. 나름 합리적인 구매를 했다고 생각하고 배송될 운동화를 기쁜 마음으로 기다리게 되었죠.

며칠 뒤 배송된 운동화를 신어보고 난감해졌습니다. 분명 이전에 신어보고 문제가 없었던 정사이즈로 주문을 했는데도 발이 너무 끼어 걸을 수가 없을 지경이었습니다. 교환을 하자니 포장지는 이미 고양이들의 장난감이 되어버려 이러지도 저러지도 못하는 상황이 되었죠. 와이프에게 이 상황을 이야기하였습니다. 돌아오는 답은 "아니 신발을 구매하면서 고객 리뷰를 찾아보지도 않고 산 거야?"라는 핀잔이었죠. 이전엔 문제없었던 같은 브랜드의 정사이즈 신발을 구입하는 것이어서 너무 쉽게 생각했던 것일까요? 신발을 구입한 사이트에 다시 방문해 고객 리뷰를 살펴보았습니다. "발볼이 좁게 나와 정사이즈보다 한 사이즈 크게 주문할 것"이란 내용의 고객 리뷰들이 무려 177개나 있었습니다.

블로그가 처음 등장하고 많은 사람들이 사용하기 시작할 즈음 속초에 여행을 간 적이 있습니다. 고속버스가 목적지에 도착하기 전 첫 식사를 맛있게 먹고 싶어 네이버에서 '속초 맛집'을 검색했습니다. 검색 결과 중 리뷰가 가장 많은 '88생선구이'를 첫 식사 장소로 결정하였습니다. 버스에서 내려 바로 찾아갔지만 이미 많은 사람들이 줄을 서서 차례를 기다리고 있었습니다. 우리 차례는 한 시간 정도 기다려야 할 정도로요.

그때 이상한 풍경이 눈에 들어왔습니다. '88생선구이' 가게 좌우로 골목 전체가 생선구이 집들인 것이었습니다. 이상한 점은 딱 '88생선구이'에만 사람들이 몰려 줄을 서 있는 것이었죠. '생선구이 집이 다 비슷하지 않나? 이 가게에만 왜 유독 줄을 서 있는 거지? 뭔가 다른 점이 있는 것일까?'라는 궁금증에 가게 이곳저곳을 살펴보았는데 가게 곳곳에 붙어 있는 '인터넷 별미집' 스티커가 눈에 띄었습니다. '아, 이 집은 긍정적 고객 리뷰가 고객을 이끈다는 것을 알고 있었구나. 검색 결과에서 보인 맛집 포스팅이 우연이 아니었군. 그것이 이 집의 차별점이었네.' 모든 궁금증이 풀리는 순간이었습니다. 당시는 일부의 식당들이 블로그를 홍보의 수단으로 막 쓰기 시작하던 때였습니다. '88생선구이'도 그 선도적인 식당 중 하나였던 것이죠. 이제 고객 리뷰는 구매하는 사람에게도 판매하는 사람에게도 너무나 중요한 요인이 되었습니다.

이들은 모두 리뷰를 주제로 두 번째 책을 쓰게 된 계기가 된 사건들입니다. 새로운 연구 주제를 찾다가 문득 이미 가지고 있는데 제대로 활용하지 못하거나 잘못 사용하고 있어 그 효과를 거두지 못하고 있는 리뷰를 발견하게 된 것이죠.

리뷰의 중요도는 계속 높아지고 있는데 현장에서는 그 효과가 예전만 못하고 게다가 진행 비용만 증가하고 있는 상황이라 그 이유와 해법이 궁금해졌습니다. 관련 도서를 검색해 보았는데 국내엔 리뷰 마케팅과 관련한 도서가 전무한 상태. 이에 리뷰 마케팅의 현재 상황과 개선점을 정리해 보고 싶은 욕구가 생겼습니다. 나아가 리뷰가 가진 진정한 경험의 가치를 살펴보고 고객과의 커뮤니케이션으로 새롭게 관계 맺는 방법을 이야기하고 싶어져 원고를 집필하기 시작했습니다.

고객들은 리뷰로 소통한다

'포레스터리서치'는 사람들이 자신에게 필요한 것을 기업과 같은 전통적인 조직으로부터 얻지 않고, 정보통신 기술을 이용하여 직접 서로에게 얻어내는 사회적 현상을 그라운드 스웰Groundswell이라 정의하고 기업과 고객 간의 커뮤니케이션의 변화를 알렸습니다. 그라운드 스웰은 어원 그대로 해석하면 '먼 곳의 폭풍에 의해 생기는 큰 파도'로 소셜미디어와 새로운 정보통신 기술들을 이용해 고객들이 스스로 정보를 모으고 분석, 판단하면서 과거 기업이 정보의 생산과 유통을 주도하던 통제권을 무력화시키는 현상입니다.

이때 고객들이 직접 서로 교환했던 정보 중 대부분이 기업의 제품과 서비스를 경험한 고객들의 리뷰였을 것입니다. 인터넷은 이전에 볼 수 없었던 방식으로 커뮤니티를 만들고 고객을 연결했습니다. 고객들은 서로를 알지 못하지만 온라인에서 고객 리뷰를 통해 서로를 도왔습니다. 그리고 소셜미디어의 등장은 고객 리뷰의 영향력을 점점 더 강력하게 만들었던 것이죠. 이전의 고객들은 그들의 경험을 주변 지인들 몇몇에게만 전달할 수 있었습니다. 하지만 소셜미디어의 등장으로 그들의 경험은 더 많은 지인들, 심지어 일면식도 없는 사람들에게까지 전달할 수 있게 되었습니다. 그것도 이전보다 더 간단한 방법으로요.

한국소비자연맹의 '소비자대상 인식 조사'[1]에서 97.2%의 소비자가 '구매 전 이용 후기를 확인한다.'라고 답했습니다. 그리고 이용 후기에 대한 신뢰도도 70.2%로 상당히 높았습니다.

리뷰의 효과는 단지 '온라인 구매 시'뿐만 아니라 '오프라인 구매 시'에도 영향력이 커지고 있습니다. 2017년 시장 조사 기관 엠브레인 트렌드 모니터의 '소비자 리뷰 영향력 조사'[2]를 보면 오프라인 구매 시 소비자 리뷰를 확인하는 사람이 57.9%로 당시 크게 증가하였다고 합니다.

한번은 급하게 컬러프린터가 필요했는데 온라인 쇼핑몰의 배송을 기다릴 수 없어 집 앞 전자 제품 매장에 간 적이 있었습니다. 구입을 원하는 기종을 묻는 판매 사원에게 제품명을 대답하였더니 다른 제품을 권하지도 않고 돌아온 대답은 "리뷰 살펴보고 오셨을 테니 가격은 어디까지 보셨어요?"였죠. 이미 오프라인의 판매자들도 고객들이 방문 전 리뷰와 제품 정보를 충분히 살펴보고 온다는 것을 알고 있는 것입니다.

고객 리뷰의 매력은 '진정성'에 있습니다. 기업이 제공하는 제품이나 서

1   소비자 대상 온라인쇼핑몰 이용 후기 실태 및 인식도 조사 / 한국소비자연맹 / 2021.1.11.
2   2017 소비자 리뷰 영향력 조사 / 엠브레인 트렌드모니터 / 2017.10.

비스의 정보보다 실제 구매 고객의 경험담은 솔직하고 공감하기 쉽기 때문이죠. 또한 고객 리뷰는 기업의 관점이 아닌 고객의 관점에서 제품이나 서비스를 설명하기 때문에 구매 결정에 도움이 되고 신뢰를 얻게 되었습니다. 다시 말해 리뷰는 고객 관점에서 그들의 경험을 솔직하게 설명해야 공감을 얻게 됩니다. 리뷰 마케팅에서 리뷰 커뮤니케이션으로의 전환 시 이 점을 꼭 기억해야 합니다.

고객 리뷰를 가벼이 보지 마라

업무 미팅차 현대카드·캐피탈 여의도 사옥(의) 직원용 카페테리아 '더 박스the Box'를 방문한 적이 있습니다. 직원들을 위한 모던한 인테리어와 편리한 시설이 인상적이었죠. 미팅을 진행하던 중 문득 한 쪽 벽면의 60개 작은 모니터에서 쉴 새 없이 텍스트가 올라오는 것을 발견하게 되었습니다. 처음엔 유명 작가의 미디어 아트인가 했고 살짝 내용이 궁금해서 직원분에게 물어보았더니 현대카드·캐피탈에 대한 민원과 불만이 실시간으로 올라오는 '통곡의 벽'이라고 했습니다. 고객 불만은 일단 숨기고 싶은 게 기업의 심리인데 거침없는 욕설도 걸러지지 않은 채 그대로 직원들의 휴식 공간에 공개하고 있는 것이 의아했습니다.

정태영 부회장이 뉴욕타임스 본사의 기사 제공 모니터에서 힌트를 얻어 만들었다고 합니다. 늘 고객의 목소리를, 그것도 불만을 기억하자는 취지를 담고 있다고 합니다. '고객의 민원은 전담 부서에서만 한다.'는 마인드가 아닌 전 직원이 참여해야 한다는 의미이죠. 설명을 다 듣고 나니 통곡의 벽이 다르게 보이기 시작했습니다. 그런데 카페테리아 전경을 살펴보니 처음의 의도와 다르게 대부분의 직원이 통곡의 벽을 주목하고 있지 않고 있었습니다.

그렇죠. 매번 관심을 가질 순 없을 것입니다. 설치한 후 시간이 지남에 따라 주목도가 떨어지는 것이 현실인 것이죠. 하지만 외부인이 보기엔 고객의 목소리에 적극적으로 대응하고 있다는 느낌을 받기 어려운 광경이기도 했습니다.

마치 기업들이 고객의 리뷰가 중요하다는 것은 인지하는 것 같으면서도 리뷰를 대하는 자세에서는 진정성이 부족함을 느끼게 되는 경우와 유사한 상황입니다. 고객 리뷰 담당 부서에서만 리뷰를 운영 관리하는 것이 아닌 전사적인 관심과 대응이 필요함을 알면서도 실제 적용이 이루어지지 않는 부분들도 단편적으로 유사하다고 생각되었습니다. (물론 이후에 현대카드는 '통곡의 벽'뿐만 아니라 다양한 방식으로 고객의 불만을 공유하고 관리하고 있다는 추가적인 설명을 들었습니다.)

고객 리뷰의 가치와 중요성을 인지하면서도 기업이 고객 리뷰를 가볍게 대하는 이유는 바이럴 마케팅, 인플루언서 마케팅, 체험단, 서포터즈, 후기 이벤트 등의 방법으로 비용만 들이면 쉽게 입맛에 맞는 고객 리뷰를 얼마든지 얻을 수 있다는 생각 때문이 아닐까요? 더 이상 고객들은 기업이 만든 홍보성 리뷰를 믿지도 않고 속지도 않으며 오히려 구분해 낼 수 있습니다. 정부도 고객 리뷰의 신뢰도를 떨어뜨리는 '뒷광고'나 '가짜 리뷰'를 개선하기 위해 관련법을 개정하였고요. 설령 비용을 들여 검색엔진의 결과 화면, SNS 계정의 타임라인에 도배를 한다 치더라도 고객은 구분해 낼 수 있습니다. 나아가 이렇게 고객의 시간을 빼앗고 진실한 고객 리뷰를 얻는 것마저 어렵게 하는 기업의 의도나 진정성을 의심하기까지 하는 상황입니다. 이젠 이전처럼 쉽게 홍보성 리뷰를 찍어 내듯이 하여선 효과를 기대하기 어렵습니다.

이 책은 리뷰와 리뷰 마케팅, 그리고 나아가 리뷰 커뮤니케이션의 이야기를 총 7장으로 구성했습니다. 첫 번째 장은 '리뷰에 의존하는 고객들'로 본격적인 리뷰 마케팅을 논의하기 전에 잘못 알려진 부분과 실무에서의 문제점을 예시를 들어 설명합니다. 여기에 리뷰와 리뷰어의 근본적인 특성을 알아보고 리뷰를 다양한 기준으로 구분해 보았습니다. 이미 리뷰 마케팅을 성공적으로 수행하고 있고 리뷰나 리뷰어의 특성을 이해하고 있다면 건너뛰어도 좋겠습니다.

제2장은 현재 리뷰 마케팅의 위기 포인트를 설명합니다. 뒷광고로 시작된 가짜 리뷰의 상황을 파악하고 리뷰 마케팅으로 활용되고 있는 방법들의 문제점을 살펴봅니다. 현업에서 리뷰 마케팅 진행을 준비하거나 진행 중이라면 읽어봐야 할 챕터입니다. 리뷰 마케팅의 신뢰도 하락으로 인해 홍보 효과의 감소를 느끼고 있다면 이 장의 내용을 통해 그 이유를 살펴보고 대안을 준비할 수 있을 것입니다.

제3장은 리뷰 마케팅에서 커뮤니케이션으로 전환해야 하는 이유와 리뷰 커뮤니케이션에 대해 설명합니다. 그리고 리뷰 마케팅 1.0과 리뷰 마케팅 2.0, 그리고 리뷰 커뮤니케이션에 대해 비교해서 알아봅니다. 또한 리뷰 마케팅의 위기를 극복하기 위해 리뷰 커뮤니케이션에 대해 고객의 자발적인 리뷰를 얻고 리뷰를 통해 소통하는 다음 단계를 설명합니다.

제4장과 제5장에서는 실제적인 리뷰 커뮤니케이션의 실행 방법을 살펴봅니다. 비용을 지불해서 고객 리뷰를 얻고 있는 리뷰 마케팅에서 벗어나 지속적인 리뷰 생태계를 구축하는 실제적인 방법들을 설명합니다. 기업의 리뷰 마케팅 중 이상하게도 기업들이 고객 리뷰 중 상대적으로 관심을 적게 두는 부분이 바로 자발적인 고객 리뷰입니다. 신규 브랜드가 아닌 이상 대부분의 기업은 제품이나 서비스의 자발적 고객 리뷰를 얻을 수 있습니

다. 자발적 리뷰가 긍정적이든 부정적이든 먼저 검색하여 찾아내고 응답하여 고객 리뷰를 통한 소통의 문화를 만들어 주는 것이 필요합니다. 자발적 리뷰에는 대응하지 않고 후기 이벤트나 체험단, 인플루언서 리뷰에만 집중하는 것은 형평에 어긋납니다. 그리고 지속적인 리뷰 생태계를 구축하는 데도 도움이 되지 않고 결국 비용을 지불해야만 고객 리뷰를 얻을 수 있는 구조가 되어 버릴 것입니다. 이를 벗어날 수 있는 리뷰 커뮤니케이션의 실행 방법을 이 장에서 살펴봅니다.

제6장에서는 리뷰 커뮤니케이션과 브랜드 팬덤의 상관관계를 살펴봅니다. 브랜드 팬덤의 의미를 살펴보고 지속적인 리뷰 커뮤니케이션으로 얻을 수 있는 팬덤을 설계해 봅니다. 대중의 팬덤과 차별화되는 브랜드 팬덤의 구축 방법을 살펴보려면 이 장만 빠르게 읽어봐도 도움이 될 것입니다.

마지막 제7장에서는 현재 기업들이 활용하고 있는 리뷰 마케팅을 개선할 수 있는 실행 아이디어를 정리하였습니다. 기업이 보상을 제공하고 고객들에게 리뷰를 '요청'하는 방법에서 효과를 높일 수 있는 포인트를 몇 가지 제안합니다. 당장 실무에서 리뷰 마케팅의 개선이 필요하다면 유용하게 쓰일 것입니다.

이 책 말미에는 부록을 추가하였습니다. 부록에는 공정거래위원회의 '추천보증심사지침 : 경제적 이해관계 표시하기' 중 주요한 부분을 발췌하여 정리해 보았습니다. 현업에서 지침을 준수하기 위해 꼭 알아두어야 할 사항과 헷갈리는 부분의 사례를 뽑아 정리하였습니다. 마찬가지로 리뷰 마케팅을 실행하면서 참조하면 도움이 되는 부록이 될 것입니다.

이 책을 출판하기 위해 필자도 리뷰 커뮤니케이션을 일부 적용하였습니다. 현업의 마케터나 컨설턴트, 기업의 임원들에게 작성된 초고를 공개하고 간단한 피드백, 리뷰를 받아 원고의 목차부터 세부적인 표현까지 재차, 삼차 수정을 하였습니다. 헤일로에이트의 신타샤 부사장님, 아모레퍼스픽의 한다혜 차장님, 디지털이니셔티브그룹의 김형택 대표님의 좋은 리뷰 덕분입니다. 감사드립니다.

'갑자기 웬 리뷰 마케팅'이냐며 거절당하던 원고를 흔쾌히 출간해 주신 비제이퍼블릭 출판사, "이런 주제의 책도 필요하지."라고 언제나 물심양면으로 응원해 주시는 홍성태 교수님 덕분에 원고가 세상에 나올 수 있었습니다. 다시 한번 감사드립니다. '리뷰 파인더'라는 서비스로 기업에 적용할 기회를 만들어주신 옥토퍼스코드의 신은주 대표님, 앞으로 함께할 프로젝트가 기대됩니다. 그리고 〈스노우볼 팬더밍〉을 사랑해 주시고 두 번째 제 이야기를 기다리며 응원해주신 많은 독자분들께 크게 감사드립니다. 두 번째 이야기가 약속보다 늦어져 죄송합니다.

고객 리뷰를 활용한 홍보 마케팅은 많은 기업들이 차용하고 있습니다. 따라서 이제까지 선례를 따라 익숙한 방법으로만 진행하는 것으로는 더 이상 효과를 기대할 수 없습니다. 단순히 선점, 노출의 의미에서 더 나아가 새로운 관점의 장기적인 시각을 가지고 고객 리뷰 마케팅을 재설계해야 할 때입니다.

지금은 기존의 기업들이 활용해 온 고객 리뷰 마케팅의 위기와 기회가 공존하는 시점입니다. 단순히 고객 리뷰를 활용해 제품의 홍보, 광고, 매출을 연결하는 단계에서 조금 더 확장을 한다면 매출뿐만 아니라 다양한 비즈니스의 기회를 얻을 수 있기도 하죠. 리뷰 커뮤니케이션으로 불황의 시대에 더욱더 고객에게 몰입하시길 기대합니다.

이 책의 많은 리뷰를 기다리며

박찬우

1장
리뷰에 의존하는 고객들

1장 리뷰에 의존하는 고객들

"천만 고객 돌파 영광의 주역, 모델의 인기! 아니죠. 고객의 후기! 광고는 안 믿어도 후기는 믿잖아요." 마켓 컬리의 최근 광고[3] 카피이다. 고객 리뷰를 사용하여 제품과 서비스를 대변하는 것이 '말하기'보다 '보여주기'에 가까운 방식으로 신뢰성을 높인다는 것을 인지한 이야기이다. 이제 기업들도 고객 리뷰의 영향력에 대해서 제대로 파악하기 시작하였다. 하지만 기업들이 고객 리뷰에 대해 활용하고 운영하는 현황들을 살펴보면 아직도 그 중요도에 비해 턱없이 부족한 상황이다.

본격적으로 리뷰 마케팅을 알아보기 전에 리뷰에 대해 좀 더 살펴보자. 우리의 고객들이 왜 리뷰를 작성하는지, 왜 보는지, 왜 리뷰를 참조하고 신뢰하는지 생각해 볼 필요가 있다. 더불어 우리 기업이 지향해야 할 리뷰 커뮤니케이션에 대해 생각하고 방향성을 잡아보자. 그동안 너무 리뷰의 영향력만을 기대하며 리뷰의 숫자, 긍정적인 리뷰 확보에만 집중한 기업의 활동을 함께 돌아보는 것도 의미가 있을 것이다. 리뷰에서 리뷰어까지 그 속성을 리뷰해보자.

---

3 https://youtu.be/05CiJDgDWI4

기업이 리뷰를 대하는 4가지 방식

현재 기업이 고객 리뷰를 운영, 활용하는 방법은 크게 4가지 방식으로 구분 지어 볼 수 있다. 먼저 부정적인 리뷰 걱정에 적극적인 리뷰의 활용을 망설이는 유형, 두 번째로 고객 리뷰의 홍보 효과만을 활용하기 위해 질보다 양으로 홍보성 리뷰를 도배하는 유형, 세 번째 고객이 자발적으로 작성한 리뷰에는 대응하지 않고 이벤트나 체험단을 통해 리뷰를 지속적으로 얻어내고 있는 유형, 마지막으로 고객 리뷰의 중요도와 활용도를 알고 있지만 홍보 효과 활용에 치우쳐 특정 부서에서만 전담으로 담당, 처리, 활용하고 있는 유형이다.

부정적인 리뷰가 두려워 리뷰 관리에 소홀

고객 리뷰를 장려하거나 활용하기를 꺼리는 기업들은 아직도 부정적 리뷰의 그늘에서 벗어나지 못하고 있는 것이 공통적인 특징이다. '긁어 부스럼'. 괜히 건드려서 부정적 이슈만 더 키우지 말고 기업이 해야 할 제품과 서비스에만 집중하자는 생각이다. 소셜 웹이 처음 등장하고 고객들은 제품과 서비스에 대해 서로의 의견을 공유하였다. 이때 여러 기업들이 예상치 못한 고객들의 부정적 리뷰에 영향을 받았던 많은 사례들을 돌아본다면 일견 공감이 가는 대응이다. 하지만 부정적 리뷰가 두려워 피하기만 한다면 그것은 진정한 해결책이 될 수 없음을 깨달아야 할 때이다.

부정적 리뷰가 등장하게 되면 초기엔 많은 기업들이 "이 리뷰를 삭제할 수 없을까요?" 또는 "리뷰를 잘 안 보이게 목록 뒤로 밀어내 주세요."라는 요청을 한다. 다른 고객들에게 감추고 싶은 마음에서 그럴 것이다. 그런데 특정 제품의 리뷰 평이 모두 좋기만 하다면 어떻게 될까? 5점 만점에 5점의 리뷰들만 가득하다면 말이다. 쉽게 좋은 제품이라 생각하게 되는가?

노스웨스턴Northwestern 대학의 연구팀이 온라인 쇼핑몰에서 얻은 온라인 리뷰들과 수백만 개의 고객 참여 데이터를 분석하여 발표한 보고서에 의하면 구매 가능성은 제품 평점이 5점 만점에 4 ~ 4.7점을 얻었을 때 가장 높다고 한다. 다시 말해, 지나치게 긍정적인 리뷰보다 어느 정도는 비판적인 리뷰가 보다 높은 신뢰감을 형성할 수 있다는 이야기다. 높은 평점의 리뷰가 높은 구매 전환을 유도한다는 것은 당연한 논리처럼 들릴 수 있지만, 항상 그런 것은 아니다.

부정적 고객 리뷰에 대한 대응은 많은 관중이 참여하고, 관중이 중요한 스포츠 경기와 같다. 부정적 고객 리뷰에 대한 기업의 대응에 따라 참관하는 관중에게 부정적 인식을 심화할 수도 있으며 긍정적 인식으로 전환될 수도 있다. 따라서 부정적 고객 리뷰에 응답하지 않는 것은 더 이상 좋은 대안이 아니다.

바이럴용 리뷰를 양으로 쏟아내기

고객들은 관심 있는 제품이나 서비스의 정보를 검색엔진과 소셜 웹을 통해 검색해 보는 것이 일반적이다. 이때 고객들이 주로 검색하는 정보 중 제품과 서비스를 이미 사용해본 다른 고객의 리뷰가 높은 비중을 차지한다. 이러한 사실을 기업들도 알고 있고 중요하게 생각하다 보니 제품과 서비스에 긍정적인 리뷰 콘텐츠가 많이 작성되고 또 다른 고객들에게 발견되길 원할 것이다.

하지만 제품이나 서비스를 구입한 고객들이 자발적으로 모두 리뷰를 쓰는 것은 아니다. 사실 고객들에게 리뷰를 얻는 것이 쉽지는 않은 일이다. 상황이 이렇다 보니 기업들은 제품의 홍보가 필요한 시점에 고객 체험단, 서포터즈 등을 모집하여 긍정적인 리뷰를 쏟아낸다. 아니면 대행사에 연결된 셀럽이나 리뷰어들에게 비용을 지불하고 긍정적인 리뷰를 얻어 잘 발견되도록 배치한다. 그리고 이런 작업을 바이럴 활동이라 포장하여 부르기도 한다.

하지만 고객들은 바보가 아니다. 이렇게 기업들이 만들어낸 리뷰들을 너무도 쉽게 구분해 내고 그 방법을 고객끼리 공유하고 있다. '포스트에 글자 수 3천자 이상이거나 사진이 20장 이상 그리고 사진으로 만든 동영상을 사용하거나 'DSLR' 카메라로 공들여 찍은 사진을 포함한…….' 등 대행사가 제공한 검색 노출 가이드에 맞춘 광고 리뷰를 걸러내는 방법들을 이미 고객들은 서로 공유를 통해 알고 있다. 사실 리뷰 글을 조금만 읽어봐도 찬양 일색의 문구로 금방 알아챌 수 있다.

사람들이 고객 리뷰를 읽고 참조하는 이유 중 하나가 '시간과 노력의 절감'이다. 이러한 광고성 리뷰를 검색 결과에 쏟아내는 방식은 고객의 시간과 노력을 더 허비하게 만들어 오히려 관심을 잃게 만들 수 있다. 고객 리뷰는 양보다 질, 즉 리뷰의 진정성이 더 중요하다.

자발적 리뷰보다 리뷰 이벤트를 먼저

기업들이 리뷰의 중요성을 깨닫게 되고 리뷰의 양에 집중하는 경향을 띠면서 고객들에게 리뷰를 얻어내기 위해 다양한 방법으로 고객 리뷰를 '요청'하고 있다. 네이버에서 '리뷰 이벤트'를 검색해 보라. 다양한 기업들이 실시간으로 진행하고 있는 리뷰 이벤트들의 엄청난 양을 체험해 볼 수 있다.

기업은 고객에게 리뷰를 얻기 위해 크게 '요청'과 '장려', 두 가지 방법을 활용한다. 많은 기업들이 고객들에게 리뷰를 얻기 위해 보상을 제공하는 이벤트같이 쉽게 '요청'하는 방식을 우선적으로 활용하고 있다. 하지만 리뷰를 '요청'하고 '장려'하는 두 가지 방식에는 차이가 존재한다. 기업이 고객 리뷰를 '요청'하는 경우에는 우호적이고 긍정적인 리뷰만을 작성해 줄 고객을 대상으로 하거나 특정한 가이드를 제공한다. 그리고 그들의 영향력만 빌리고 마음에 드는 리뷰만을 걸러내는 작업들이 수반된다. 기업이 통제 가능한 리뷰를 원할 때 많이 사용되는 방식이다. 결과적으로는 어색하거나 칭찬 일색, 진정성이 결여된 리뷰를 얻게 되고 대부분 다른 고객들에게 외면받는 경우가 많다.

고객 리뷰를 '장려'하는 방식은 지속적으로 고객들이 자발적으로 리뷰를 작성하게끔 환경을 만들어주는 것이다. 대표적인 방법이 자발적으로 고객들이 작성한 리뷰를 찾아내어 응답해 주는 것이다. 신규 브랜드가 아니라면 특별한 이유가 없는 이상, 고객의 자발적인 리뷰를 찾을 수 있다. 그들에게 관심을 가지고 답을 주고 공감하라. 자신의 리뷰에 답을 받은 고객은 지지 고객으로 전환할 확률이 높다. 그리고 이 과정을 지켜본 다른 고객들도 긍정적인 감정을 가지게 될 것이며 이런 현상이 선순환되어 자발적인 리뷰를 작성하게 되는 분위기가 만들어질 것이다.

리뷰를 홍보 수단으로만 생각

이제 대부분의 기업들은 고객 리뷰의 효과와 중요성을 인지하고 있다. 아직은 '긍정적인 고객 리뷰가 많으면 평판도 좋아지고 구매도 증가한다.'에 방점을 두고 고객 리뷰를 운영하는 경우가 대부분이다. 여기까지 기업들이 인지하고 대응하는 것도 많은 발전으로 볼 수 있다. 하지만 더 나아가야 한다. 단지 기존 광고보다 효과 좋은 고객 설득 수단이라는 점에서 더 나아가야 한다는 것이다. 고객 리뷰가 제품과 서비스를 발전시켜 고객 경험을 개선하고 지지 세력을 연결하여 새로운 비즈니스를 만들어낼 기회임을 이해하자.

고객 리뷰를 담당하는 부서는 분석하고 파악한 리뷰의 유형과 내용을 기업 전체에 공유하고 각 부서들은 필요한 조치를 반영할 수 있는 연결이 이루어져야 한다. 고객 리뷰는 이제 단순 홍보의 영역을 넘어 고객의 피드백으로 비즈니스 전반에 연결 지어져야 한다.

기업들이 고객 리뷰를 운영, 활용하는 방법 4가지 방식만 살펴보아도 아직은 고객 리뷰를 100% 활용하는 것은 분명히 아닌 상황이다. 전사적으로 고객의 리뷰를 발굴, 운영, 관리한다면 경쟁사와 차이를 벌릴 수 있는 좋은 기회가 될 수 있다는 점을 놓치지 말자.

비대면 커뮤니케이션이 활성화된 시대에 고객들에게 먼저 구입하고 사용해 본 다른 고객의 리뷰는 더욱더 영향력을 미친다. 반면 기업들이 너무나도 쉽게 비용을 들여 고객에게 리뷰를 의뢰했던 방법들은 더 이상 효과를 거둘 수 없는 상황으로 전개되고 있다. 따라서 새로운 고객 리뷰 관리가 절실해진 시점이다. 현 기업들의 고객 리뷰 마케팅 방식을 개선하기 위해서는 리뷰에 대한 오해를 풀고 리뷰를 정확하게 이해하는 태도가 우선적으로 필요하다. 이제 리뷰와 리뷰어에 대해 자세히 살펴보자.

다양한 리뷰의 종류와 이해

'리뷰Review'는 15세기 중반 고위 관리자나 상급자가 훈련의 효과를 판단하기 위한 '군대에 대한 공식적인 검사'의 의미로 시작하였다. 지금 사전적 의미는 '전체를 대강 살펴보거나 또는 중요한 내용, 줄거리들을 대강 추려

낸다.'로 '논평', '비평', '보고서', '검토', '복습'의 의미로 사용된다. '후기(後記)'는 '본문 끝에 덧붙여 기록함 또는 그런 글'과 '뒷날의 기록'이라는 의미이다. 두 용어는 마치 동일한 의미의 영어와 한글 동의어처럼 활용하기도 한다.

엄밀하게 '리뷰'는 제품의 속성과 특징을 세세하게 뜯어보고 분석한 정보를 전달하는 것이고 '후기'는 사용자의 경험을 기반으로 감상을 풀어내는 것이라는 접근방식의 차이로 구분할 수 있다. '스마트폰 리뷰'와 '스마트폰 사용 후기'를 예로 살펴보자. 먼저 '스마트폰 리뷰'라고 하면 스마트폰의 제원으로부터 시작해서 장단점, 구입 시 고려해야 할 사항들을 분석해서 제품에 관심이 있을 다른 사람들에게 참고가 되는 정보를 제공하는 성격의 콘텐츠라 추측될 것이다. 그리고 '스마트폰 사용 후기'라 하면 직접 스마트폰을 가지고 이리저리 살펴보고 실제 사용해 본 경험을 공유하는 성격의 콘텐츠로 짐작이 될 것이다.

하지만 현실에서는 둘을 엄밀하게 구분하여 사용하지 않고 혼용하여 사용하고 있다. '리뷰'와 '후기' 모두 '대상을 놓고 일종의 살펴보기'라는 동일한 의미로 말이다. '스마트폰 리뷰'와 '스마트폰 사용 후기'만 찾아보아도 우리가 짐작했던 내용대로 구분되지 않고 '스마트폰 리뷰'에 구입 후 소감들이 포함되어 있는 글들을 쉽게 찾아볼 수 있다. 반대의 경우도 마찬가지이다.

마지막으로 '평점(評點)'은 리뷰 대상의 가치를 점수로 매기는 것이다. 종종 별점으로 표현하기도 한다. '리뷰', '후기', '평점'은 현재의 고객들이 제품과 서비스를 대상으로 그들의 경험과 의견을 공유하는 방식이며 이 책에서는 설명을 위해서 모두 '리뷰'로 통일해서 이야기하도록 한다.

리뷰 시점에 따른 분류

리뷰는 일반적으로 제품이나 서비스를 경험한 직후에 작성된다. '프리뷰', '언박싱(개봉기)', '1년 사용 후기'는 일반적인 시점이 아닌 특화된 리뷰이다.

'프리뷰preview'는 제품이나 서비스 출시 전, 수집한 정보를 기반으로 기대감과 관전 포인트를 정리해 공유하는 콘텐츠이다. 엄밀히 이야기하면 리뷰라 하기 어려운 부분도 있으나 현실에서는 제품 사전 홍보를 위해 빈번히 사용되는 콘텐츠이다. 프리뷰에서 거론된 특장점이나 기대 포인트는 제품 출시 후 리뷰의 관점으로 연결되는 경우가 많다. 리뷰의 관리 부분에서 주목해 봐야 할 점이다.

언박싱unboxing, 개봉기는 말 그대로 '상자를 연다.'는 뜻으로, 구매한 제품의 박스를 개봉하는 과정을 공유하는 콘텐츠이다. 주문한 제품을 택배로 받고 처음 열 때의 그 기대감을 전달하는 것이다. 제품의 구성이나 포장 상태와 같이 제품 구매 시 초기에 확인해야 할 부분의 정보도 담겨있다. 대부분의 고객들은 개봉기와 본격적인 리뷰를 구분 지어 공유한다. 콘텐츠를 잘게 쪼개어 발행하는 방법들을 고객들이 더 잘 알고 있기 때문이다.

마지막으로 '1년 사용 후기'와 같이 특정 기간 동안 제품과 서비스를 이용한 후 제품과 서비스의 상태와 느낌을 정리하는 리뷰 콘텐츠가 있다. 장기적으로 사용되는 제품이나 서비스의 구입 결정을 돕는 중요한 정보이므로 기업들이 주목해야 할 부분이다. 대부분의 기업들은 고객 리뷰 콘텐츠를 제품 출시 시점에 쏟아내고 난 후 더 이상 고객 리뷰를 활용하지 않는 경향이 있다. 고객들은 제품을 구입하고 장기적으로 사용한 후의 경험도 구매 결정에 주요한 요건으로 여기므로 당연히 관심이 가는 리뷰 콘텐츠이다.

고객 리뷰 콘텐츠는 기업의 입장에서 장기적으로 운영, 관리되어야 하는 중요한 콘텐츠이다. 고객들이 제품 하나를 두고 시점별로 리뷰를 나누어 공유한다는 점을 잘 살펴보고 참조하자.

리뷰 방법에 따른 분류

대부분의 리뷰는 텍스트를 기반으로 필요에 따라 사진이나 이미지, 동영상 등과 같은 멀티미디어 콘텐츠로 구성된다. 5개의 별로 평가하는 '별점 리뷰', 5점 또는 10점 만점을 기준으로 점수를 부여하는 '평점 리뷰', 100 글자 이내로 제품과 서비스의 감상을 정리하는 '100자 리뷰' 등은 리뷰를 작성하는 방법이 특화된 경우이다. '별점', '평점', '100자 리뷰'와 같은 리뷰 방식은 간단하게 리뷰를 등록하고 리뷰 평균을 별이나 평점으로 한 번에 살펴볼 수 있는 형식이다. 주로 제품과 콘텐츠, 서비스를 구입하는 채널에서 많이 볼 수 있는 방식이다.

최근에는 게시될 채널의 특성에 맞춘 리뷰들도 있다. 유튜브에 게시되는 '동영상 리뷰', 인스타그램에 주로 업로드되는 '인증샷' 등 말이다. 소셜 미디어 채널들의 지속적인 등장에 맞춰 그리고 중심이 되는 콘텐츠의 형식에 맞춰 이렇듯 제작 방법이 특화된 리뷰들은 계속 등장할 것이다. 기업들도 고객들이 선호하는 리뷰 방식을 모니터링하고 제품과 서비스에 딱맞는 그리고 고객들이 주로 리뷰를 게시하는 채널의 특성에 맞는 리뷰의 방식을 발견하고 발전시키는 지속적인 관리가 필요하다.

게시 채널에 따른 리뷰 비교

고객이 작성한 리뷰가 어느 채널에 게시되느냐에 따라 나누어 볼 수도 있다. 각 채널 별로 특성이 다르긴 하지만 크게 두 가지로 나누어 볼 수 있다. 먼저 쇼핑몰, 홈페이지 등과 같이 직접 제품이나 서비스의 구매가 가능한 이커머스 플랫폼상의 리뷰이다. 구매가 가능한 채널에서의 리뷰의 역할은 무엇보다도 우선적으로 '구매 전환 유도'이다. 제품 정보와 같이 제공되므로 리뷰는 간단하고 명료한 편이 좋다. 그래서 100자 리뷰, 별점, 평점 등 한눈에 이해하기 쉬운 리뷰들이 활용된다. 제품을 구매한 고객의 리뷰가 중요하며 제품 자체 외에도 구매 시 배송, 포장 상태 등 구매 서비스와 관련한 내용도 포함된다. 제품이나 서비스에 대한 부정적인 리뷰도 많이 등장하는 채널이기도 하며 구매와 직접적인 관련이 있는 채널이니 만큼 적극적인 대응과 관리가 필요한 곳이다.

다른 하나는 블로그, 인스타그램, 유튜브 등 소셜 웹상의 리뷰이다. 이러한 리뷰의 역할은 주로 제품과 서비스의 정보 제공을 기반으로 평판을 만드는 것이다. 앞에서 제시한 이커머스 플랫폼상의 리뷰보다 좀 더 상세하고 다양한 내용이 공유되며 직접 게재되는 소셜 웹에 최적화된 형식과 내용을 담는다.

리뷰를 운영하고 관리할 때 이 두 가지로 분류해서 리뷰를 살펴봐야 하는 이유는 각각의 목표와 역할, 접근 방법이 다르기 때문이다. 즉 고객 리뷰를 운영할 때에 효과를 높이기 위해서는 크게 고객 리뷰의 역할을 '구매 전환'과 '제품 평판' 두 가지로 나누어 방향성을 계획한다. 이후 세부 채널의 특성에 맞도록 실행 방안을 준비하는 것이 좋다. 역할에 따라 구성이나 운영 관리 접근 방법이 달라지는 것은 당연한 이야기이다.

	소셜 웹상의 리뷰	이커머스 플랫폼상의 리뷰
채널	블로그, 인스타그램, 유튜브, 페이스북, 틱톡 등 소셜미디어 채널	쇼핑몰, 홈페이지, 구매 연결된 쇼핑 리뷰 사이트 등
역할	평판 관리	구매 전환
범위	제품 정보, 구성, 활용	제품 구성, 활용, 배송, 포장, 환불 등 서비스
구성	각 소셜미디어 채널의 특성을 반영	단문, 100자 평, 별점, 인증샷
내용	전문적, 다양한 제품 정보와 활용 정보 포함	직관적, 명료한 평가 포함
부정적 의견	대중의 공감을 얻기 위한 부정적 의견 게시가 많음	직접적인 불만 표시로 기업의 대응을 요구하는 경우가 많음
대응	관심, 노출 연결	즉각적, 적극적 대응

[표 1-1] 소셜 웹상의 리뷰 vs 이커머스 플랫폼상의 리뷰

평판을 만드는 소셜 웹상의 리뷰

소셜미디어 채널 통합 관리 플랫폼 '훗스위트Hootsuite'사의 소셜미디어 트랜드 2022 보고서에 따르면 인터넷 사용자 10명 중 4명 이상이 구매하려는 브랜드와 제품을 조사하기 위해 소셜미디어 채널을 방문[4] 한다고 한다.

여러분이 하루 동안 온라인에서 정보를 얻게 된 방법을 한번 떠올려 보라. 크게 3가지 방법이 있을 것이다. 첫 번째 궁금해서 '검색'해 보는 경우, 두 번째 지인들이 공유하는 정보를 소셜 네트워크 서비스인 SNS를 통해 '발견'하게 되는 경우, 그리고 마지막으로 '구독'을 통해 받아 보는 경우이다.

---

4 https://www.hootsuite.com/research/social-trends

고객 리뷰도 마찬가지이다. 특정 제품에 대해 고객 리뷰가 궁금해지면 검색엔진에서 검색해 보게 된다. 이때 주로 블로그, 유튜브 채널의 리뷰가 발견된다. 인스타그램, 페이스북, 틱톡, 유튜브 등을 통해서 제품이나 서비스에 대한 리뷰가 노출되고, 구독하는 소셜미디어 채널을 통해서 고객 리뷰를 받아볼 수도 있다. 따라서 소셜 웹상의 리뷰는 소셜미디어 채널이나 리뷰를 얻게 되는 방식을 고려하여 발견되거나 노출될 수 있도록 최적화하는 부분이 중요하다.

고객 리뷰는 각 채널의 특성에 맞게 구성된다. 블로그는 텍스트, 인스타그램은 인증샷, 유튜브는 당연히 동영상 중심으로 구성된다. 소셜 웹상의 리뷰는 이커머스 플랫폼상의 리뷰와 비교하여 상대적으로 충분한 내용이 담기게 되고 몇 편으로 나뉘어 연재의 성격으로 등록이 되는 경우도 있으며 전문적인 제품 정보와 제품 활용에 대한 설명과 해설이 담기는 경우가 많다.

부정적인 의견이 담기는 경우도 있지만 감정적이기보다는 이성적으로 해설을 하는 경우가 많다. 그리고 자신의 소셜미디어 채널에 부정적인 의견을 게시할 때에는 기업에 답을 원하는 경우보다 대중의 공감을 원하는 경우가 많다. 따라서 즉각적으로 대응하기보다는 신중하게 대응을 준비해야 한다. 그런데 기업에 대응을 기대하고 작성한 것이 아닌 고객 리뷰가 대다수이므로 기업의 작은 관심으로도 긍정적인 반응을 얻을 수 있다.

소셜 웹상에 체험단, 서포터즈, 인플루언서, 이벤트를 통해서 기업 주도하에 홍보성 리뷰를 제작하고 확산하는 것보다는 자발적인 리뷰 활성화를 만드는 것이 중요하다. 즉 제품이나 서비스에 긍정적이고 유익한 고객 리뷰를 발견하여 다른 고객들에게 연결하고 노출할 수 있는 방법들을 고민해야 한다.

구매와 연결되는 이커머스 플랫폼상의 리뷰

이커머스 플랫폼상 리뷰는 말 그대로 쇼핑몰, 홈페이지, 구매 연결된 쇼핑 리뷰 사이트 등과 같이 직접 제품이나 서비스의 구매가 가능한 이커머스 플랫폼상에 노출되는 리뷰이다. 이커머스 플랫폼상의 리뷰 역할은 구매 시점에 노출되는 리뷰이다 보니 '구매 전환' 유도가 우선이다. 구매 페이지에 도달한 고객들은 이미 소셜 웹상의 고객 리뷰를 살펴보고 온 상황이 대부분이라 구매의 의사가 어느 정도 있는 상황이다. 혹 그렇지 않은 고객들은 페이지를 이탈해서 소셜 웹상의 리뷰를 둘러보고 올 것이니 목적을 분명히 하고 집중할 필요가 있다.

구매로 연결하기 위해서는 신뢰성이 높고 정확한 판단을 위해 쉽고 명확한 정보를 담은 리뷰가 필요하다. 쇼핑몰에서 리뷰를 게시할 때 '구입 여부'를 표시해주고, 가능한 많은 리뷰를 얻기 위해 여러 혜택을 제공하는 것은 고객 리뷰의 신뢰성을 높이기 위함이다. 또한 100자 리뷰, 별점, 평점 등 한눈에 리뷰의 통계를 볼 수 있고 이해하기 쉬운 방법을 적용하는 것도 빠르고 정확한 판단을 제공하기 위해서이다.

그리고 구매 시점의 리뷰이다 보니 구매 시 배송, 포장, 환불 등 구매와 관련한 서비스의 내용도 리뷰에 자주 등장하며 그만큼 중요하다. 그리고 구매 과정에서 발생한 문제점에 대해 부정적인 의견이 리뷰를 통해 많이 등장하므로 이에 대한 관리나 대응이 중요하다. 이러한 리뷰를 게시한 고객은 기업의 대응을 원하는 불만 고객이므로 즉각적이고 적극적으로 대응해서 다른 관심 고객들이 안심할 수 있도록 해야 한다. 리뷰에 대한 지속적인 관리가 중요하다.

그런데 일부 기업들이 평점을 조작하거나 가짜 리뷰를 등록하여 좋은 평가를 받으려고 하는 경우가 있다. 가짜 리뷰는 기업의 입장에서는 달콤

한 유혹이긴 하지만 위험하고 위법적이다. 그리고 이를 방지하려는 이커머스 플랫폼들의 노력이 고도화되고 있음을 간과하면 안 된다.

제품을 구입하고 배송을 받았다고 생각해 보자. 고객 리뷰를 하나 게시할까 하는데 소셜미디어 채널에 올릴까? 아니면 구매 쇼핑몰에 100자 리뷰로 달아 포인트를 챙길까? 고민이 많아진다.

만약 구입한 제품이 인스타그램에 올릴 만한 가치가 있어서 인스타그래머블Instagramable하다면 당연히 인스타그램 계정에 인증샷을 올릴 것이다. 그리고 평소 제품에 대한 관심이나 지식이 있다면 블로그에 사진과 함께 장문의 해설 리뷰를 등록할 것이다. 운영 중인 소셜미디어 채널에 콘텐츠 소재가 필요하다면 개봉기, 간단 리뷰, 기능 리뷰 등 어떻게든 나누어서 많은 리뷰 콘텐츠를 업로드할 것이다.

많은 사람들에게 관심이 없는 제품이라면? 100자 리뷰를 달고 포인트라도 챙길 것이고, 배송 과정에(서) 파손이나 제품 자체에 문제가 생겼다면? 당연이 구입 쇼핑몰 리뷰란에 불만을 등록하고 대응을 기다릴 것이다.

이미 우리 고객들은 구입한 제품의 리뷰를 어디에 어떻게 업로드할 것인지 그 게시 효과도 잘 알고 구분해서 활용하고 있다. 기업도 고객 리뷰를 효과적으로 운영 관리하기 위해서 세부적으로 분류하고 대응 가이드를 준비하여야 한다.

고객 리뷰를 얻는 방식에 따른 리뷰 비교

고객 리뷰를 얻는 방식으로도 리뷰를 분류해 볼 수 있다. 쉽게 이야기해서 고객 리뷰를 '고객이 자발적으로 작성했는지 기업의 주도하에 작성되었는지'로 나누어 보는 방식이다.

먼저 기업 주도하에 고객 리뷰가 작성되는 방식에는 기업의 '요청'에 의한 체험단, 이벤트 프로모션, 셀럽·인플루언서를 활용한 리뷰, 광고 대행사를 활용한 홍보성 리뷰 제작 등이 있다. 기업들이 고객 리뷰 마케팅이라 했을 때 주로 많이 활용하고 있는 방식이지만 최근에는 뒷광고, 거짓 리뷰 등의 논란 등으로 인해 그 효과를 의심받고 있는 상황이기도 하다.

두 번째는 제품과 서비스를 구입한 고객이 기업과는 상관없이 자발적인 의지로 작성한 리뷰이다. '내돈내산', 즉 '내 돈 주고 내가 산 제품'이라는 뜻의 신조어를 사용하여 고객들은 기업 주도의 고객 리뷰와 구별 짓고 있다.

특정 업체로부터 협찬이나 일정 비용을 받고 작성하는, 리뷰를 가장한 광고가 아님을 강조하기 위해 리뷰 작성자가 '내돈내산' 문구를 제목이나 본문에 삽입한다. 내 리뷰가 기업들의 협찬이나 물품 제공을 받은 홍보성 리뷰가 아님을 강하게 주장하고 있는 의미인 것이다. 왜 이렇게까지 기업이 주도하여 작성된 홍보성 리뷰와 구분 짓고 싶어 할까? 역으로 생각하면 기업 주도의 홍보성 리뷰의 효과가 거의 없다는 것을 방증하고 있는 것이 아닐까?

물론 고객의 자발적인 리뷰가 기업 주도의 리뷰보다 효과적임은 누구나 동의할 것이다. 하지만 말 그대로 자발적이니 기업이 이를 얻기가 쉽지 않다. 기업이 제품을 구입한 고객들이 자발적으로 리뷰를 작성할 수 있도록 분위기를 조성하고 판을 깔아주는, 즉 리뷰 작성의 '장려'가 필요한 부분이다.

	기업 주도 리뷰	고객 주도 리뷰
동기	기업의 요청에 의한 금전적 보상 또는 혜택 제공	자발적인 동기
역할	제품과 서비스 홍보	리뷰어의 평판을 만들거나 제품과 서비스에 대한 의견을 표시
부정적 의견	거의 없음	다소 포함
업로드 주기	단발적, 집중적	지속적, 산발적
대응	대응 없이 효과 분석	대응 또는 다른 고객과 연결 노출
구분	광고 리뷰임을 표시	'내돈내산'등 리뷰어의 용어로 구분

[표 1-2] 기업 주도의 리뷰 vs 고객 주도의 리뷰

변화가 필요한 기업 주도 리뷰

고객 리뷰는 말 그대로 작성 주체가 고객이다. 좀 더 구체적으로 생각해보면 제품이나 서비스를 구매하여 사용한 경험이 있는 고객인 것이다. 그중 고객이 기업의 '요청'을 받고 현물이나 금전적 보상 또는 특별한 혜택을 얻기 위해 리뷰를 작성하는 경우를 기업 주도의 리뷰라 분류한다. 이것은 고객이 소통하고 제품을 구매하는 공간에 제품이나 서비스의 리뷰가 있고 없음이 구매 효과에 상당히 큰 차이가 있음을 인지한 기업이 광고, 홍보의 목적을 가지고 기획하고 제작하는 리뷰이다.

이를 '리뷰 마케팅' 또는 '바이럴 마케팅'이라 하며 현업에서 많이들 활용하고 있다. 특히 신제품 출시 시점의 홍보 방법에는 빠지지 않고 진행되는 경우가 대다수이다. 타깃 고객에게 영향력을 줄 수 있는 셀럽, 인플루언서, 그리고 일반 고객을 체험단으로 모집하여 리뷰를 의뢰하는 방식으로 진행된다. 특정 시점에 집중하여 제작된 리뷰는 많이 노출되고 쉽게 발견될 수 있도록 기업이 다방면으로 지원을 하게 된다. 신제품 출시 시점이 아닌데

매출 증대를 위해 고객의 리뷰가 필요한 때에는 대행사를 통해 리뷰어를 모집하고 동일한 방식으로 지원하거나 일반 고객을 대상으로 서포터즈 프로그램을 활용하기도 한다.

그 결과 검색 결과 화면에, 소셜 웹상에, 그리고 이커머스 플랫폼상에 고객 리뷰들이 쌓이게 된다. 초기에는 이런 고객 리뷰의 양적인 부분이 효과적이었으나 이제 고객들은 기업 주도의 광고, 홍보성 리뷰를 걸러내기 시작했다. 기업 주도 리뷰는 특성상 부정적 의견이 담기기 어렵고 제품과 서비스의 장점만을 마치 광고처럼 담아낸 구성이기 때문에 기존 제품 정보와 다를 바가 없는 것이 주목할 만한 점이다. 셀럽이나 인플루언서의 영향력을 활용하여 어색하게 장점만을 열거하는 그들의 리뷰는 뒷광고 논란을 만들기도 했다.

이는 스팸 메일로 한동안 효율성을 잃어 외면받았던 이메일 마케팅과 같은 상황이다. 많은 기업들이 너도나도 더 많은 이메일을 고객들에게 전달하는 데만 집중하고 정작 전달하는 내용은 광고 팸플릿에 불과해 고객들이 외면했던 이메일 마케팅을 기억해야 한다. 하지만 최근에는 전달하려는 내용의 변화를 중심으로 다시 이메일 마케팅의 효과를 인정받고 있다. 마찬가지로 기업 주도의 리뷰도 이제는 변화해야 할 때이다.

기업이 홀대하는 고객 주도 리뷰

고객 주도 리뷰는 제품을 구매한 고객이 자발적으로 작성한 리뷰이다. 그리고 자발적이라는 진정성 때문에 고객들이 신뢰하는 리뷰이다. 같은 이유로 기업이 쉽게 얻어 낼 수 없는 리뷰이고 내용에 대한 통제도 쉽지 않다.

고객 주도의 리뷰를 확보하기 위해 기업이 고객에게 '요청'하는 방식이 아닌 '장려'하는 방식의 운영이 필요하다. 즉 제품을 구매한 고객들이 자발적으로 리뷰를 작성하도록, 가능한 긍정적인 내용을 담도록 지속적으로 장려하는 방법들을 생각해 보아야 한다.

고객이 자신의 시간과 노력을 들여 리뷰를 작성한다는 것은 제품이나 서비스를 매개로 기업에 대화를 거는 것이라고 생각할 수 있다. 긍정적인 리뷰든 부정적인 리뷰든 단순히 대응만을 위한 화법보다는 공감, 설득의 화법으로 관심을 갖고 지속적인 대화로 관계를 맺는 것이 좋다. 리뷰의 내용을 분석, 분류하여 하나의 지표로 살펴보는 것도 중요하지만 고객들의 리뷰에 담긴 행간의 의미를 찾아내는 것이 그 시작이다.

그리고 의미 있는 내용의 리뷰는 기존 고객이나 잠재고객 등 다른 사람들에게 연결하여 더 많은 사람들이 읽을 수 있도록 노출해 주어야 한다. 이때 리뷰와 리뷰어를 있어 보이게 연결해 주는 것이 좋다. 시상을 하는 방법이 가장 쉽고 보편적인 방법이며 더 감성적으로 연결할 수 있는 방법들은 제4장에서 살펴보도록 하자.

지금까지 리뷰의 의미와 분류에 대해 살펴보았다. 고객 리뷰가 기업에 더욱더 중요해지고 있는 시점에서 리뷰의 효과적인 활용을 위해 리뷰의 속성을 세심하게 알아 둘 필요가 있다. 리뷰를 살펴보았으니 이제는 리뷰를 작성하는 고객, 리뷰어에 집중하여 알아보자.

리뷰를 작성하고 읽는 이유

가끔 고객 리뷰를 읽다가 보면 너무나 전문적이고 심도 있는 설명에 깜짝 놀랄 때가 있다. 그래서 '이런 글을 쓰려면 많은 시간과 노력이 필요할 텐데 이 고생을 하는 이유가 뭘까?라는 생각이 따르게 된다. 우리 고객들은 왜 리뷰를 쓸까? 이 이유를 먼저 살펴보자. 리뷰를 작성하는 이유를 알게 되면 기업이 어려워하는 고객에게 리뷰 작성을 '장려'하는 방법을 찾는 데 아무래도 도움이 되지 않겠는가. 다음으로 고객들이 리뷰를 읽는 이유도 함께 살펴볼 것이다. 리뷰를 읽는 이유를 제대로 알게 된다면 고객들이 원하는 리뷰를 얻기 위한 가이드를 기업들이 제대로 만들 수 있고 고객들의 리뷰 연결에 도움이 될 것이다.

사람들이 리뷰를 작성하는 7가지 이유

영화배우 K 씨는 일이 없을 때는 제주도 집에 가서 쉬면서 배달 음식을 많이 시켜 먹어 자칭 '배달 음식 마니아'라 한 방송에서 이야기한 적[5]이 있다. 그는 배달 음식을 시켜 먹고 리뷰를 남기는 이유로 "저 집이 잘됐으면 했다. 너무 친절하고 맛있더라. 음식을 갖고 집에 들어오시면, 카드 결제하는 시간 동안 얘기를 나눴다. 정말 잘됐으면 해서, 안 믿으실까 봐 내 이름 걸고 진짜 맛있는 집이라고 팔아드렸으면 하는 바람이었다."라며 응원의 뜻이라 전했다.

일반적으로 사람들은 자신이 경험한 것에 대해 주변에 알리고 싶어 한다. 그 경험이 극적인 경험이라면 더욱더 알리고 싶어 할 것이다. 그렇다면 우리의 고객들은 왜 자신의 시간과 노력을 들여 리뷰를 작성할까? K 씨처럼 우리 기업과 상품을 응원하기 위해서만일까? 대략 다음과 같은 7가지로 사람들이 리뷰를 남기는 이유를 정리할 수 있다.

---

5 '미우새' '배달 음식 마니아' K씨, 리뷰 작성 이유는 "잘됐으면 해서" / SBS 뉴스 / 2020.8.31.

☑ 사람들을 돕고 싶어서

☑ 자신의 존재감을 드러내기 위해서

☑ 군중의 일부가 되기 위해서

☑ 감사의 마음을 전하고 싶어서

☑ 기업이 제품을 개선하는 데 도움을 주기를 원해서

☑ 부정적인 고객 경험의 불만을 토로하기 위해서

☑ 경품이나 금전적 지원 같은 보상을 위해서

[그림 1-1] 리뷰를 작성하는 7가지 이유

첫 번째는 사람들을 돕고 싶어 하기 때문이다. 아마도 사람들이 리뷰를 작성하는 데 인용되는 가장 흔한 이유인 동시에 또한 가장 이타적인 동기이다. 긍정적이든 부정적이든 다른 사람들을 돕기 위해 자신의 경험을 알리기를 원하고 자신의 경험의 결과와 유사하게 행동하길 원하는 이유에서이다.

두 번째는 자신의 존재감을 드러내기 위해서이다. 똑똑한 사람, 전문가, 선망의 대상, 즉 중요한 존재이고 싶어서이다. 이것은 인간의 욕구가 그 중요도별로 일련의 단계를 형성한다는 동기 이론 중 하나인 매슬로우의 욕구 단계설Maslow's hierarchy of needs에서 존중의 욕구esteem로 설명할 수 있다. 사람들에게 존중, 존경을 받고 싶고 주목과 인정을 받으려는 인간의 기초가 되는 욕구 말이다. 사람들은 자신이 좋아하는 분야에 일가견이 있는 것처럼 남에게 보이길 원한다. 그리고 자신이 더 많이 알고 있음을 세상에 알리고 싶어 한다. 자신이 전문가이고 중요한 존재이니 다른 사람들을 도와야 한다고 생각하므로 첫 번째의 이타적인 이유와 짝을 이룬다.

세 번째는 군중의 일부가 되기 위해서이다. 사람은 사회적인 존재이므로 어떤 집단에 소속되거나 자신이 구성원들에게 받아들여지기를 원하고 그들과 친밀한 관계를 가지기를 원한다. 마찬가지로 매슬로우의 욕구 단계설에서 애정·소속love/belonging 욕구로 설명할 수 있다.

자신의 경험에 대한 느낌을 리뷰로 공개함으로써 유사한 생각과 취향을 갖고 있는 사람들을 찾아 집단을 이룰 수 있다. 이렇게 모인 집단은 공감과 소속감으로 이어진다. 나와 같은 취향과 생각을 가진 집단에 속함으로써 자신의 특정 경험에 대한 감정을 공개적으로 공유하며 검증받았다고 생각하는 것이다.

네 번째는 감사의 마음을 전하고 싶어서이다. 고객들이 기업에 받은 놀라운 서비스에 만족하게 된다면 그들에게 감사를 표현하고 싶어서 다른 고객들이 볼 수 있도록 추천서를 남기려 할 것이다. 앞서 K 씨의 사례와 같은 경우이다. 이때 놀라운 서비스란 제품 자체의 특성에 기인하기도 하지만 그것은 어디까지나 최소한의 필요조건일 뿐이다. 자발적으로 감사의 리뷰를 작성하기 위한 충분조건은 바로 '극적인 체험'이다. 고객의 기대를 뛰어넘는 현실의 경험을 제공하는 것이 중요하다.

다섯 번째는 기업이 제품을 개선하는 데 도움을 주기를 원해서이다. 정확히는 기업이 제품과 서비스를 개선하는 데 참여하고 싶어서이다. 요즘의 고객들은 기업이 제공하는 경험 수준을 넘어 기업의 영역에까지 적극적으로 참여하길 원하고 있고 또한 그 결과를 이끌어내고 있다. 자신의 경험과 개선 아이디어를 리뷰를 통해 제시함으로써 성취감을 얻는 것이다.

"이제 브랜드는 종전처럼 상징을 확립하고 소비자에게 스토리텔링을 강요하는 대신, 소비자를 초대해 그들 스스로 의미를 만들어내도록 이끌어야 한다."라는 안토니스 코체일라스Antonis Kocheilas 오길비 월드와이드 전략 담당 상무이사의 말처럼 경험을 넘어 참여 수준으로 고객을 맞이할 준비를 해야 한다.

여섯 번째, 부정적인 고객 경험의 불만을 토로하기 위해서이다. 이는 기업들이 두려워하는 부정적인 고객 리뷰의 작성 이유이다. 전문 심리치료사이자 작가인 가이 윈치Guy Winch는 〈불평하라〉[6]에서 "사람들이 불평할 때, 불만족으로 인해 발생하는 좌절, 분노 또는 짜증을 없애기를 바란다. 사실, 마음속의 불만을 털어놓는다는 표현은 눈에 띄는 가벼움, 즉 내적 긴장감의 카타르시스적인 완화를 의미하는데, 우리는 골치 아픈 불만에 대해 말함으로써 그것을 경험하기를 바란다. 그러나 카타르시스를 일으키는 것은 우리의 불만을 큰 소리로 말하는 것이 아니라 다른 사람에게 말하는 것이다."라고 이야기한다. 예전의 고객들은 제품과 서비스에서 불편함을 경험하면 "아, 짜증 나"라는 내적인 독백 정도의 영향력을 발휘하였다. 그러나 이제는 "아, 짜증 나네요. 세상과 공유해야 합니다."의 입장이다. 이제는 인터넷, 소셜미디어의 발전으로 그들의 불만을 너무나 쉽게 세상에 공개하는 방송을 할 수 있게 된 세상이다.

일곱 번째, 경품이나 금전적 지원 같은 보상을 얻기 위해서이다. 이와 같은 보상은 리뷰를 얻는 데 빠르고 효과적이어서 기업들이 현재 가장 많이 사용하는 방법이기도 하다. 하지만 이러한 경우는 고객의 리뷰에서 진정성이 결여되기 쉬어 고객이 자발적으로 작성했다고 보기 어렵다. 보상을 제공한 기업이나 단체의 의도에 맞춰 리뷰를 작성하는 경우가 대부분이기 때문이다. 따라서 이러한 동기로 작성되는 리뷰가 영향력을 얻기 위해서는 자율성이 높은 가이드를 제공하거나 특별한 주제의 미션으로 리뷰

---

6   불평하라: 모든 변화를 이끌어내는 불평의 기술 The Squeaky Wheel / 가이 윈치Guy Winch / 문학동네

의 다른 유용함을 강조하는 것이 좋다.

지금까지 살펴본 사람들이 리뷰를 작성하는 7가지 이유 중 금전적 보상을 얻기 위한 방법을 제외한 6가지의 고객 리뷰 작성 동기를 활용해서 자발적 리뷰를 장려하는 방법을 우선적으로 검토해 보자.

사람들이 리뷰를 읽는 9가지 이유

다음으로 사람들이 리뷰를 읽는 이유에 대해서 알아보자. 여러 자료를 통해 많은 고객들이 구매 전 고객 리뷰를 읽고 있다는 것은 더 이상 의심할 필요가 없는 사실이다. 단지 고객 리뷰가 중요해졌다는 사실들은 많이 알게 되었지만 정작 고객들이 리뷰를 읽는 구체적인 이유를 세심하게 살펴보는 경우는 드물다. 고객 리뷰의 효과를 높이기 위해 지금부터 '의류 상품 구매 후기를 읽는 동기와 인터넷 점포 고객 유형화[7]' 논문에 제시된 구매 후기를 읽는 동기를 기반으로 사람들이 리뷰를 읽는 9가지 이유에 대해 살펴보자.

☑ 상품 관련 위험 감소 ☑ 올바른 상품 선택

☑ 환불/배송 관련 위험 감소 ☑ 인지 부조화 감소

☑ 심리적 위험 감소   ☑ 시간/노력/금전의 절약

☑ 상품 가치에 대한 정확한 판단 ☑ 호기심

☑ 관계 지향 동기

[그림 1-2] 리뷰를 읽는 9가지 이유

---

7 의류 상품 구매 후기를 읽는 동기와 인터넷 점포 고객 유형화 / 홍희숙 / 2011.12.28.

첫 번째는 제품/서비스 관련 위험을 줄이기 위해서이다. 이커머스의 발달로 온라인을 통해 상품을 보거나 만져보지 않고 구매하는 상황이 증가함에 따라 이에 비롯한 위험에 대한 부담감을 줄이기 위한 것이며 리뷰를 읽는 가장 많은 동기다.

제품과 서비스의 특징과 특성이 쉽게 측정될 수 있는 탐색재보다는 경험하기 전에 가치를 평가하기 어려운 재화인 경험재에 대한 정보 탐색 니즈가 더 높기 때문에 더 많은 리뷰를 찾아보게 된다. 또한 고객이 편익에 대해 가치판단을 하기 어려운 재화인 신뢰재도 마찬가지이다.

그리고 저가보다 고가의 제품일수록 위험을 줄이기 위해 리뷰를 살펴보게 된다. 몸에 착용하는 제품이나 사이즈가 중요한 상품도 마찬가지이다. 그리고 기업이 제품 정보로 보여주는 제품 사진이 조명이나 촬영 각도로 연출되는 경우 실구매 고객의 리뷰로 등록한 사진을 많이 참조하게 된다. 즉 구매하려는 제품에 대해 자세히 알아보아 관련한 위험을 줄이기 위함이다.

두 번째는 제품 가치에 대한 정확한 판단을 위함이다. 기업이 제공하는 제품 정보는 아무래도 판매자의 입장에서 설명되는 경우가 많아 구매자의 입장에서 제품의 가치를 정확히 판단하기 위해 리뷰를 살펴보는 경우이다. 판매자의 과장광고에서 벗어나 객관적인 판단을 위해 구매 고객으로부터 사회적 증거를 얻기 위함이다.

세 번째는 올바른 제품 선택인지 판단하기 위함이다. 때때로 제품이나 서비스 구매는 고객이 가지고 있는 문제를 해결하기 위함일 수 있다. 그래서 선택한 제품이나 서비스가 문제를 제대로 해결할 수 있는지에 대한 검증을 위해 리뷰를 읽는다. 예를 들어 소음 때문에 도서관에서 키보드와 마우스를 이용할 수 없는 고객은 무소음 키보드와 마우스 구매 전에 선택한 제품으로 같은 문제를 해결했는지 리뷰를 찾아보게 될 것이다.

지금까지의 세 가지 이유는 구매 결정을 할 때 제품과 서비스에 대한 정보의 부족 및 불확실성을 채우기 위함이다. 이를 제품이나 서비스 정보를 구성할 때 고객이 원하는 부분의 정보를 채워 불확실성을 제거하는 데 참조하자.

네 번째는 환불/포장/배송 등 서비스 관련 위험 감소를 위함이다. 주로 구매가 직접 발생하는 이커머스 플랫폼을 이용할 때의 이유이다. 제품을 구매할 때 배송에 걸리는 시간이나 반품/환불이 쉽게 이루어지는지 등을 점검하여 쇼핑몰 서비스의 신뢰도와 관련한 불안감을 줄이기 위해 기존 구매 고객의 리뷰를 살펴 구매 경험을 참조한다. 한 번은 온라인 쇼핑몰에서 바지 하나를 구입하려는데 현금 결제만 가능한 것이 수상하여 리뷰를 살펴보았더니 제품의 질이 너무 떨어지고 환불 처리도 어렵다는 사실을 알게 된 경우가 있었다.

이커머스 플랫폼을 운영하거나 기업의 경우 자사몰을 운영할 때에는 배송 및 환불 서비스에 대한 규정을 정확하게 전달하는 것을 잊지 말자.

다섯 번째는 시간/노력/금전의 절약을 위해서이다. 고객들은 항상 잘못된 결정으로 인한 손해를 줄이고, 더 높은 편익을 얻고자 한다. 따라서 잘못된 결정으로 인해 반품, 교환, 환불에 소요되는 시간/노력/금전을 줄이기 위해서 고객 리뷰를 읽는다. 또한 고객들은 저렴한 가격에 제품을 구입하는 데도 즉 금전을 줄이는 데도 리뷰가 도움이 될 것이라 생각한다.

여섯 번째는 호기심 때문이다. 이러한 동기는 제품 구매를 위한 목적은 아니다. 당장의 구매가 아닌 향후 구매를 염두에 두고 있는 제품에 대한 리뷰를 미리 살펴볼 수도 있고, 순수하게 재미를 위해 리뷰를 콘텐츠로 소비하는 경우도 있다. 제품 커뮤니티에서 특정 제품의 정보는 커뮤니티 내에서 지위를 만드는 데 기여한다. 많은 정보를 가진 구성원이 게시물도 많이 작성하고 다른 구성원의 질의에 대한 답도 하고 활동을 더 많이 하여 더 높은 지위를 갖게 되는 것이다. 그래서 열심히 리뷰를 통해 정보를 얻기도 한다.

그리고 이것이 제품 정보를 정성 들여 지속적으로 개선해야 하는 이유이다. 호기심을 가진 고객들이 그들의 커뮤니티에서 영향력을 가지고 제품에 대해 이야기할 수 있도록 충분한 정보를 지속적으로 제공하도록 노력하자.

일곱 번째는 인지 부조화 감소를 위해서이다. 인지 부조화Cognitive Dissonance란 사람들이 자신의 태도와 행동 등이 서로 모순되어 양립할 수 없다고 느끼는 불균형 상태가 되었을 때, 이를 해소하기 위해서 자신의 인지를 변화시켜 조화 상태를 유지하려 한다는 이론이다. 즉 자신이 구입한 제품에 대해 다른 구매 고객들도 같은 평가를 하고 있는지를 파악함으로써 자신의 선택이 옳았다고 리뷰 탐색을 통해 확인하는 것이다. 이것이 제품 구입 후에도 고객 리뷰를 찾아보는 이유 중 하나이다.

이때 자신의 구매 결정이 옳았다며 안심을 하게 하여야 제품에 대한 만족도를 높일 수 있다. 이를 위해선 제품을 잘 활용하고 있는 다른 고객들의 리뷰를 발굴하여 연결해 주는 것이 효과적이다. 만족한 고객은 자신의 만족스러운 경험을 자발적으로 리뷰를 통해 공유할 것이다.

여덟 번째는 제품과 서비스의 활용 때문이다. 제품이나 서비스 구입 후 활용을 위해서 다른 고객의 리뷰를 살펴보는 경우이다. 구입한 제품, 서비스의 설치나 활용을 참조하기 위함으로 설치나 사용을 어려워하는 고객에게 다양하고 쉬운 활용 사례를 고객 리뷰로 많이 개발하여 노출해 줌으로써 문제를 해결해 줄 수 있다. 구매 고객이 제품이나 서비스를 제대로 활용할 수 있게 해주어야 만족도를 높일 수 있기 때문이다.

홈트레이닝 기구를 온라인으로 주로 판매하는 '건강한 형제들'은 그들의 제품을 구매한 고객들에게 올바른 설치법과 운동 활용법을 유튜브 채널(https://www.youtube.com/@HEALTHYBROTHERS)을 활용하여 전달하고 있다. 기업이 공식 채널의 콘텐츠를 통해서 전달하는 방법도 좋지만 다른 구매 고객의 제품 활용 팁과 같은 리뷰를 발굴해 연결 지어 주는 방법도 고려하자.

아홉 번째는 관계 지향 동기 때문이다. 다른 사람의 리뷰를 통해 나와 같거나 혹은 다른 통찰을 얻는 것이다. 유사한 감정의 리뷰를 만나게 되면 동질감과 공감을 느끼고 다른 감정의 리뷰에서는 구입한 제품과 서비스의 다른 관점을 알게 된다. 제품 리뷰를 통해 관계를 맺고 지향하는 경우이다.

영화를 보고 나오면서 무의식적으로 다른 사람의 리뷰를 검색하는 경우가 많다. 내가 영화를 본 후의 감정과 유사한 리뷰들을 찾아보거나 아예 다른 감정을 찾아보고 자신의 감정을 정리하는 경우일 것이다.

제품 중심의 리뷰 커뮤니티를 구성하려 한다면 이런 고객의 속성을 잘 활용하여야 한다. 그들에게 소속감과 참여감을 부여하는 데 관계 지향의 동기를 활용해 보도록 하자.

모든 의사결정엔 기회비용과 위험성이 있다. 비용에 제약을 받지 않는다면 상관없지만 수많은 정보와 다양한 제품으로 인해 기회비용과 잘못된 의사결정을 할 위험성은 지속적으로 커지고 있다. 이런 상황에서 제품과 서비스를 자세히 알아보고 장단점을 잘 이해하기 위해 이미 제품과 서비스를 경험한 고객으로부터 사회적 증거를 얻는다. 나쁜 구매를 할 가능성을 줄이기 위해 리뷰를 읽기 시작한 고객들은 비대면 커머스 시대를 맞아 리뷰를 활용한 커뮤니케이션을 더욱더 많이 하게 될 것이다.

사람들이 리뷰를 작성하는 7가지 이유와 사람들이 리뷰는 읽는 9가지 이유를 살펴보고 이해하게 되면 그들이 원하는 리뷰의 내용과 자발적으로 리뷰를 작성하게 하는 동기를 제시할 수 있다. 무작정 제품과 서비스의 장점만 알리려는 리뷰에서 벗어나 고객들이 원하는 리뷰를 고객들에게 유도할 수 있는 활동을 세밀하게 검토할 때이다.

2장
리뷰 관리에 서툰 기업들

온라인 쇼핑 비중이 더욱 늘어난 최근의 리뷰 영향력은 어떨까? 2020년 글로벌 리뷰 웹사이트 '트러스트파일럿trustpilot'의 보고서에 따르면 전 세계적으로 거의 10명 중 9명(89%)의 소비자가 제품을 구매하기 전에 리뷰를 읽으려고 노력한다고 한다. 그리고 온라인 마케팅 업체 '브라이트로컬BrightLocal'의 2020년 조사에 따르면 소비자 5명 중 4명(79%)이 온라인 후기를 지인들의 개인적 추천 못지않게 신뢰한다고 한다. 리뷰를 신뢰하고 활용하는 고객들의 비중은 더욱 증가하는 추세이다.

'브랜드엑스코퍼레이션'의 액티브웨어 브랜드 '젝시믹스'의 관계자는 "온라인에서는 판매자가 제공하는 상품 정보만으로는 소비자들이 구매 결정을 하기가 쉽지 않다. 때문에 선구매자들의 상품 리뷰를 통해 간접 경험 후 구매 여부를 결정한다. '젝시믹스'는 오래전부터 리뷰 활성화를 위해 노력해 왔다. 그 결과 구매 전환이 빨라지고 반품도 줄었다. 이는 자사몰 매출 1천억의 성장에 큰 도움이 되었고 따라서 자사몰 관리 운영에서 리뷰 관리를 중요하게 여기고 있다."라고 한 인터뷰[8]에서 말했다.

'맥킨지 앤드 컴퍼니McKinsey & Company'의 조사에 따르면 실구매자의 후기

---

8 젝시믹스, 자사몰 매출 1천억의 힘은 '리뷰 관리' / 어패럴뉴스 / 2021.5.18.

는 쇼핑몰의 추천보다 잠재소비자의 구매 결정에 10배가량 높은 영향력을 행사한다고 한다. 이를 통해 리뷰가 매출에 끼치는 실질적인 영향력을 가늠해 볼 수 있다. 따라서 최근 온라인 커머스 업계에서는 당연히 리뷰 시스템을 강화하고 있는 중이다.

'맥킨지 앤드 컴퍼니'의 또 다른 조사에 따르면 2019년 12월부터 2020년 12월까지 온라인 고객의 리뷰 수가 87% 증가하였다고 한다. 코로나19의 영향으로 비대면, 온라인 쇼핑이 급증한 것이 주요 원인일 것이다. 양적으로 크게 늘어난 고객 리뷰는 신뢰성을 더욱 높일 것이고 의존도와 중요도도 더욱더 높아질 것이다. 물론 그에 따른 리뷰의 딜레마도 생겼지만, 이부분은 차차 논의해보기로 하자.

'나랑 비슷한 사람이 내가 궁금했던 것을 말하고 내가 필요한 것을 알려주고, 같은 문제의 해결책을 발견했구나, 나도 저게 필요해, 구매해야지'라고 생각하게 되는 고객 리뷰의 영향력, 굳이 숫자를 들여다보지 않아도 이제는 누구도 의심할 여지 없이 기업이나 고객에게 모두 중요한 요소이자 콘텐츠이다. 제품에서 서비스 그리고 이제는 배달 음식까지 그 영향력이 점점 더 확장되고 있다. 앞으로도 지속적으로 영향력을 발휘할 것이라 생각한다. '리뷰가 없으면 구매도 없다'는 말이 실감이 가는 현실이다.

코로나19의 영향으로 비대면 커뮤니케이션이 활발해진 결과 리뷰의 영향력은 점점 더 강해졌고 불황에 이은 물가의 상승으로 인해 고객은 신중한 구매를 하게 되었고 이때 리뷰는 더욱더 구매 결정에 주요한 요소가 되고 있다. 하지만 이렇게 리뷰의 영향력은 강력해지고 있지만 기업의 리뷰 마케팅은 그 신뢰도를 잃고 영향력은 잃어가는 기이한 상황이 펼쳐지고 있는 것이 현실이다. 왜일까?

대부분 기업의 리뷰 마케팅은 제품이나 서비스의 긍정적인 리뷰를 확보하고 잠재고객에게 노출하여 구매로 연결하는 것에 집중되어 있다. 고객의 자발적인 리뷰를 찾아 연결하는 것보다 이벤트, 체험단 등을 활용하여 리뷰를 확보하고 확산하는 데 집중한다. 때로는 리뷰의 영향력을 높이기 위해 유명인이나 인플루언서와 협업하여 긍정적인 리뷰를 활용하기도 한다.

이는 특정한 짧은 기간에 많은 수의 리뷰를 집중해서 확보하고 확산하기 위해 선택한 방법이고 그 특정한 시점은 주로 신제품 출시와 맞물린 게 대부분이다. 이는 기업이 비용을 들여 특정 대상에게 리뷰를 요청하는 방식으로 진행된다. 리뷰의 영향력과 관련하여 지금까지 효과를 보고 있는 방법으로 대기업에서 소상공인에게까지 널리 활용되고 있다.

하지만 이제 이렇게 효과적으로 활용했던 기업의 리뷰 마케팅이 위기를 맞이하고 있다. 리뷰 마케팅은 예전과 같은 영향력을 얻지 못하고 심지어 고객들에게 광고, 홍보성 가짜 리뷰로 외면받기 시작한 것이다. 이번 장에서 기업 리뷰 마케팅의 위기와 문제점을 자세히 알아보자.

문제 1. '죄송합니다' 챌린지를 유행시킨 뒷광고 논란

"내가 서서 돌아다니는 직업이라 신발의 중요성을 누구보다 잘 알아. 이거 모아 오느라 너무 힘들었어. 돈을 무더기로 썼어.[9]"

2020년 7월 유명 스타일리스트 한혜연은 '내돈내산'이라는 제목으로 제품을 소개하는 콘텐츠를 유튜브에서 진행했다. 그러나 '내 돈 주고 내가

---

9   "내돈내산? 남돈내산!"…강민경 · 한혜연, 유튜브 장사의 실체 / 디스패치 / 2020.7.15.

산'이라는 주제와는 달리 3,000만 원가량의 광고료를 받고 찍은 PPL 영상이었다는 사실이 드러난 것이 뒷광고 논란의 시작이었다.

이 사건을 계기로 네티즌들은 뒷광고를 했지만 아직 밝혀지지 않은 유튜버나 인터넷 방송인들을 찾기 시작했다. 이는 이후 100만 구독자를 보유한 애주가 TV 참PD[10]가 생방송으로 "여러 유튜버들이 비밀리에 돈을 받고 영상 하단에 '유료 광고 포함' 표시도 하지 않고 어떤 경로로도 광고라는 것을 알리지 않은 채 마치 '내 돈 주고 내가 샀다'며 제품을 홍보했다"라고 하여 수많은 유명 크리에이터들을 폭로함으로써 큰 논란으로 번졌다.

이른바 '뒷광고' 논란이다. '뒷광고'는 유튜버와 같은 1인 크리에이터가 특정 업체로부터 대가를 받고 유튜브 등에 업로드할 콘텐츠를 제작한 후 유료 광고임을 표기하지 않는 것을 말한다. 뒷광고의 범위는 애초에 정확히 어디부터 어디까지인지 명확히 규정된 적이 없기 때문에 여러 가지 이견이 있다. 유료 광고임을 제대로 밝히지 않거나, 광고임을 우회적으로 표현하거나, 심한 경우 광고가 아니라고 속이는 경우가 대표적이다.

논란이 커지면서 뒷광고에 대한 해명 요구나 비난 댓글이 쏟아졌다. 이런 상황이 구독자 이탈로 이어지자 수많은 유튜버나 크리에이터들은 "오랜 기간 동안 몰래 해왔다", "불법인지 몰랐다" 등의 이유를 말하고 사과하면서 뒷광고를 인정하였다. 이러한 사과 릴레이를 대중들이 '죄송합니다 챌린지'라고 지칭하는 웃지 못할 상황들이 벌어졌었다.

'내돈내산'은 2015년경부터 유튜버 김남욱에 의해 처음 쓰이기 시작해서 기업의 지원 없이 자발적으로 작성한 고객 리뷰를 지칭해왔다. 하지만 그 의미와 달리 이제는 '내돈내산'을 포함한 문구가 적혀 있어도 대개 자발

---

10 https://www.youtube.com/c/%EC%95%A0%EC%A3%BC%EA%B0%80TV%EC%B0%B8PD

적인 리뷰보다는 광고 홍보성 리뷰인 경우가 많아지고 있다.

　한혜연의 '슈스스TV'가 '내돈내산'이라는 타이틀을 건 영상이 뒷광고임이 밝혀진 논란 때문에 이제 '내돈내산'도 의미를 잃어가고 있다. 전반적으로 고객 리뷰의 신뢰도가 하락한 것이다. 이제는 고객을 속여 광고 효과를 얻는 리뷰에 집중하기보다 리뷰의 내용이 재미있는 앞광고 방식의 다양한 리뷰 개발과 고객 주도의 자발적 리뷰를 장기적으로 유도하는 기반을 만드는 것이 점점 더 중요해지고 있다.

뒷광고는 왜 사람을 분노하게 할까?

사람들에게 뒷광고를 한 유명인과 유튜버들이 비난받는 이유는 '광고'라는 점을 숨겼다는 점에 있다. 그런데 기존 방송프로그램들을 보면 드라마, 예능 프로그램 등에서 뒷광고나 다름없는 PPL이 이미 오래전부터 있었다. 물론 이러한 PPL에 대해서도 시청자들이 부정적인 의견이나 거부 의사를 낸 적은 있었다. 하지만 뒷광고 논란 때처럼 강하게 해명과 사과를 요구하거나 격렬한 비난을 퍼부으며 프로그램 폐지까지 이끈 적은 드물었다. 사람들은 왜 이렇게 뒷광고에 분노하는 걸까?

　첫 번째는 뉴미디어의 새로운 소통 방식 때문이다. 기존 올드 미디어에 등장하는 스타 연예인들은 좋아는 하지만 닿을 수 없는 존재란 거리감이 있었다. 하지만 뉴미디어의 유튜버나 크리에이터의 1인 방송을 보는 시청자들은 자신이 마치 그들의 가까운 친구가 되어 1대1로 소통하는 듯한 친밀감을 얻을 수 있게 되었다. 평소 나와 거리감이 있는 상관없는 사람의 거짓말에 비해 친한 친구나 동생으로 여겼던 사람의 사소한 거짓말에는 더 큰 실망감과 배신감을 느끼게 된다. 기존 PPL 광고에서 느낀 배신감보다 친밀하게 친구처럼 소통했던 유튜버, 크리에이터의 뒷광고에 더 큰 분노와 배신감을 느끼게 된 것이다.

두 번째는 팬덤의 심리 때문이다. 제레미 D. 홀든의 〈팬덤의 경제학[11]〉에서는 신제품이나 브랜드, 유명 인사의 영향력 등이 확산하는 과정을 '열정적인 광신자', '신봉자', '신도'의 3개 집단의 상호작용으로 설명한다. 즉 어떤 상품은 예고 없이 신드롬을 일으키며 메가 히트 상품이 되는가 하면 승승장구하던 브랜드가 한순간에 고객들의 배신으로 시장에서 퇴출당하는 사례가 세 개의 집단의 상호작용 때문이라고 주장한다.

'열정적인 광신자'는 자신이 관심을 가지는 어떤 문제든 깊이 파고들어 해당 분야의 지식을 소유하고 그 분야에 대한 여론의 주도자가 되고자 한다. 광신자는 자기가 어떤 제품을 선택하고 그 제품이 가지고 있는 진정한 가치를 발견했다는 성취감을 누리려 한다. 또한 그렇게 발견한 사실을 직접 다른 사람들과 공유하려고 한다. 그리고 그 제품의 열렬한 지지자가 된다. 그러나 상황이 바뀌게 되면 태도를 바꿔 곧바로 그 제품을 격렬하게 비판하고 나서는 경향도 있다.

'신봉자'는 일등보다는 정확한 것을 원한다. 신제품과 관련한 자료를 모두 확보한 후 제품의 편익과 부정적 요소들을 비교하여 편익이 더 크다는 판단이 설 때만 그 제품을 구매하는 경향이 있다. 따라서 신봉자는 신제품 출시 후 최초 사용자가 되지는 않더라도 일단 선택하면 가장 철저하고 충성스러운 지지자가 된다.

'신도'는 자기가 선호하는 브랜드를 말로든 행동으로든 적극적으로 나타내는 경우가 드물고 실용적인 타협을 반기며 다수가 속해 있는 곳에 포함될 때 편안함을 느낀다. 극단적인 의견이나 과장된 의견을 본능적으로

---

11 팬덤의 경제학 / 제레미 D. 홀든 / 책읽는수요일

피하는 성향이 있어 열정적인 광신자를 경계하고 신봉자를 훨씬 더 매력적이고 설득력 있는 메신저로 바라보는 경향이 있다.

히트 상품의 경우, '열정적인 광신자'는 최초의 관심을 일으키고, '신봉자'는 여기에 신중한 의견을 내며, '신도'가 이를 수용하면서 확산이 이뤄진다. 이 과정에서 핵심은 신봉자이다. 신봉자는 대중이 수용하는 논리적 기반을 마련해 제공함으로써 확산시키는 역할을 하게 된다.

유튜버와 크리에이터의 뒷광고 논란은 사실 유사한 사례들이 암암리에 흔하게 있었지만 그동안은 그들의 팬덤에 의해 쉽게 잠잠해졌었다. 그러나 이번엔 대중에게 논란이 크게 알려지자 '열정적인 광신자'가 격렬하게 비난에 가세했다. 그리고 해당 유튜버들이 명백한 잘못임을 시인하고 사과하는 과정에 많은 잡음들 때문에 '신봉자'도 돌아섰다. 이에 따라 '신도'들도 분노에 움직인 결과라고 설명할 수 있다.

세 번째는 디지털 군중의 속성 때문이다. 뉴미디어는 태생적으로 비판 여론의 형성과 성장이 쉽다. 이러한 뉴미디어의 디지털 군중은 인간애, 정의, 가족애 같은 근본적이고 보편적인 정서에 대단히 민감하다. 예를 들어 사람에 대한 무례, 강자들의 오만한 언행, 양심에 맞지 않는 행위, 대기업의 횡포는 디지털 군중을 자극한다. 법적으로 문제가 되든 안 되든 정서적으로 용인될 수 없는 잘못에 대해 디지털 군중은 크게 분노해서 강한 공격성을 발휘한다. 평소 '유료 광고를 절대 하지 않는다.', '내 돈 주고 샀다.'라고 이야기했던 유튜버가 실제로는 유료 광고를 했던 거짓이 드러나면서 그들의 '뒷광고'는 바로 시청자들의 신뢰에 대한 배신으로 해석되고 콘텐츠의 진정성에 대한 회의감을 들게 하기에 충분했다. 논란이 커지면서 많은 사람들이 모이게 되고 이로 인해 디지털 군중의 속성이 발휘되어 강한 공격성을 띠게 되었다.

정리하면 뒷광고 사건에 시청자들의 배신감이 논란을 키웠고 그들의 팬들이 거세게 비판으로 돌아서면서 논란이 커졌다. 그리고 이에 몰려든 많은 디지털 군중이 가세하면서 사람들의 분노가 결집하게 되었다고 볼 수 있다.

뒷광고 논란 그 후

'뒷광고' 논란에 유명인과 크리에이터들은 사과 방송을 하거나 심지어 은퇴를 선언하였는데 콘텐츠 영상을 발주하고 협찬을 제공한 기업에는 어떤 영향이 있었을까?

리얼 사운드 먹방 영상을 방송하는 홍사운드가 '뒷광고'를 폭로한 영상[12]을 살펴보면 업로드 기한이라든지 반드시 담아야 할 메시지, 영상 촬영 포인트 등이 담긴 광고 가이드가 등장한다. 이처럼 협찬 콘텐츠를 '내돈내산' 콘텐츠로 둔갑시키는 데 광고주 기업의 영향이 미쳤을 테지만 유튜버 개인의 '일탈'로 치부되어 별다른 영향 없이 넘어갔었다. 물론 제작된 뒷광고의 효과는 없었겠지만, 이런 일들이 기업에는 처음이 아니었다. 유튜브 이전에 파워블로거들도 비슷하게 뒷광고 포스팅으로 검색엔진 결과 화면을 광고판으로 만들어 버린 적이 있었다. 이런 식의 방법은 새로운 소셜미디어 채널이 등장할 때마다 반성 없이 반복되고 있는 상황이다. 기업들도 더이상은 논란이 발생할 때마다 '나 몰라라'하고 빠지기만 하지 말고 광고주로서 책임을 느끼고 개선의 노력을 보여야 한다.

뒷광고 논란 후 광고임을 대놓고 드러내고 강조하는 '앞광고'가 주목받

---

12 https://youtu.be/cLA3r-z07J8

고 있다. 진정성은 요즘 시대에 중요한 키워드이다. 당당하게 광고임을 드러내고 대신 채널의 특성에 맞추어 콘텐츠의 재미를 살린 '앞광고'는 부정적인 효과보다는 오히려 재미있게 받아들여지고 있다.

유명인과 크리에이터들의 협업으로 만들어지는 브랜디드 콘텐츠들도 다양하고 심도가 깊어지고 있다. 단순하게 크리에이터의 영향력만 빌려 효과를 보려는 안이한 접근에서 벗어나고 있는 것이다. 그들의 인기 포인트를 이해하고 그 포인트를 무리하게 바꾸지 않고, 기업의 메시지를 담는 대신 콜라보의 재미를 담으려고 노력하는 시도들이 좋은 반응을 얻고 있다. 좋은 시도이다. 기업의 리뷰 마케팅도 이제 이러한 새로운 기운들을 담아 바꿔야 한다.

뒷광고 논란으로 공정거래위원회는 2020년 9월 1일부터 '추천 · 보증 등에 관한 표시 · 광고 심사지침' 개정안을 시행해 뒷광고를 금지했다. 최근 공정거래위원회가 2022년 10월에 열린 아시아태평양경쟁커뮤니티 심포지엄에서 발표한 자료에 따르면 2022년 4월~9월 공정위가 자진 시정을 요청한 뒷광고가 1만 8,062건인 것으로 나타났다고 한다. 채널별로는 인스타그램에서 전체의 54.2%(9,787건)가 적발되었고 네이버 블로그가 43.6%(7,869건)를 차지했다고 한다. 많은 구독자를 가진 유명인과 유튜브를 중심으로 성행했던 뒷광고가 이제는 일반인, 그리고 다른 소셜미디어 채널로 옮겨온 것이다. 이제는 뒷광고 광고주에 대해 제제를 가하자는 의견도 늘어나고 있고 광고 기업을 추적하고 폭로하는 사망여우TV[13] 같은 유튜브 채널들도 속속 등장하고 있다. 기업들도 제재가 두려워서라기보다는 건전한 온라인 환경을 위해 진정성에 대한 책임감을 가져야 할 때이다.

---

13 https://www.youtube.com/c/%EC%82%AC%EB%A7%9D%EC%97%AC%EC%9A%B0TV

문제 2. 이 리뷰는 특정 기업의 금전적 지원을 받아 작성되었습니다

앞서 이야기한 대로 공정거래위원회가 '뒷광고' 논란이 불거지자 '추천·보증 등에 관한 표시·광고 심사지침' 개정안을 시행하였다. (부록에서 이 안내서의 주요 내용을 발췌[14]해서 살펴보았으니 내용을 참조한다.) 이제 모든 기업들은 개정안에 따라 광고주와 추천·보증인 간 이해관계가 있는 경우 반드시 그 이해관계를 공개해야 한다.

사실 그동안 기업들은 고객 리뷰를 쉽게 얻고 쉽게 활용해 왔다. 비용만 지불하면 체험단, 인플루언서, 크리에이터들에게 리뷰를 얻어 홍보 마케팅에 적용할 수 있었다. 이제 잔치는 끝났다. 소비자의 합리적인 구매 선택권을 위해, 보상을 제공하고 얻은 고객 리뷰에 대해 반드시 경제적 이해관계를 공개해야 하는 것이다.

제품 구입 전 검색을 통해 찾은 리뷰를 꼼꼼히 읽어 내려갔는데 본문 마지막에 '이 리뷰는 특정 기업의 금전적 지원을 받아 작성되었습니다만 저의 솔직한 후기입니다.'라는 표시문구를 만난다면 어떤 생각이 들까? "아, 이 리뷰는 광고였구나." 정도의 생각일까? 아니면 "감히 나를 속이려고 들어, 이런." 정도의 감정일까? 게다가 불운하게도 이런 리뷰들을 계속해서 만난다면? 제품 구입을 포기할 수도 있지 않을까?

그동안 쉽게 활용해 왔던 기업 주도 리뷰의 영향력이 심각하게 감소할 것이다. 따라서 기업의 리뷰 활용 전 과정을 다시 한번 살펴봐야 할 때이다. 거부감을 줄이기 위해 여러 가지 시도를 고민해야 한다. 지금까지의

---

14 추천보증심사지침: 경제적 이해관계 표시 안내서 / 공정거래위원회 / 2020.9.

쉬운 방법은 이제 유효하지 않다. 우리의 고객들은 자신이 어수룩한 호갱[15]이 되는 것을 격렬히 거부한다. 또한 진정성이 없는 콘텐츠에는 공감하지 않는다. 속이지 않고 공감하고 즐기게 만들 방법을 찾아야 한다.

검색 결과를 도배한 리뷰의 효과는?

네이버에서 인기 검색어 '경리단길 맛집'을 검색하면 아주 많은 숫자의 리뷰들을 만나게 될 것이다. 일일이 살펴보고 맛집을 찾기란 쉽지 않은 많은 수의 리뷰들이다. 하나씩 살펴보기 시작하면 이상하리만치 유사한 내용의 맛집 소개 리뷰를 발견하게 된다. 그리고 어색한 칭찬 일색의 리뷰들을 계속 만나게 되면 슬슬 검색의 의욕을 잃게 된다.

2020년 한국경제 기사에 따르면 고객 리뷰가 건당 5,000~8,000원에 거래되는 것[16]으로 드러났다. 업계에서는 공공연한 사실이었다. 대행사를 통해 만들어지는 이런 가짜 고객 리뷰는 검색엔진을 중심으로 쇼핑몰, 소셜미디어 이제는 배달앱까지 점령하고 있다. 과연 이런 가짜 리뷰들은 효과가 있을까?

고객들은 자신들만의 방법으로 이러한 문제를 해결하기 시작했다. '경리단길 맛집'이란 인기 키워드에 일반 직장인이 퇴근 후 들르는 맛집을 발견할 수 있는 '퇴근 후'를 추가하여 검색한다. 리뷰 알바들이 엄마랑 같이 알바 리뷰를 가지 않는 데서 착안한 '엄마랑', 부정적 의견을 담을 수 없는 홍보 리뷰의 특성을 고려한 '짜증'이란 단어도 합쳐서 검색한다고 한다. 대부분 대행사에 의해 찍어내듯 만들어 낸 리뷰들을 걸러낼 수 있다는 것이

---

15 호구와 고객의 합성어, 신조어
16 "요기요·G마켓에 가짜 리뷰 올려드립니다"… 쉿! 8000원의 '은밀한 제안' / 한국경제 / 2020.09.25.

다. 하지만 이렇게 검색어를 추가해서 검색하지 않아도 가짜 리뷰들은 그 구성이나 내용이 너무 비슷해서 쉽게 구분할 수 있다. 심지어 제목만 봐도 구분해 낼 수 있을 정도니까.

검색엔진 최적화가 브랜드의 콘텐츠를 검색 결과 화면 최상위에 노출시키는 것이라고만 생각하여 검색 결과 화면을 도배하고 있는 자사의 홍보성 리뷰들에 만족스러워하고 있는가? 그렇다면 다시 생각하라. 검색엔진 최적화는 콘텐츠를 고객에게 발견되기 쉽게 상위 노출하고 클릭을 유도하여 기업이 원하는 페이지로 고객을 유도하는 데까지가 그 역할이다. 다시 한 번 강조하지만 더 이상 고객들은 기업이 만든 홍보성 리뷰를 믿지도 않고 속지도 않는다. 오히려 쉽게 구분해 낼 수 있다. 오히려 기업이 찍어 쏟아 낸 홍보성 가짜 리뷰 때문에 원하는 리뷰를 찾지 못한 고객들은 비슷비슷한 내용의 홍보성 리뷰만을 보다 제품에 대한 호감을 잃기 십상이다.

우리 리뷰를 누가 어떻게 만들고 있나?

"많이 바쁘실까요?? 안녕하십니까? 우선 연락드린 곳은 BLOG PAY AGENCY 입니다. 끝까지 읽기까지 오랜 시간이 소요되진 않으니 딱 2분만 시간 내서 읽어주시면 감사하겠습니다.
우선 별도의 소득이 잡히지 않을뿐더러 동일성 없는 원고를 간단히 ctrl+c, ctrl+v를 이용하여 업로드만 요청 드리기 때문에 남는 자투리 시간을 활용해서 간단하게 진행하실 수 있습니다!!

* 동일 원고 및 이미지 절대 전달 X
* 24시간 내 입금
* 여러 부서 분할로 인한 신뢰감 있는 시스템 보유
* 담당자와 일대일로 세부적인 사항 조율
* 제공 드리는 원고에 대한 모든 책임은 회사 측에 있다는 사항 명시

8년 전 포스팅을 마지막으로 운영을 중단한 블로그를 가진 내게 하루에도 2~3통 오는 문자메시지이다. 이러한 제안을 블로그로 전달되는 다이렉트 메시지DM와 전화까지 합치면 매일 5번 정도는 받게 된다. 소위 블로그 마 케팅 대행사들이 리뷰어를 모집하는 방법이다. 블로그 사용자들을 섭외하 여 대행사에서 작성한 홍보성 리뷰를 업로드만 하는 가짜 리뷰의 방식이 다. 이런 임대 블로그에 게시된 홍보성 리뷰가 의뢰한 기업의 기대만큼 효 과를 거둘 수 있을까?

물론 광고주의 기대에 부응하여 제품명이나 특정 키워드로 검색 시 결 과 화면에 도배되는 효과는 얻을 수 있을지 모르겠으나 방문객을 원하는 랜딩페이지로 유도가 가능할지는 의문이다.

블로그의 운영자가 리뷰를 직접 작성하지 않는 문제점을 제외하고도 블로그의 주제와 홍보할 제품 서비스가 맞지 않는 경우도 생각해 봐야 할 점이다. 블로그 포스트가 개별적으로 검색엔진을 통해 노출된다 하더라도 연관성이 없는 블로그에 리뷰가 업로드되는 것이 고객에게 얼마나 설득력 이 있을까? 생각해 보라. 그리고 이러한 임대 블로그에는 다양한 홍보성 리뷰가 쌓이는데 고객들이 이것을 알아채지 못하리라 기대하는 것도 아쉬 운 부분이다.

많은 기업이 이처럼 조작된 리뷰 바이럴 마케팅을 진행하면서 비용을 지불하고 있는데 대행사들이 어떠한 꼼수를 사용하는지 그리고 불법적인 요소는 없는지에 대해서는 살펴보지 않는다. 대행사에 비용을 지불해서 리뷰의 제작과 홍보를 요청했다면 꼭 한 번 살펴보고 효과를 꼼꼼히 살펴보기 바란다. 그리고 이해는 가지만 원초적으로 고객 리뷰를 돈으로 사는 방식의 홍보, 마케팅은 지양하는 것이 좋겠다. 기업이 돈을 들여 고객들이 쉽게 구분할 수 있는 홍보성 가짜 리뷰로 도배함으로써 오히려 제품과 서비스에 대한 고객들의 관심을 가로막고 있는 상황을 냉정하게 직시하길 바란다.

문제 3. 인플루언서의 반란과 디인플루언서의 등장

"10GB 요금 냈는데 100MB 서비스됐다." 약 216만 명의 구독자를 보유한 유명 IT 유튜버 잇섭ITSub[17]이 자신이 사용 중인 KT의 10Gbps 인터넷 요금제의 인터넷 속도에 대해 여러 가지 테스트를 해본 결과이다. 서비스는 실제 10Gbps의 단 1%에 불과한 100Mbps로 나오고 있었다고 의혹을 제기하면서 논란이 되었다. 논란이 커지자 KT는 먼저 기술적 이슈를 파악해 잇섭과 원만한 해결에 최선을 다하겠다는 입장을 밝혔다. 하지만 이후 정부 기관들이 조사와 점검에 들어갈 정도로 파급력이 상당히 커졌으며, 문제점들이 수면 위로 드러나면서 시정 조치가 내려졌으며 인터넷 속도에 대한 규정이 변경되었다.

---

17 https://www.youtube.com/c/ITSUB%EC%9E%87%EC%84%AD

그런데 잇섭은 KT의 10Gbps 인터넷 광고 캠페인[18]을 함께 했던 인플루언서였다. 기업이 홍보를 위해 섭외한 인플루언서가 역으로 홍보의 위기를 가져온 셈이다. 물론 잇섭은 KT의 차후 광고 수주에 악영향을 끼칠 위험도 감수하고 폭로했다는 점에서 구독자를 포함한 대중들에게 믿음이 가고 용기 있다며 응원을 받게 되었다.

또 다른 잇섭의 사례, 이번엔 삼성전자의 갤럭시Z 폴드3를 놓고 설전이 벌어졌다. 잇섭은 자신의 페이스북을 통해 "많이들 제 폴드3 영상을 기다리실 것 같아 말씀드리러 왔다"며 "결과적으로 제가 더 이상 타협을 할 수 없어서 완성해두었던 영상을 폐기하기로 했기 때문에 빠르게 보여드리지 못하게 됐다. 이렇게 된 이상 대여나 협찬이 아닌 직접 구입해서 솔직하게 리뷰를 제작해보도록 하겠다."라고 밝혔다.

잇섭이 갤럭시Z 폴드3를 놓고 제작한 영상에 삼성전자가 다른 의견을 전달하면서 둘의 관계가 틀어진 것으로 추정되는 상황이었다. 논란이 커지자 잇섭은 제품 결함 때문에 광고를 거절한 것이 아니라 리뷰 제작 과정에서 삼성전자 측과 이견이 있었다고 밝히면서 "신기술이 많이 들어간 기기라 여러 테스트가 필요해 테스트를 요청했으나 대행사로부터 '정책상 불가하다'는 답을 받았다."라고 설명했다. 하지만 잇섭의 폭로 이후 그의 페이스북에는 "얼마나 심각하길래", "협찬 때문에 할 말 못 하는 것보다 제대로 된 솔직한 후기를 더 기대한다."라는 댓글들이 달렸다. 불필요한 부정적 의심의 여론을 조성하게 된 것이다.

18 https://youtu.be/Y3WkKp0LRIU

'더러워서 못 하겠다' 인플루언서와 리뷰 협업의 위기

기업들은 신제품 출시를 앞두고 인플루언서에게 신제품을 무상으로 제공하여 리뷰를 얻는 인플루언서 마케팅을 진행한다. 인플루언서들 사이에서는 이를 '협찬'이라고 부르기도 한다.

인플루언서들은 협찬받은 제품을 활용하여 리뷰 콘텐츠를 제작하고 광고주에게 미리 보여주어 전체 영상을 확인받는 과정을 거치게 된다. 이때 문제가 발생한다. 광고주는 당연히 부정적인 이미지를 제공할 수 있는 비판적 요소를 삭제하거나 축소해 줄 것을 원한다. 반면 인플루언서는 그들 콘텐츠의 객관성을 유지하기 위해 긍정적인 부분과 부정적인 부분을 동시에 제공하려고 하기 때문이다.

이러한 광고주의 개입에 대해 협의가 원활히 이루어지면 좋겠지만 결국 개입이 부당하다고 생각하고 서로 협의가 이루어지지 않는 경우 종종 그 결과나 과정 전체가 폭로되기도 한다. 잇섭의 사례도 유사한 경우이다. 이런 경우 기업은 신제품 출시 전 홍보나 마케팅 강화를 위해 인플루언서를 활용하려 했다가 괜히 불필요한 부정적인 이슈에 휘말리는 역효과를 얻게 되는 것이다.

또 한 사례를 살펴보자. 구독자 60만 명가량을 보유한 유튜버 JUNE[19]은 넥슨의 모바일 게임 카트라이더 러쉬플러스 대회에 팀을 꾸려 참가했었는데, 이때 넥슨이 과도하게 개입했다고 주장했다. 그리고 자신의 채널에 더 이상 카트라이더 러쉬플러스 콘텐츠 영상을 업로드하지 않겠다고 선언하고 폭로 영상을 게시하였다.

---

19 https://www.youtube.com/c/JUNECR

해당 영상 내용에 따르면 JUNE은 넥슨과 홍보성 협약을 맺고 시즌 2와 시즌 3 업데이트 관련 영상을 업데이트하려고 했다. 그러나 넥슨 측으로부터 개인 카카오톡으로 게임의 부정적인 내용에 대해서 언급을 자제해달라는 말을 들었다고 한다. 시즌 2 리뷰 때에도 유사한 개입이 있었는데 다시 개입이 반복되자 참지 못했다. "넥슨이 부정적 내용은 전부 다 삭제 처리를 요구했고 이건 명백히 시청자들에 대한 기만행위라고 생각한다." 그리고 "만약 제가 좋은 내용만 올려서 그걸 보고 수많은 시청자들이 구매한다면 그 원망은 누구에게 향할까?"라며 카트라이더 리뷰를 더 이상 진행하지 않겠다고 선언하는 폭로 영상을 올린 것이다. 또 이 과정에서 JUNE은 넥슨 직원과의 카카오톡 대화 내용까지 모두 공개하였다.

JUNE은 "서로 협업하는 관계라고 말해 놓고 이게 어딜 봐서 협업인지 모르겠다. 너무 화가 나고 불쾌하다. 더러워서 못 하겠다."라고 강한 어조로 비판했다. 온라인 공간에서는 넥슨의 과도한 리뷰 검열을 성토하는 분위기가 조성되기도 했다.

넥슨의 입장에서 생각해보자면 JUNE의 리뷰는 본인이 직접 모든 비용을 지불하여 진행한 리뷰가 아니라, 넥슨과의 협약 관계에 의한 홍보성 리뷰였다. 홍보에 악영향을 줄 수 있는 지나치게 솔직한 내용은 당연히 기업 입장에서 곤란할 수 있으므로 어느 정도 자제를 요청할 수 있는 것이라 생각할 수 있다. 인플루언서들이 광고주로부터 무상으로 제품을 제공받거나 게임 개발자 빌드를 제공받는다는 점에서 일정 부분의 개입이 정당할 수 있다는 의견도 타당하다 볼 수 있다. 하지만 인플루언서들과 소통하는 과정에서 자칫 과도한 개입이라는 느낌을 준다면 '선을 넘는 개입'이라며 모든 과정을 폭로할 수도 있다. 때문에 오히려 기대를 반감시키고 부정적 여론을 환기하는 역풍이 불 수 있다는 사실을 명심해야 한다. 따라서 초기 진행 시 계약서에 분명한 합의 내용을 담아 사전에 문제를 제거해야 한다. 기업도 앞서 이야기한 것처럼 인플루언서들에게 순백의 5점 만점 리뷰를 원할 것이 아니라 많은 사람들이 신뢰하는 4.7점의 리뷰를 생각하는 것이 중요하다.

인플루언서 리뷰에 의존한다면

소셜 웹이 등장하고 파워블로거로부터 시작한 새로운 영향력자인 인플루언서에 대한 기업의 기대와 관심은 컸다. 새로운 채널에 새로운 인플루언서들이 등장할 때마다 항상 협업을 통해 그들의 영향력을 활용하려 하였다. 그들의 영향력을 활용한 리뷰의 효과는 어떨까?

인플루언서는 자신의 주제, 가치관에 맞는 콘텐츠를 지속적으로 발행하고 이에 동조하는 팔로워들과 함께 세계관을 구축하는 크리에이터이다. 느슨한 연결이지만 그들만의 연결 가치가 분명히 있다. 이런 인플루언서들과 그간 기업이 협업한 방법들을 보면 기업은 그들이 어떤 주제를 다루며 어떤 가치관을 추구하는지보다 팔로워가 몇 명인지를 더 중요한 요인으로 여겼다. 그들의 영향력만을 빌려 기업이 하고 싶은 이야기를 실으려다 보니 평소 인플루언서의 콘텐츠와는 다른 결의 결과물을 얻게 되었고 이러한 콘텐츠가 확산하는 순간 팔로워들은 인플루언서의 진정성을 의심하게 되고 그 영향력은 힘을 잃게 되는 경우가 대다수였다.

한 마디로 인플루언서가 어떻게 영향력을 얻어왔고 얻고 있는지에 대해 관심은 없고 그들의 입을 빌려 팔로워들에게 기업의 메시지를 전달하고 싶어만 했다. 기업이 원하는 효과를 얻기엔 좋은 방법이 아니다.

고객 리뷰의 독자는 자신과 비슷한 특성이나 가치관을 가진 리뷰어의 리뷰에 대해 더욱 신뢰한다. 인플루언서를 너무 쉽게 우리 기업 고객의 영향력자로 단정 지어서는 안 된다. 지금까지 살펴본 몇 가지 사례에서도 알 수 있듯이 인플루언서와의 협업으로 만들어지는 리뷰도 새로운 전환을 맞이할 때가 왔다.

"이 제품은 사지 마세요", 디인플루언서의 등장

"이 화장품 좋긴 해요⋯. 그런데, 이것과 거의 똑같지만 가격은 9달러(약 1만 2천 원)밖에 안 하는 다른 상품도 있거든요." 미국 텍사스 주 댈러스에 사는 얼리사 크로멜리스Alyssa Kromelis는 어느 날 틱톡TikTok 앱을 켰다가 한 콘텐츠에 꽂혔다. 한 틱토커TikToker가 어떤 상품을 두고 '협찬받은 인플루언서들에 의해 과대평가된 물건'이라고 거침없이 리뷰하는 영상이었다.

이에 영감을 얻은 크로멜리스는 자신도 고가의 헤어·스킨케어 및 메이크업 제품에 대해 여과 없이 평가하는 영상을 만들어 올리기 시작했는데, 첫 게시물[20]부터 80만 4천 개 이상의 '좋아요'와 조회수 약 550만 회를 기록하며 인기를 끌고 있다고 한다[21].

최근 틱톡TikTok에서 해시태그 디인플루언싱#deinfluencing이 떠오르고 있다. 제품에 실망한 소비자, 요령 있는 뷰티 블로거, 피부 관리에 대한 통념을 없애는 의사, 자주 반품되는 제품을 본 전직 소매 직원 등 다양한 경험을 가진 사람들이 사람들에게 제품을 사지 말라고 설득하는 영상이 영향

20 https://www.tiktok.com/@alyssastephanie/video/7192719318566882606
21 The new TikTok trend is convincing people not to buy things / TheWashingtonPost / 2023.2.24. / Jaclyn Peiser, María Luisa Paúl and Linda Chong

력을 얻고 있는 것이다. 틱톡에서 #deinfluencing 해시태그를 단 게시물은 불과 몇 달 만에 1억 5,000만 회 이상 조회될 정도로 높은 관심을 받고 있다.

워싱턴 포스트는 이러한 현상을 "사람들에게 물건을 사지 말라고 설득하는 것이 요즘 틱톡의 새 트렌드"라 소개하면서 진정성 있는 제품 리뷰로 팔로워를 구축하고 사람들에게 물건을 사지 말라고 설득하는 사람들, 디인플루언서De-Influencers의 등장을 알렸다. 그리고 디인플루언싱Deinfluencing 트렌드는 요즘의 고객들이 점점 더 인플루언서와 기업과의 파트너십을 꿰뚫어 보고 소셜미디어 채널상에서 인플루언서가 홍보하는 상품이 너무 많아지고 인플루언서가 진정성보다 돈을 우선시하고 과소비를 조장하는 것에 대한 반응이라 전한다.

이러한 디인플루언싱Deinfluencing은 소비자들이 인플루언서의 광고나 추천에 대해 신중해지면서 불필요한 소비를 멈출 수 있고 소비자들이 자신들이 소비하는 제품에 대해 인플루언서의 광고나 추천에만 의존하지 않고, 제품의 가격, 품질, 재료, 윤리적인 문제 등을 더욱 신중하게 고려할 수 있다는 긍정적인 평가를 받기도 한다.

온라인에서 긍정적인 평가보다 부정적인 평가를 사람들이 더 믿고 신뢰하는 경향이 있기에 디인플루언서의 영향력은 점점 더 커지고 있다. 최근에는 크로멜리스도 한 향수 회사의 광고 게시물을 올릴 정도로 마케팅 업계가 디인플루언서들에 주목하기 시작했다. 디인플루언서들은 이전 인플루언서와 같이 무분별한 광고를 찍지 않는다. 그들의 명성과 영향력이 한순간에 무너져 내릴 수 있음을 알기에 광고주들을 신중하게 선정한다.

패션 관련 콘텐츠를 만들며 약 5만 명의 팔로워를 거느린 하이디 칼루자Heidi Kaluza는 재활용 가능 의류를 만드는 회사와 제휴했고, 팔로워가 약 27만 8천 명에 달하는 제스 클리프턴Jess Clifton은 기후 관련 법안 홍보를 위해 비영리단체와 협력하는 등 사회적 활동을 결합한 마케팅을 진행하며 진정성있는 영향력을 얻기 위해 노력 중이다.

또한, 디인플루언싱^{deinfluencing}은 고객들이 저렴하면서도 좋은 품질을 가진 대안 제품을 발견할 수 있는 기회를 제공한다. 디인플루언서들은 특정 제품의 거품을 지적하면서 그 대안으로 더 저렴한 제품을 추천하는 경우가 많기 때문이다. 그러나 이 또한 새로운 형태의 인플루언서가 아니냐는 역설적인 비판이 있기도 하다. 하지만 포화 수준의 인플루언서들에게 변화와 자정을 이끌어 낼 수 있다는 기대감에 디인플루언서의 등장과 성장은 환영받고 있다.

"제가 이 집을, 저도 먹는 걸 좋아하고 찾다 보니까 이 집에 대한 포스트가 너무 많이 올라오는 거예요. 요즘에는 아시는지 모르겠지만 '푸드 인플루언서'들끼리 친해요. 그룹이 몇 개가 있대. 그러니까 아는 사람 30명을 쫙 부르면 그 인플루언서들이 포스팅을 쫙 써주는 거야. 그러면 그 집이 쫙 잘되고. 약간 주식으로 치면 작전주랄까? 그중에 양심적인 사람들도 있겠지만 친하면 아무래도 좋게 써주기도 하고 심지어 몇백만 원씩 받는 사람들도 되게 많고 인스타가 나의 매체인데 여기에 노출되니까 꽤 되면 그렇잖아, 홍보비를 받는 거지. 그래서 이제 좀 보이는 거예요. '아, 이건 작전주구나.' 그럼 개미들이 가서 상처를 받는 거지. '와, 여기가 핫하대' 해서 갔는데, 그게 너무 저는 꼴 보기 싫은 거예요. 그들끼리의 작전주들이.... 근데 그중에 물론 맛있는 데도 있고 대부분 그렇게 한 번에 확 올라오는 곳들은 그렇게 맛있지 않은 경우가 많아요." 가수 성시경 씨가 자신의 유튜브 영상²²에서 공개한 이야기이다. 이젠 국내에서도 이미 디인플루언싱^{dein-}

---

22 https://youtu.be/0b2vSvwVra8

fluencing의 흐름이 보이기 시작한다.

결국 디인플루언싱deinfluencing은 소셜미디어 채널에 끝없이 쏟아져 나오는 기업과 인플루언서의 협업 리뷰 마케팅 결과물인 추천 및 홍보 콘텐츠에 대한 반발이 커지고 있다는 위기의 신호이다.

문제 4. 빈 박스를 리뷰하다

MBC 시사교양 프로그램 'PD수첩', '리뷰를 믿으세요?[23] 편을 보고 충격에 빠졌다. 최근 이커머스 플랫폼에서 고객 리뷰의 신뢰성을 높이기 위해 실구매자의 리뷰를 구분 지어 보여주는 것이 트랜드이다. 실제 구매 이력이 있는 고객에게만 '실구매 고객'이라는 아이콘을 제공하거나 실구매 고객만 리뷰를 쓸 수 있도록 시스템을 갖추는 경우가 늘고 있는 것이다. 이에 일부 광고 대행사들이 '빈 박스 리뷰'라는 가짜 리뷰를 기업들에 제공하고 있다는 고발이었다.

실제 구매 이력을 만들기 위해 구매를 하지만 제품 대신 빈 박스를 보내주고 빈 박스를 받은 사람은 제품은 없지만 대행사가 보내준 리뷰 문구와 사진을 사용하여 호의적인 리뷰를 작성해 주는 방법이다. 이런 가짜 리뷰어는 오픈 채팅방 등을 통해 모집하고 광고주가 만약 6,000원을 지불한다면 광고대행사가 5,000원, 리뷰어가 1,000원을 나누어 가진다. 고객 리뷰를 살펴보다 보면 다른 사람이 같은 사진과 유사한 문구를 사용하고 있는 리뷰를 발견할 때가 있다. 바로 빈 박스 리뷰임을 의심할 수 있다. 공정거

---

23 https://playvod.imbc.com/Templete/VodView?bid=1000836100879100000

래위원회는 이런 행위가 실제 구매자에 의해 작성된 '구매 후기'가 아니고 리뷰의 존재 자체를 비롯하여 리뷰의 개수와 내용 모두 사실과 다르며 소비자가 해당 리뷰로 품질 및 성능이 우수한 것으로 오인할 우려가 크기 때문에 거짓·과장성 광고에 해당한다고 판단했다. 결국 100여 개의 다양한 제품군에 3,700여 개의 허위 구매 후기 '빈 박스 리뷰'를 게재한 것이 적발된 대행사는 과징금 1억 4,000만 원 및 시정명령을 받게 되었다[24].

인지도 없는 기업의 제품을 알리기 위해 고군분투하는 것은 여러 사정으로 이해한다. 하지만 이렇게까지 고객을 속이며 홍보를 하는 것은 설령 단기간으로 이익을 얻을지 모르나 곧 독으로 되돌아올 것이다. 즉각적인 반응의 유혹에서 벗어나야 한다.

'믿거페'를 아십니까

파워블로거가 대거 등장한 2000년대 중·후반부터 소셜 웹에 가짜 리뷰가 대폭 늘었다. 페이스북, 인스타그램 등 새로운 소셜미디어 채널이 떠오를 때마다 가짜 리뷰는 줄곧 고객들을 쫓아다녔다. 페이스북은 등장 후 얼마 지나지 않아 이용자들의 입소문을 타고 퍼지도록 설계된 바이럴 광고의 성지(聖地)가 됐다. 주로 일반인을 가장한 모델이 광고 제품을 사용하기 전과 후의 모습을 비교해서 보여주는 비포애프터 방식의 콘텐츠였다.

그리고 '너무 효과 좋은 제품'이라는 리뷰를 잊지 않았다. 이런 광고에 많은 페이스북 이용자의 피해가 속속 등장하자 '믿거페(믿고 거르는 페이스북 광고)'라는 신조어가 등장한 것이다. 페이스북에서 공유되는 가짜 리뷰

---

24 '빈 박스 마케팅' 오아, 100여 개 제품 3700건 후기 조작 / 컨슈머치 / 2022.6.27. / 전향미

에 대한 이용자들의 불신이 어느 정도인지 가늠할 수 있는 말이다.

결국 기업들의 무분별한 가짜 리뷰들 때문에 페이스북에서 기업의 제품이나 서비스 메시지가 신뢰도를 잃어버리게 되는 상황으로 전개되었다. 문제는 이러한 상황들이 이후 등장하는 소셜미디어 매체들에서도 반복되고 있다는 점이다. 이커머스 플랫폼뿐만 아니라 소셜 웹의 거짓 리뷰들도 이제 논란의 주인공이 되고 있다.

신뢰성 회복을 위한 싸움

온라인 쇼핑이 대세로 자리 잡으면서 고객이나 기업 모두 고객 리뷰에 대한 의존도가 높아지고 있다. 고객이나 기업 모두 구매와 매출로 연결 지어지는 중요한 창구 역할을 하기 때문이다. 그러다 보니 서로의 이득을 위해 다양한 이유로 가짜 리뷰가 범람하고 있다. 대중들은 구매에 도움받기 위해 리뷰를 살펴보았는데 이제는 가짜 리뷰에 오히려 더 혼란스러워하고 있다. 고객 리뷰에 대한 신뢰감은 떨어지고 피로감이 늘고 있는 상황이다.

이커머스 유통업계는 가짜 리뷰와의 전쟁이 한창이다. 온라인 쇼핑몰 플랫폼에서는 가짜 리뷰를 색출해 내기 위해 인공지능 AI 기술까지 총동원하고 있는 상황이다. 가짜 리뷰의 공통적인 특징을 AI에 학습시킨 뒤 비슷한 유형을 골라내 차단하는 탐지 기술을 운영 중이라고 한다. 쿠팡, 올리브영의 온라인 쇼핑몰 등에서는 동일한 인터넷 프로토콜(IP)로 비슷한 내용을 반복 게재하거나 'ㅋㅋㅋㅋ', '좋아요', '좋네요'처럼 특정 키워드가 과도하게 반복되면 AI가 잡아내도록 설계되어 있다.

평점만 높게 주고 실제 판매 중인 상품과 거리가 먼 내용을 남기는 것도 가짜 리뷰의 속성이다. G마켓, 옥션 등에선 상품과 관련 없는 이미지, 의미가 불명확한 텍스트 등을 걸러낸다고 한다. 네이버는 IT 기업의 강점을 살

려 네이버쇼핑 결제자를 빅데이터로 분석해 판매자와 공모 정황 등 비정상적 패턴을 감지한다고 한다.[25]

배달의 민족을 운영하는 우아한 형제들은 현재 허위로 의심되는 리뷰를 사전에 탐지하는 실시간 모니터링을 가동하고 있다. 앱에 후기가 등록되는 순간부터 면밀한 시스템으로 진위 여부를 가려내는 방식이다. 허위 및 조작이 의심되는 리뷰는 내용과 별점이 모두 바로 등록되지 않고 일시적으로 노출이 제한된다. 이후 전담 인력이 추가로 엄밀히 검수한 후 24시간 이내에 최종 공개 또는 차단을 결정한다는 방식이다.

그러나 이 가짜 리뷰와의 전쟁은 창과 방패의 싸움, 즉 모순으로 번지고 있다. 2019년 초 아마존은 가짜 리뷰 중 90%가 AI로 만들어지고 있다고 발표한 바 있다. AI로 가짜 리뷰를 만들고 AI로 가짜 리뷰를 걸러내는 씁쓸한 상황이다.

검색포털 서비스와 소셜미디어 플랫폼 서비스들도 가짜 리뷰에 대한 제재를 강화하고 있다. 네이버는 본인의 계정을 다른 사람이 사용할 경우 계정 사용이 금지되는 제재를 강화하고 이용 정지의 요건도 보완하였다. 인스타그램도 광고 게시물에 '거짓 정보 신고 기능'을 도입하여 '사기 또는 오해의 소지가 있는 콘텐츠'를 신고할 수 있는 항목을 만들었다.

금전적 이득을 취하기 위해 가짜 리뷰로 '장사'하는 기업들이 많아지는 추세이다. 인스타그램에 태그된 관련 단어만 검색해도 홍보성 게시글이 쏟아진다. 이커머스 플랫폼의 가짜 리뷰는 1년 새 5배가 증가했다는 조사 결과도 있다. 가짜 리뷰와 끝없는 전쟁에서 이기기 위해서는 리뷰 생태계를 파괴하는 가짜 리뷰를 걸러내는 시스템의 보완과 처벌 강화, 실제

---

25 "믿을 건 후기뿐"… '가짜 리뷰'와 전쟁 중인 유통가 / 한국일보 / 2020.7.10.

구매자가 리뷰를 적극적으로 올리도록 독려하는 것, 나아가 고객 신뢰를 높이기 위해 양질의 리뷰를 강화하는 다양한 리뷰 서비스 도입이 필요하다.

고객은 바보가 아니다

앞서 '경리단길 맛집' 사례로 봤던 것처럼 우리의 고객은 바보가 아니다. 이미 뒷광고, 가짜 리뷰, 허위 과장된 리뷰를 자체적으로 걸러내고 있었다. 혹 가짜 리뷰를 읽는다 해도 걸러낼 능력이 충분히 있다. 오히려 속이려 하는 기업의 제품에 대한 부정적 이미지만 커질 수 있음을 간과하면 안 된다.

가짜 리뷰가 효과적인 판매 전략일까? 2021년 다비데 프로세르피오Davide Proserpio, 브렛 홀렌베크Brett Hollenbeck, 셰리 허Sherry He 교수들은 가짜 리뷰가 얼마나 큰 문제인지 이해하고 대응 방법을 모색하기 위해 10개월 동안 연구를 진행했다. 그리고 가짜 리뷰가 어떻게 만들어지고, 판매자, 소비자, 플랫폼에는 어떠한 영향을 미치는지 분석하여 '가짜 리뷰 시장 The Market for Fake Reviews' 연구 보고서를 공개했다.

연구 결과에 의하면, 판매자가 가짜 리뷰 작성자를 모집하기 시작하고 작업이 진행되어 2주가 지나자 상품의 평점은 평균 0.16점 상승했다. 일주일 동안에 추가되는 리뷰 개수도 평균 다섯 개에서 열 개로 두 배나 늘었다고 한다. 이들 리뷰 중 일부는 실제 구매자가 보상 없이 작성한 진짜 리뷰일 수도 있다. 하지만 판매자가 가짜 리뷰 작업을 시작한 직후에 리뷰 건수가 껑충 뛴다는 점은 가짜 리뷰들의 영향으로 진짜 리뷰의 숫자도 늘어 급등세를 주도했음을 말해준다. 이는 곧 판매량의 급증으로 이어져 판매 순위가 평균적으로 12.5% 상승하는 효과를 낳았다. 단기적인 파급 효과 측면에서 본다면 가짜 리뷰는 효과적일 수 있다.

하지만 장기적인 관점에서는 어땠을까? 이 연구는 리뷰가 없는 고품질 제품이 관심을 받지 못하는 현상, 즉 '콜드 스타트Cold Start' 문제에 대처하기 위해 기업들이 가짜 리뷰를 이용한다는 가설을 세워 시작되었다. 일단 한 제품이 가짜 리뷰를 통해 긍정적 평판을 얻게 된다. 이후 진짜 소비자들이 제품을 구매하고 진짜 리뷰를 남기는 선순환이 시작돼 자력으로 판매가 지속될 수 있다고 생각한 것이다. 그러나 결과는 평점, 리뷰 건수, 판매량 모두 한두 달 내로 꺾이는 경향을 보였다. 판매자가 가짜 리뷰 작업을 멈추자 단 8주 만에 제품의 평균 평점은 6.3% 하락하고, 판매 순위는 21.5% 내려갔다. 그리고 불만족한 고객으로부터 1점짜리 리뷰를 여럿 받기 시작했다. 해당 제품의 품질이 사실은 낮은 수준이며, 소비자들이 부풀려진 평점과 리뷰에 속았다고 느꼈을 공산이 크다는 뜻이다.

또한 단기적으로는 효과를 거두었을지 모르지만 장기적으로는 제품의 이미지나 평판도 좋지 않을 확률이 높다. 사실 우리는 이미 이런 제품들을 여럿 경험해 보았다. 비포애프터의 과장된 가짜 리뷰들로 초기 매출을 거두었으나 실제 구매 고객의 진짜 리뷰가 등장하면서 제품의 인기도 사라져간 제품들 말이다.

그래서 등장한 새로운 리뷰의 기능들이 있다. 사실 대부분의 고객 리뷰는 리뷰를 남기는 이용자 간의 소통은 어렵다. 때문에 리뷰의 진정성을 파악하기가 어려웠지만 이를 해결한 간단한 방법이 있다. 바로 고객 리뷰에 댓글을 달 수 있거나 고객 리뷰를 다른 고객이 평가하는 기능을 추가하는 방법이다.

가짜 리뷰를 찾아내는 일은 고객이 못 하는 것이 아니라 귀찮아하거나 피로감을 느끼는 것이라 생각해야 한다. 디지털 군중은 협력, 추리라는 기본적인 속성을 가지고 있으며 그 능력은 이미 여러 가지 사례로 증명한 바가 있다. 고객을 바보로 생각하면 안 된다.

문제 5. 리뷰의 딜레마

별점 테러를 알고 있는가? 별점은 말 그대로 별 개수로 매겨지는 점수를 의미한다. 보통 별 5개가 꽉 차있으면 이를 만점으로 취급하며, 한 개 또는 반 개씩 채워지는 걸로 단계를 나눈다. 인물이나 제품과 같은 보편적인 것부터 영화, 드라마, 만화, 음식 등 미디어 매체에 이르기까지 평가를 내릴 수 있는 것이라면 어디든지 다양하게 쓰이고 있는 평가 방법이다.

그러니까 별점 테러는 이러한 보편적 평가 기준인 별점을 일부러 극단적으로 낮추는 것을 의미한다. 일반적으로 1점의 낮은 점수를 주어 전체 평점을 낮추는 일이다.

네이버 웹툰의 경우에는 2010년대까지는 별점을 높게 주는 경향이 있었다. 웹툰이 쉽게 별점 9점대를 기록하는 정도라서 별점 제도 자체가 제 기능을 못하고 있다는 지적이 있었다. 이로 인해 만들어진 문화가 바로 별점 테러족이다. 주로 작가의 지각이나 휴재, 과거 행동에 대한 트집 잡기, 혹은 웹툰 자체의 분량이나 그림체를 보고 별점을 1.0점으로 낮춰 주는 경우였다. 신작 영화 개봉 시 배급사에서 광고성 별점 조작 작업을 진행하면 이에 대한 분노로 별점 테러를 진행하기도 했다.

이런 별점 테러가 자영업자를 겨냥하기 시작했다. 'BC카드'가 '여기어때' 컴퍼니와 2020년 12월 발표한 '식당 매출액과 리뷰·평점의 영향분석'

보고서에는 별점 5점 만점 중 4점대인 업체 평균 매출액이 1,080만 원인 반면, 2점대인 업체 매출액은 655만 원에 그친 것으로 나타났다. 별점 리뷰가 매출에 상당한 영향력을 미치다 보니 별점 때문에 제 살을 깎아 경쟁하는 경우가 빈번하다. 점주들은 부당한 환불, 과도한 서비스 등의 요구도 들어줘야 하는 리뷰 갑질까지 감수해야 한다고 한다.

방송통신위원회의 '배달앱 별점 · 리뷰 제도 개선 종합대책 보고자료'에서는 자영업자 10명 중 6명꼴로 악성 리뷰로 인한 피해를 경험했고 악성 리뷰를 겪은 자영업자 6명 중 4.2명은 별점 리뷰로 인해 매출에 영향을 받았다고 응답했다.

배달앱의 경우 고객들이 직접 경험을 남기는 리뷰는 핵심 기능이자 가파른 성장세를 만든 동력임을 의심할 여지가 없다. 갑질이나 악성 리뷰의 부작용 때문에 리뷰 기능을 없애버릴 경우 이용자들이 필요한 정보를 얻을 수 없게 된다. 그래서 서비스 품질이 하락하는 결과가 나올 수 있는 '리뷰의 딜레마'에 빠지게 되었다. 이것은 비단 배달앱만의 문제는 아니다.

도 넘은 악성 후기

대부분의 가짜 후기는 '이익의 추구'라는 목적을 위해 행해진다. 그런데 그저 감정의 배설을 위해, 혹은 어긋난 정의감에, 혹은 재미있어서 등 특정한 목적이 없는 가짜 후기도 있다. 바로 리뷰 갑질이라는 '악성 후기'이다.

조리가 완료된 치킨을 취소 해주지 않았다고 "인성 글러 먹었다."라는 리뷰를 남기고 "집에서 모니터로 본 것과 색깔 차이가 난다"며 환불을 하기도 하며, 주문 전부터 수차례 공지가 됐던 "수입품 반품 절차에 드는 비용 2만 원은 고객이 부담해야 한다."라고 안내했더니 '쓰레기', '이걸 산 내가 ×××', '여기서 사면 호구' 같은 표현들이 담긴 리뷰를 올린다. 즉 내 뜻대로 안 되면 곧장 비방 내용이 담긴 리뷰로 판매자를 공격하는 사례들이 늘고 있다. 그리고 여기에 경쟁사의 조작된 리뷰 부정행위까지 더해지고 있는 상황이다.

이에 '쿠팡이츠'는 점주가 직접 댓글을 달아 해명할 수 있는 기능을 도입하고 악성 리뷰 노출 차단을 위한 신고 절차를 간소화하였다. '위메프오'는 블랙컨슈머로부터 점주를 보호하는 '안심 장사 프로젝트'를 도입하여 사실관계 확인을 통해 악의적 목적으로 판단되면 해당 소비자는 '위메프오'를 이용할 수 없게 하는 대안을 내놓았다.

'배달의 민족'은 점주가 악성 리뷰에 대해 항의하면 해당 리뷰를 1개월간 비공개 처리하고, 만약 해당 리뷰 작성자가 동의하면 삭제 처리한다. '요기요'는 리뷰에 욕설·비방 또는 주문과 관련 없는 내용을 담고 있으면 리뷰를 삭제하며 반복적이고 악의적으로 보상을 요청하는 블랙컨슈머에 대해서는 서비스 이용을 제한한다. '네이버'는 별점 테러와 악성 후기가 사회적 문제로 떠오르자 별점 리뷰를 등록된 키워드 중 하나를 골라서 리뷰를 남기는 '키워드픽'으로 변경하였다.

시스템적으로 대응이 진행 중이나 아직도 갈 길이 멀어 보인다. 배달앱의 자영업자들 외에도 이커머스 플랫폼과 소셜 웹에서도 비슷한 사례들이 늘고 있는 상황이다. 하루가 멀다 하고 커뮤니티에는 이러한 논쟁이 가십거리처럼 올라와 공개 재판이 진행되기도 한다. 결국 고객 리뷰의 영향력이 커질수록 리뷰의 악영향도 증가한 것이다. 따라서 기업들도 위기 시만이 아니라 평상시에도 고객 리뷰 관리가 중요해졌음을 인지하여야 한다.

교과서 같은 답일지 모르나 평점 테러나 악성 후기에 대한 대응은 기본적으로 '모두를 만족시킬 수 없다.'라는 생각으로 평점심을 찾고 대응하는 것이다. 그리고 이 논란을 지켜볼 다른 관중들을 의식하면서 내 편으로 동조하게 만들면서 대응하는 것을 원칙으로 한다. 그리고 지원받을 수 있는 시스템을 찾아 활용하는 것도 방법이다.

무엇보다 중요한 것은 평상시 지속적인 리뷰 관리로 평판을 만들어 놓는 것이다. 긍정의 관계를 많이 만들어 놓았다면 그들의 지원을 받는 방법도 생각해 두는 것이 좋다. 부정적 리뷰나 악성 후기에 대한 대응 방법은 제4장에서 자세히 살펴보도록 하겠다.

네이버의 내돈내산 리뷰

네이버는 실구매자 상품평을 쉽게 확인할 수 있는 '내돈내산 리뷰 상품' 블록을 적용하였다[26]. '내돈내산 리뷰 상품'은 검색 키워드 관련 상품과 소비자가 직접 구매하고 체험한 리뷰를 함께 보여준다. 이외에도 연관 키워드 관련 상품 정보 및 리뷰를 함께 제공한다.

대가성 후기가 아닌, 직접 소비를 통해 작성된 리뷰에 대한 사용자 신뢰와 선호도가 높다는 점에 착안했다고 한다. 이커머스 플랫폼상의 자발적 리뷰 인증 적용 방식이 검색 플랫폼상에도 적용되고 키워드 검색 결과 화면에 직접적으로 노출되기 시작한 것이다.

네이버에 축적된 UGC User Generated Content가 판매자와 사용자 모두에 유용한 '쇼퍼블콘텐츠'로 재구성될 수 있도록 활용도를 높이고 사용자는 제안

---

26 '내돈내산' 리뷰 · 시즌상품 추천…더 똑똑해진 네이버 AI 검색 / 헤럴드경제 / 2022.7.11. / 김민지

된 블록 콘텐츠만 확인해도 여러 리뷰를 확인하며 추가 검색하는 등 쇼핑 시간을 단축할 수 있어 보다 편리한 탐색이 가능하도록 개선했다고 한다.

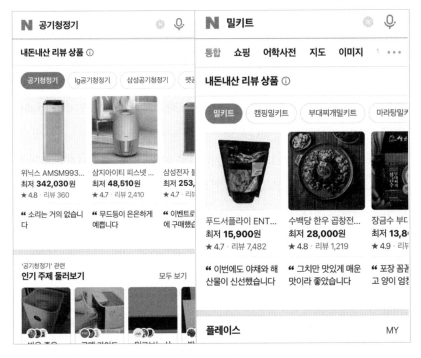

[그림 2-1] 네이버 내돈내산 리뷰

주요한 것은 이제 네이버 자체 이커머스 플랫폼인 스마트스토어의 고객 리뷰 관리를 강화해서 제품과 서비스에 대한 긍정적인 리뷰를 얻어야 한다는 점이다. 검색엔진 최적화의 항목이 늘고 지속적인 리뷰의 운영 관리가 필요한 시점이다. 배달앱에서의 리뷰의 딜레마가 이제 네이버 스마트스토어에서도 생길 수 있는 환경이 된 것이다.

지금까지 기업 주도 고객 리뷰 마케팅의 위기 상황들을 살펴보았다. 기업이 주도하여 작성한 리뷰의 신뢰도와 영향력은 미비하고 심지어 고객들에게 쉽게 외면당하는 상황이다. 협업했던 인플루언서도 그 영향력이 예전 같지 않고 개입하기도 어렵다. 엎친 데 덮친 격으로 별점 테러, 리뷰 갑질, 악성 리뷰 등 리뷰의 딜레마도 점점 더 큰 문제로 다가오고 있다.

기업들은 진정성이 담긴 고객 리뷰의 영향력을 원하면서 실제로는 리뷰 생태계를 파괴할 수 있는 조작된 리뷰를 제작하고 확산하는 잘못된 방법에 현혹되어 리뷰의 부정적인 문제들을 야기하였다. 결국 리뷰 마케팅의 위기를 도래하게 한 것이다.

물론 자발적인 고객 리뷰를 얻기가 쉽지 않은 문제에서 시작됐음을 알고 있다. 하지만 기업들은 이 문제를 해결하기보다는 편안하고 쉽게 활용해 왔던 체험단, 인플루언서를 통한 리뷰의 작성과 배포, 확산에만 집중했다. 그리고 이러한 방식이 고객 리뷰의 신뢰도와 영향력을 심각하게 감소시키고 있다.

이제는 기존의 리뷰를 관리하는 방식에서 좀 더 나아갈 수밖에 없는 상황이다. 단발적으로 고객 리뷰를 활용해 매출을 유도하는 리뷰 마케팅의 방식에서 장기적인 관점으로 전환이 필요하다. 자발적인 리뷰를 장려하고 고객의 리뷰에 반응하고 응답하고 연결하는 리뷰로 마케팅이 아닌 소통하는 리뷰 커뮤니케이션으로 말이다.

3장
자발적
리뷰 확보하기

3장 자발적 리뷰 확보하기

이제까지 고객 리뷰의 중요성과 그 속성 그리고 리뷰어의 속성들에 대해 알아보았다. '리뷰에 대해 이렇게까지 알아야 하나?'라고 생각하는 사람도 일부 있을 것이라 생각한다. 하지만 그 중요도에 비해 기업이 고객 리뷰를 대하는 현실을 본다면 생각이 달라질 것이다.

조금 비약해서 이야기하면 고객 리뷰는 기업이 대행사를 통해 비용을 들여 필요한 시점에 마치 찍어내듯이 작성하는 바이럴 콘텐츠라 여겨지고 있다. 자발적인 고객 리뷰는 여전히 기업의 관심 밖이고 리뷰 이벤트를 통해, 특히 경품을 활용해 기업의 입맛에 맞는 긍정적인 리뷰를 요청한다. 그리고 부정적인 고객 리뷰는 마치 기업을 공격하는 것으로 간주하고 있다. 고객 리뷰 마케팅의 현실이다.

물론 커머스 업계는 고객 리뷰의 중요성을 깨닫고 리뷰 시스템이나 제도에 비용과 인력, 시간을 투자하여 빠르게 고도화하고 있다. 하지만 대부분 기업의 고객 리뷰 관리는 단순히 고객을 대상으로 하는 마케팅의 한 방법으로 인식되고 있다.

고객의 입장에서 리뷰는 어떤 의미일까? 앞서 이야기한 사람들이 리뷰를 작성하는 이유를 기억하는가? 다른 사람을 돕고 싶어서, 자신의 존재감을 드러내기 위해서, 군중의 일부가 되기 위해서, 감사의 마음을 전하고 싶어서, 기업이 제품을 개선하는 데 도움을 주기 원해서, 부정적인 고객 경험의 불만을 토로하기 위해서 리뷰를 작성한다고 살펴보았다. 즉 고객들은 기업에 또는 다른 고객들에게 리뷰를 통해서 말을 걸고 있는 것이 아닐까?

'사람들끼리 서로 생각, 느낌 따위의 정보를 주고받는 일. 말이나 글, 그 밖의 소리, 표정, 몸짓 따위로 이루어진다.' 커뮤니케이션Communication[27]의 정의이다. 즉 고객은 기업의 제품 리뷰를 통해, 기업 또는 다른 고객과 커뮤니케이션을 시작하는 것이다.

고객 리뷰는 이제 기업과 고객의 소통 창구이자 제품을 사용하는 고객들 간의 연결고리가 되고 있다. 하지만 기업들은 고객들의 리뷰를 얼마나 귀 담아 듣고 있었는가? 오히려 기업들은 리뷰 마케팅을 통해 고객과 고객이 제품과 서비스를 이야기하는 즉 리뷰로써 소통하는 것을 가로막거나 혼란을 주려 한 것은 아닐까?

이제 기업은 리뷰 마케팅 단계에서 나아가 리뷰 커뮤니케이션에 부응할 때가 되었다. 고객 리뷰에 관심을 가지고 응답을 하고 그들의 이야기를 이해하고 연결과 피드백을 통해 그들의 이야기를 비즈니스에 반영할 필요가 있다. 이번 장에서는 리뷰 마케팅에서 나아가 리뷰 커뮤니케이션으로 진화하는 방법에 대해 알아보고 그 첫 번째 단계인 자발적 리뷰를 확보하는 방법에 대해 살펴본다.

---

27 국어국립원 표준 국어대사전 / https://stdict.korean.go.kr/

리뷰 마케팅에서 리뷰 커뮤니케이션으로 진화

기업의 리뷰 마케팅은 고객과 시대의 변화에 맞춰 진화하고 있다. 시작은 남녀노소 누구나 이해하기 쉬운 범용의 리뷰를 제작하고 이를 널리 퍼트리는 가장 간단한 리뷰 마케팅 1.0이다. 주로 잠재고객에게 영향력을 갖는 유명인이나 직업군의 일반인을 활용하여 리뷰를 제작하고 인쇄 매체나 방송, 제품 포장지 등 고객의 접점을 통해 전달하는 방법을 사용하였다. 그리고 이는 인터넷이 등장하자 더욱 쉽고 빠르게 확산이 이루어졌다.

이후 소셜미디어의 등장으로 고객 리뷰를 확보하고 확산하는 방법이 더욱 편리해졌다. 이벤트를 통해 실시간으로 리뷰를 요청하고 작성된 리뷰를 보다 빠르고 넓게 게시하고 확산할 수 있게 된 것이다. 리뷰의 양이 폭발적으로 증가하였고 이에 범용의 리뷰를 제작하는 것에서 벗어나 다양한 리뷰어에게 다양한 주제의 리뷰를 얻을 수 있게 되었다. 리뷰 마케팅 2.0의 시대가 열린 것이다.

하지만 기업의 주도하에 고객에게 요청하여 제작되는 리뷰는 기업이나 제품에 우호적인 내용만을 주로 담아 고객들에게 광고나 홍보처럼 느껴지게 되었고 결국 고객의 외면을 받게 되어 리뷰 마케팅의 효능성이 떨어지고 있는 상황이다.

반면 소셜미디어가 활성화되면서 기업의 요청이 아닌 고객의 자발적인 리뷰도 양적으로 증가하였는데 고객들은 이러한 리뷰를 더욱더 선호하고 있다. 이에 그동안 기업들이 관심을 상대적으로 가지지 않았던 고객의 자발적인 리뷰를 수집하고 반응하고 가치를 높여 지속적인 리뷰 생태계를 만드는 리뷰 커뮤니케이션의 시대로 전환되고 있다.

리뷰 커뮤니케이션이 기존의 리뷰 마케팅과는 운영 방식이 어떻게 다른지 살펴보고 적용하는 방법을 지금부터 살펴보자.

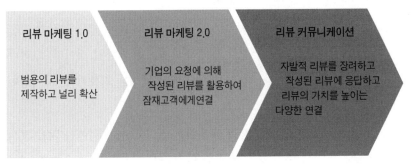

[그림 3-1] 리뷰 마케팅의 진화

리뷰 마케팅 1.0 vs 리뷰 마케팅 2.0

기업이 리뷰 체험단을 모집하여 리뷰 이벤트를 진행했을 때 이야기이다. 50명의 체험단을 모집한 후에 리뷰의 대상인 프리젠터 신제품을 나누어 주고 담당 매니저가 직접 신제품의 특장점에 대해 설명하고 질의응답까지 진행하였다. 일주일의 시간을 주었다. 50명의 체험단 리뷰가 도착했다. 그런데 어찌 된 일일까? 보내온 리뷰를 살펴보니 50명의 리뷰의 내용이 마치 짠 것처럼 거의 유사했다.

　내가 기업의 컨설팅을 맡을 때면 제일 처음으로 하는 일이 그 기업 제품이나 서비스의 고객 리뷰를 찾아보는 것이다. 가끔 어떤 기업의 고객 리뷰들은 마치 한 사람이 쓴 것 같은 착각을 줄 정도로 유사한 경우가 있다. 여러분들도 리뷰를 검색하다 보면 이상하게 유사한 리뷰들을 본 경험이 있을 것이다. 대체 왜 제품과 서비스의 리뷰가 서로 비슷해 지는 것일까?

　프리젠터 사례로 돌아가 보자. 50명 체험단의 리뷰를 살펴보면 유사해 지는 이유를 찾을 수 있다. 대부분 누가 먼저랄 것도 없이 제품 중심, 기능 중심의 설명 위주로 리뷰를 정리했다. 쉽게 말해 프리젠터의 기능 버튼이 5개라면 대부분의 리뷰어는 5개 버튼의 기능을 하나하나 설명하는 것을 중심으로 리뷰를 작성한다. 이러한 방식은 기업, 고객 누가 먼저랄 것도 없이 어느 순간부터 리뷰 구성의 기준이 되어버린 결과일 것이다. 그러다 보니 10대 리뷰어가 쓴 리뷰와 50대 리뷰어가 작성한 리뷰가 큰 차이점이 없게 되는 것이다.

누가 봐도 이해할 수 있는 범용의 리뷰를 잘 만들어서 얼마나 많은 고객에게 전달하느냐에 중점을 둔 이러한 방식, 리뷰 마케팅 1.0이 그 문제의 근원이었다. 범용의 리뷰는 누구나 관심을 갖는 제품의 기능 중심으로 만들어질 수밖에 없었기 때문이다. 더군다나 이때는 기업들이 기업 중심의 관점에서 제품의 장점과 차별점을 전달하는 것이 중요했었던 때였다.

제품의 상향평준화를 이루고 있는 지금은 변해야 할 때이다. 그리고 모든 메시지도 이제는 기업 중심의 관점이 아닌 고객 중심의 관점에서 이루어져야 한다. 리뷰도 마찬가지이다.

리뷰 마케팅 2.0은 리뷰에 고객 중심의 관점으로 Time(시간), Place(장소), Occasion(상황), 즉 TPO를 맞추어 리뷰를 제작하는 방식이다.

10대 리뷰어가 학교 발표 시간에 친구들 앞에서 간단하게 발표하는 상황을 상상해 보자. 교실 내 비치한 LCD TV를 통해 프레젠테이션을 해야 하는 상황이다. 기존 프리젠터의 포인터는 LCD TV 화면에서는 무용지물이다. 이에 반해 새로운 프리젠터의 디지털 포인터 기능을 활용해서 문제를 해결하는 리뷰를 얻을 수 있다.

50대 리뷰어가 고객사를 상대로 중요한 프레젠테이션을 하는 상황의 리뷰라면 내용이 달라진다. 고객사와의 프레젠테이션은 발표 시간을 중요하게 지켜야 하는 경우가 종종 있다. 따라서 새로운 프리젠터의 진동 알람 기능을 이용하여 정해진 시간 내에 능숙하게 발표를 마치는 이야기가 담긴 리뷰를 작성할 수 있다.

그뿐인가. 고양이를 키우는 집사 리뷰어라면 프리젠터의 리뷰는 아주 달라질 것이다. 이때는 다른 버튼의 기능보다는 포인터 기능을 고양이가 좋아하느냐 싫어하느냐가 주된 내용이 될 것이다. 기존의 빨간색 포인터보다는 초록색 포인터를 고양이가 더 잘 쫓아간다는 실험 중심의 리뷰가 나올 수도 있다. 고양이 집사들은 프리젠터를 고양이 장난감으로 구입한다는 사실, 그리고 그러한 상황 중심의 제품 후기를 찾고 있다는 점을 잊지 말자.

한국지엠의 디지털 커뮤니케이션을 컨설팅했을 때의 일이다. 당시 한국지엠의 블로그를 시작하면서 약 20명 정도의 임직원으로 구성된 사내기자단과 "시승기 콘텐츠를 어떻게 2.0으로 발전시킬 것인가?"라는 주제로 많은 회의를 했었다. 자동차 회사에서 시승기는 아주 중요한 고객 리뷰 콘텐츠이다. 먼저 기존의 시승기를 떠올려보자. 자동차를 잘 아는 기자, 자동차 커뮤니티 주인장, 파워블로거, 파워 유튜버 등을 대상으로 시승차를 임대해 준다. 신차를 받은 리뷰어는 평소 갈 일도 없는 자갈밭 같은 곳을 실컷 드라이브하고 와서 '스티어링이 어떻네.', '핸들이 가볍네.' 등등 좋다는 건지 나쁘다는 건지 이런 뜻 모를 이야기들로 흐지부지한 리뷰를 작성한다. 시승기 1.0이다.

한 달간 토론한 끝에 이전 기업이 하지 않았던 새로운 시승기 2.0 아이디어를 정리해보았다. 일반적인 고객이 봐도 자동차를 잘 아는 사람인데 어렵게 설명하지 않을 사람을 리뷰어로 선정하자는 의견이 있었다. 누가 제일 먼저 떠오르는가? 그렇다, 택시 기사가 제일 먼저 선정되었다. 택시 기사는 일반적인 고객의 눈높이에서 신차의 특성을 잘 설명해주었다. 다음으로 밤마다 다른 차를 운전하는 대리운전 기사가 선정되었다. 밤길 운전에 필요한 안전 사양들을 쉽게 그리고 경험에 비추어 설명해 주었다.

그리고 그간 자동차 회사에서 시승자로 선정하지 않았던 분들을 다양하게 섭외함으로써 소셜 웹에서 뜨거운 반응을 얻으며 연재되었다. 기세를 이어받아 당시 유행했던 'MBC 아빠 어디가'를 패러디해서 '장롱면허 엄마 어디가' 시승기를 진행했다. 이 시승기는 장롱에서 어머니가 면허증을 꺼내는 것으로 시작해서 신나게 드라이브를 즐기는 어머니를 보여줌으로써 운전 경험이 많지 않은 운전자들의 눈높이에서 신차를 리뷰해 주었다. 시승기의 마지막은 딸과의 대화로 마무리 지었다. "○○야, 아빠 오면 이 차 하나 뽑자고 하자."

기업의 입장에서 제품과 서비스를 잘 설명할 리뷰어를 선정하는 것에서 벗어나 고객 관점에서 제품을 설명할 리뷰어를 활용하는 것도 중요하다. 장롱면허인 내가 차를 구입하기 위해 쇼룸을 방문한다면 내부 인테리어는 어느 좌석이 궁금할까? 운전석? 뒷좌석? 아니다. 내가 운전을 안 한다면 누가 운전하겠는가? 와이프가 운전할 것이다. 그런 상황에 뒷좌석에 앉을 수 있을까? 따라서 내가 쇼룸에 간다면 운전자 옆좌석인 보조석이 궁금할 것이다. 운전석 중심으로 작성된 범용의 시승기가 내게 도움이 될까?

내가 원하는 시승기는 보조석 중심으로 설명이 된 시승기다. 유사한 경우로 운전기사가 있는 사장님은 본인이 주로 이용할 뒷좌석 중심의 시승기를 원할 것이다. 더 이상 범용의 시승기로는 고객들의 관점을 모두 채워줄 수 없다.

8년간의 한국지엠의 컨설팅을 마무리하면서 기자단에게 마지막 시승기 미션을 주었다. 오랜 기간 동안 기자단이 시승기를 쌓아오다 보니 또다시 비슷비슷해진 느낌이 들어서 조금 새로운 미션 가이드를 주어야 하는 상황이었다. 그래서 각자 개인의 상황과 이야기를 담아 세분화된 리뷰를 만들어보는 미션을 주었다.

그 결과 '37주 만삭 임산부가 느낀 시트 편의성[28]'이라는 시승기를 얻게 되었다. 바로 작성 기자에게 물었다. 왜 37주 만삭 임산부냐고. 자신의 와이프가 37주 만삭 임산부여서 자신의 상황을 담아보았다고 한다. 시승기의 내용은 말 그대로 37주 만삭 임산부가 시승차를 탔을 때 운전석의 편의성과 기능을 중심으로 소개하였다. 이 시승기는 누가 읽을까? 37주 만삭의 임산부가 읽을 것이다. 또 누가 관심이 있을까? 그렇다. 임산부들이다. 다음은? 임산부를 둔 남편이다. 그다음은? 여성. 그다음은? 남성······.

이전에 범용 시승기가 전체 대중을 겨냥했다면 요즘은 니치niche(특정 성격을 가진 소규모 소비자 집단)의 공감을 이끌어 확산하는 시승기가 더 유효하다. 따라서 고객의 관점에서 상황과 이야기를 중심으로 제품이나 서비스를 담아낸 리뷰를 지속적으로 개발하는 것이 중요하다.

리뷰 마케팅 1.0에서 기업의 제품과 서비스의 리뷰가 대부분 유사하게 느껴지는 문제점을 보완하기 위해 리뷰 마케팅 2.0에서는 리뷰의 관점을 세분화해서 제공하거나 고객의 이야기가 담기도록 유도하는 방법을 활용한다. 내용이 비슷비슷한 고객 리뷰는 잠재고객에게 진정성 있게 전달되기 어렵다. 리뷰 마케팅 2.0에서는 사용자의 상황과 이야기가 담긴 세분화된 제품 후기를 다양하게 그리고 지속적으로 고객에게 전달하는 것이 중요하다.

---

28 https://blog.gm-korea.co.kr/5076

리뷰 커뮤니케이션의 개요

리뷰 커뮤니케이션은 리뷰 확보의 방법을 개선하고, 작성된 리뷰를 분석하고 응답하고 연결하여 리뷰의 가치를 높여줌으로써 다시 리뷰가 작성될 수 있는 분위기를 조성하여 지속적인 리뷰 생태계를 만드는 것이다.

지금의 리뷰 마케팅에서 리뷰 커뮤니케이션으로 업그레이드하기 위해서는 크게 두 가지 부분으로 나누어 개선을 해야 한다. 첫 번째는 리뷰 확보의 개선이다. 리뷰의 확보를 위해 기업은 '요청'과 '장려'라는 두 가지 방법을 사용할 수 있다. 현재 주로 사용하고 있는 리뷰 '요청'의 방법을 효과적으로 개선(제7장 참조)하고 자발적 리뷰를 '장려'하는 방법을 강화하는 것을 지향한다.

두 번째는 리뷰 가치 높이기이다. 리뷰의 가치를 높이는 방법은 작성된 고객 리뷰를 최대한 수집하여 분석의 단계를 거쳐 적절한 응답을 하고 여러 대상과 연결하고 최종적 피드백을 제공하는 것이다. 리뷰의 가치를 높이기 위해서는 지금처럼 일시적으로 리뷰를 활용하는 방식에서 벗어나 지속적으로 리뷰를 관리하는 방법으로 변경해야 한다.

이제부터 리뷰 커뮤니케이션으로 개선하는 방법들을 하나씩 살펴보기로 한다. 그 전에 리뷰 커뮤니케이션의 지향점을 잠시 알아보자.

리뷰 마케팅 vs 리뷰 커뮤니케이션

[그림 3-2] 리뷰 마케팅의 프로세스

리뷰 마케팅의 목표는 분명하다. 제품과 서비스의 긍정적인 리뷰를 확보하고 확산하여 잠재고객에게 제품과 서비스를 인지시키거나 구매를 유도하기 위함이다. 기업의 리뷰 마케팅 1.0과 2.0 모두 공통적인 프로세스로 진행된다. 우선 기업 주도의 리뷰 요청으로 긍정적인 고객 리뷰를 확보한다. 특별한 혜택을 제공받아 리뷰가 작성되거나 제출과 동시에 금전적인 보상을 제공받는다. 제출된 리뷰는 잠재고객에게 노출되기 위해 기업의 공식 채널과 고객 접점에 게시된다. 일정 기간이 지나면 전체 리뷰 마케팅의 대한 효과 분석 과정을 거쳐 효과 및 개선점들을 정리하고 다음 리뷰 마케팅에 적용한다. 이러한 일방향적인 프로세스를 필요시마다 반복적으로 수행한다.

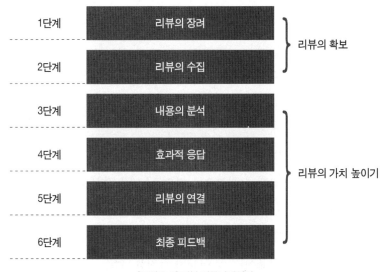

[그림 3-3] 리뷰 커뮤니케이션

반면 리뷰 커뮤니케이션은 크게 고객의 자발적 리뷰 확보와 이렇게 확보된 리뷰의 가치를 높여 지속적인 리뷰 생태계를 구축하는 프로세스로 진행

된다.

처음은 고객의 자발적 리뷰를 확보하는 리뷰의 '장려'와 '수집' 단계이다. 기존의 리뷰 마케팅이 리뷰의 확보 방법을 '요청'에 의지했다면 리뷰 커뮤니케이션은 직접적인 요청이 아닌 리뷰 작성을 장려하는 문화를 만드는 방식이다.

리뷰를 '수집'하는 단계에서는 말 그대로 소셜미디어 채널, 웹사이트, 이커머스 플랫폼 등 고객과의 접점에서 기업의 제품과 서비스에 대한 리뷰를 수집한다. 원칙은 일정한 주기로 가능한 모든 리뷰를 수집하는 것이다.

이렇게 확보된 고객 리뷰는 총 4단계의 작업을 통해 리뷰의 가치를 높인다. 첫 번째 단계는 수집한 리뷰를 '분석'하는 단계이다. 먼저 수집한 리뷰를 식별하여 보상이 지급된 '요청'에 의한 리뷰와 자발적으로 작성된 리뷰를 구분한다. 이후 내용상의 구분과 이해를 기준으로 크게 긍정적 리뷰와 부정적 리뷰로 식별한다.

두 번째 단계는 리뷰에 대한 '응답'의 단계이다. 부정적 리뷰를 우선적으로 하여 가능한 모든 리뷰에 '응답'을 한다. 커뮤니케이션이 시작되는 단계이다.

세 번째 단계는 식별한 리뷰를 효과적으로 '연결'하는 단계이다. '연결'은 잠재고객과 기존 고객을 대상으로 하여 긍정적 경험을 연결하고 발견된 인사이트를 비즈니스의 새로운 기회로 연결한다.

마지막 네 번째 단계는 최종적 '피드백'을 제공하는 단계이다. 리뷰에 대한 개선점, 비즈니스 활용사항 등 리뷰의 가치를 높인 활동을 리뷰어와 고객을 대상으로 알려 관계를 구축하는 것이다.

이렇게 4단계를 거쳐 리뷰의 가치를 높여 다른 사람들과 연결하게 되면 리뷰나 리뷰어가 선망의 대상이 되어 다른 고객들의 자발적 리뷰를 이끌어 내는 분위기를 조성할 수 있다. 이 과정을 순환적, 지속적으로 진행한다면 자발적인 리뷰의 문화, 생태계를 만들게 될 것이다.

	리뷰 마케팅 1.0	리뷰 마케팅 2.0	리뷰 커뮤니케이션
리뷰의 확보	유명인 또는 영향력자를 활용한 범용 리뷰의 제작	리뷰 이벤트, 체험단을 활용한 리뷰의 '요청'	자발적 고객 리뷰의 '장려'
진행	기업 주도	기업 주도	고객 주도
목적	제품 인지 및 구매 유도	제품 인지 및 구매 유도	제품 인지 및 구매 유도, 제품 중심의 커뮤니케이션, 커뮤니티 구축
진행 주기	일시적	일시적	지속적
커뮤니케이션	일방향	일방향	양방향
보상	혜택 및 금전적 보상 우선	혜택 및 금전적 보상 우선	혜택 및 사회 인지적 보상 우선
리뷰 내용의 통제	가능	가이드를 활용한 조정	불가

[표 3-1] 리뷰 마케팅의 진화

정리하면 리뷰 마케팅은 유명인이나 제품군의 영향력자를 섭외하여 범용의 리뷰를 제작하는 리뷰 마케팅 1.0에서 리뷰 이벤트, 체험단 등을 운영하여 리뷰를 요청하는 기업 주도의 리뷰 마케팅 2.0을 거쳐 왔다. 이제는 이러한 기업의 일방향적인 마케팅에서 벗어나 고객이 자발적으로 리뷰를 작성하도록 장려하는 양방향의 리뷰 커뮤니케이션으로 전환할 시점이다.

고객 리뷰를 구매 유도의 영향력을 행사하는 방법으로만 집중해 온 리뷰 마케팅에서 벗어나 그 이상의 가치를 만들 수 있는 이 리뷰 커뮤니케이션의 6단계에 주목해 보자.

왜 지금 리뷰 커뮤니케이션인가?

현재의 검색엔진을 도배하는 바이럴 마케팅과 같은 효과의 리뷰 마케팅 2.0에 만족할 수도 있다. (그래도 7장의 리뷰 마케팅의 개선 방법을 읽어보고 꼭 확인해 보길 바란다.) 그리고 당장 리뷰 커뮤니케이션으로 변화하는 것이 무리라고 느껴질 수도 있다. 하지만 장기적인 관점으로 리뷰 마케팅을 지속하고 그 효과를 유지하고자 한다면 다음의 리뷰 커뮤니케이션을 시작해야 하는 이유를 살펴보자. 그리고 우리 기업의 상황에 맞춰 리뷰 커뮤니케이션의 적용을 고민해 보자.

더 이상 미룰 수 없다

[그림 3-4] 영화 〈비상선언〉

2022년 8월, 영화 〈비상선언〉은 개봉과 동시 논란에 휩싸였다. 논란은 한 유명 영화 커뮤니티 운영자가 〈비상선언〉의 역바이럴 세력을 포착했다고 제기함으로써 시작되었다. 역바이럴은 긍정적인 입소문으로 홍보하는 바이럴 마케팅과 반대되는 개념이다. 의도적으로 특정 인물이나 제품과 서비스 같은 대상의 이미지를 훼손하기 위해 부정적인 여론을 형성하는 것을 의미한다. 즉 누군가 〈비상선언〉의 흥행을 막기 위해 조작된 부정적 리뷰와 낮은 평점으로 부정적 여론을 의도적으로 형성했다는 주장이다.

이에 영화의 투자, 배급사인 '쇼박스'가 역바이럴 정황에 대해 경찰에 조사를 의뢰했다. 가요계에서 이미 음원사재기 등 바이럴과 역바이럴 문제를 일으켜왔던 마케팅 전문회사가 그 주체로 지목됐다[29]. 하지만 해당 마케팅 업체는 강력하게 역바이럴 사실을 부인하였으며 역바이럴은 바이럴의 특성상 정황은 있지만 실체를 파악하기는 어려운 점이 있어 쉽게 결론 내리기는 어려웠다.

〈비상선언〉은 260억 원의 순제작비가 투입되었으나 손익분기점의 절반에도 못 미치는 관객 200만 남짓에 그쳤다[30]. 팬더믹 이후 영화 관람료 인상으로 입소문이 좋게 난 영화를 기다렸다가 골라서 보는 관람 경향 때문에 영화 리뷰나 평점으로 만들어지는 입소문이 훨씬 중요해졌다. 이런 상황이라 영화계는 이 역바이럴 논란을 민감하게 예의 주시하고 있다.

논란의 끝은 여기가 아니었다. 역바이럴의 논란을 제기했던 커뮤니티 운영자가 커뮤니티 내의 〈비상선언〉에 대한 모든 부정적인 리뷰를 일방적으로 삭제하였다. 이 과정에서 실제 관람하고 부정적인 평가를 내린 관

---

29 '비상선언'은 댓글 조작부대에 역바이럴을 당했나?..바이포엠 대표 "연관無" / 스타뉴스 / 전형화 / 2022.8.8.
30 망작 낙인 '비상선언'…"역바이럴 정황 찾았다" 경찰 조사 의뢰 / 중앙일보 / 나원정 / 2022.9.21.

객들까지 마케팅 전문회사의 관계자 또는 역바이럴에 휘둘린 사람 취급을 하며 작성한 리뷰 글을 독단적으로 삭제하거나 아예 커뮤니티에서 강제 탈퇴시키기도 했다.

불공정한 제재에 항의하는 과정에서 운영진들의 친목질(친목에 질을 더한 합성어로 친목을 넘어서 타인에게 피해를 끼칠 정도로 하는 것이나 행동을 이르는 말이다. 친목질이 많아지면 결국 커뮤니티가 문을 닫게 될 정도로 심각한 문제인 것이다.)이 공개되었고 이 과정에서 영화사와 커뮤니티 간의 단독 시사회를 통한 문제점도 드러났다. 운영진이 홍보 패키지를 운영하여 배급사들에 돈을 받고 영화 개봉 전 단독 시사회 GV 진행 및 게시판 여론 조성을 해줬다는 사실이 폭로되었다. 이번엔 영화에 대한 바이럴 마케팅이 논란의 중심에 서게 된 것이다.

한 영화관계자는 "돈 받고 광고한 것이 맞다. 호불호가 심하게 갈린 영화를 제외하고 이 방법이 잘 먹혀왔다. 바이럴 광고 단가가 높아지면서 영화 관련 커뮤니티 운영자 콧대도 높아져서 작은 예술영화는 어쩔 수 없이 진행한 사례가 많다. 한국 영화도 영화 관련 커뮤니티 광고를 기본으로 깔고 왔다. 광고하는 영화를 호평하면서 여론 조작한 것이 역바이럴과 다를 것이 뭐냐"라며 역바이럴과 바이럴 마케팅이 공존하는 현실을 지적했다[31].

커뮤니티가 성장하면서 한국 영화 단독 시사회, 단독 굿즈 이벤트를 요구하기 시작했으며 이후에는 광고 홍보비의 명목으로 홍보 패키지에 따른 돈을 받기 시작했다는 주장이다. 역바이럴 피해를 주장하면서도 커뮤니티 역시 광고를 받고 바이럴을 진행하며 영화 시장을 교란한 게 아니냐는 것이다. 이 논란으로 인해 커뮤니티 중심으로 돌아가던 국내 영화계의

---

31 '비상선언' 역바이럴에 이어 바이럴 의혹도...민낯 드러나나 / 스포츠경향 / 이선명 / 2022.8.15.

홍보 방식은 새로운 방식으로 변화해야 하는 상황을 직면하고 있다.

기시감이 들지 않는가? 기업의 리뷰 마케팅도 지금 이러한 논란의 상황에 직면하고 있다. 도 넘은 악성 후기나 경쟁사들에 의해 조작된 리뷰 등의 공격과 뒷광고, 리뷰 이벤트 등 기업의 사정도 유사하다. 기업의 리뷰 마케팅도 이제 신뢰도나 효율성을 개선하기 위해 새로운 방식으로 변해야 할 때다. 더는 미룰 수 없는 지경이다.

먼저 거짓말을 하지 마라

인터넷과 소셜미디어가 발달함에 따라 누구나 정보를 만들어 배포할 수 있고 누구나 정보를 공유할 수 있는 유토피아를 꿈꾸었다. 그러나 현실에선 우리가 뉴스와 정보를 소비하고 공유하는 방식을 변화시켰고 부정확하고 오해의 소지가 있는 콘텐츠의 확산을 가속화했다. 2016년 '옥스퍼드 영어 사전'에서 올해의 단어를 'post-truth(탈진실)'로 선정하였다. 탈진실은 객관적 사실보다 개인적 신념과 감정에 호소하는 것이 대중의 의견을 형성하는 데 더 큰 영향을 발휘하는 환경이나 현상을 말한다.

부정확한 사진, 자막, 날짜, 통계, 번역 또는 풍자가 심각하게 받아들여지는 것과 같이 의도하지 않은 실수의 미스인포메이션Mis-information(오정보)과 달리 가짜 뉴스, 탈진실 현상과 같이 의도적으로 조작된 오디오/비디오 콘텐츠나 의도적으로 만들어진 음모 이론이나 소문의 디스인포메이션Dis-information(허위 조작 정보)의 시대가 도래한 것이다.

물론 탈진실의 현상은 2016년에 갑자기 등장한 것이 아니라 수천 년 전으로 그 기원이 거슬러 올라간다. 오늘날 미디어 환경이 변화를 겪으면서 한층 더 심화하고 탈진실이 위협하는 대상이 '과학적 사실'에서 '모든 사실'로 확장된 것이다. 이제는 비즈니스도 안심할 수 없는 범주에 들어섰다.

'해고된 내부고발자가 밝힌 소름 돋는 현대차 실태에 모두가 충격에 빠졌다'라는 고발 영상이 자동차 전문 유튜브 채널 '오토포스트'를 통해 공개되었다. 문제가 된 영상은 현대자동차 내부고발자라 지칭하는 익명의 제보자가 신형 GV80 차량의 검수 과정에서 문짝 가죽의 하자를 발견하고 이를 알렸으나 현대차 직원들이 승진을 위해 내부고발자 자신에게 불량을 냈다며 뒤집어씌웠다고 주장하는 내용을 담고 있다[32]. 하지만 현대자동차 측은 A씨가 제품 불량 적발 실적을 올리기 위해 고의로 차량 가죽을 훼손해오다가 적발돼 계약 갱신이 되지 않자, 앙심을 품고 이러한 내용을 제보한 것으로 파악하고 손해배상 소송을 제기해 1심에서 일부 승소했다.

2013년 AP통신의 트위터 계정을 통해 백악관에 폭발 사고가 발생하여 오바마 대통령이 부상을 입었다는 소식이 전해졌다. 이 트윗은 단 5분 만에 4,000번 넘게 리트윗되었고, 수십만 명의 사람이 해당 뉴스를 접하게 되었다. 미국 시장의 주가도 폭락하는 등 금융시장까지 일대 파장이 일어났다. 하지만 해당 뉴스는 해커들이 AP통신의 트위터 계정에 침투해 퍼뜨린 가짜뉴스로 밝혀졌다.

'바이트 테러'라는 말을 들어보았는가? 한국에서도 유명한 일본의 카레 체인점의 한 지점 휴게실에서 아르바이트생이 장난으로 카레라이스에 자신의 체모를 던져 넣는 동영상이 트위터에 유출돼 충격을 줬다. 회사는 해당 아르바이트생을 해고했지만 이미지에 큰 타격을 입었다[33].

'바이트테러バイトテロ'는 '아르바이트에 의한 테러 행위'라는 뜻이다. 음식점 등의 아르바이트생이 근무 시간에 가게의 식자재나 상품을 일부

---

32 현대차·쿠팡, 뉴미디어 허위사실 유포에 뿔났다 "처벌은?" / 스트레이트뉴스 / 고우현 / 2020.11.10.
33 日 유명 카레 체인점, '알바생 체모 테러' 동영상에 곤혹 / 한국일보 / 최진주 / 2021.6.20.

러 비위생적으로 다루거나 그 가게의 신용을 심하게 훼손하는 행위를 사진이나 동영상으로 소셜미디어에 올려 사회적으로 문제가 되는 일을 가리킨다. 누구나 정보를 발신할 수 있는 시대에 너무나 쉽게 조작된 허위 정보 공격에 노출될 수 있음을 가늠할 수 있는 신조어다.

나열한 사례들과 같이 이제 우리는 진실이 의도적으로 조작되고 신뢰가 치명적으로 평가 절하되며 조직화된 잘못된 정보가 확산하는 미디어 환경에서 비즈니스를 지속해야 한다. 이미 브랜드 신뢰도가 낮아지고 브랜드 커뮤니케이션 거부가 높아지는 현실에 놓여있던 기업들은 더욱더 이러한 환경이 혹독할 것이다.

이러한 디스인포메이션시대에서의 기업은 소셜미디어를 중심으로 디스인포메이션의 모니터링을 강화해야 한다. 물론 소셜미디어가 어떤 원리에 의해 작동하고, 어떻게 사람들의 공감을 얻는지에 대한 면밀한 검토가 선행되어야 한다. 나아가 고객과 임직원 그리고 파트너들과 신뢰의 관계를 강화하고 지지 관계를 구축해서 진정성과 신뢰도를 확보해야 한다.

이러한 관점에서 리뷰는 주요한 모니터링의 대상이며 분석의 대상이다. 이제 리뷰는 단발적인 마케팅이 아닌 지속적인 커뮤니케이션을 유지하며 고객과의 신뢰의 관계를 만들 수 있는 새로운 기회이다. 무엇보다 중요한 것은 기업이 먼저 거짓을 말하지 않는 것이다. 고객 리뷰도 투명하고 진정성 있게 운영해야 한다. 그리고 반복해서 말하지만 리뷰로 먼저 고객을 속이려 들지 마라.

리뷰도 유통 기한이 있다

여행지에서 와이프와 멋진 저녁을 위해서 맛집을 찾고 있을 때이다. 검색을 통해 후보를 추려 고객 리뷰를 하나하나 확인한 후 식당을 선택했다. 택시를 타고 주소지를 찾아갔는데 검색했던 식당 대신 다른 가게가 영업 중이었다. 부랴부랴 확인했던 리뷰를 다시 살펴보았더니 2년 전 리뷰였다.

오래된 고객 리뷰를 참조해서 낭패를 겪은 경험 여러분도 있지 않은가? '소셜미디어위크'의 설문에 의하면 44%의 소비자가 "작성된 지 한 달 이상 된 리뷰는 구매 결정에 도움이 되지 않는다."라고 응답[34]했다고 한다. 그렇다. 리뷰도 유통 기한이 있다.

많은 기업들은 주로 신제품이나 새로운 서비스가 출시되는 시점에 맞추어 리뷰를 쏟아내고 있다. 그러고는 특별한 경우가 아니면 추가적으로 리뷰를 요청하거나 수집하지 않는 경우가 대다수이다. 고객들은 수많은 리뷰들 중 아무래도 최신순의 필터를 활용하여 가장 최근의 리뷰를 우선적으로 찾아보고 있는데도 말이다.

시점별로 고객 리뷰를 기획하고 지속적으로 업데이트하는 것이 중요하다. 신제품 출시 시점에 리뷰를 쏟아내고 이후 지속적인 업데이트가 없는 현 문제점을 보라. 그 결과 출시 후 일정 시간이 지나도 고객들은 출시 시점에 만들어진 리뷰만을 제공받게 된다. 고객들의 궁금증은 출시 시점부터 지속적으로 업데이트되는데 말이다. 출시 시점에는 제품의 차별점과 강점을 중심으로 정보를 제공하고, 이후에는 사용하면서 활용할 수 있는 팁이나 상황 중심으로 리뷰를 기획해 지속적으로 정보를 제공해야 한다. 고객들은 이미 '상품 개봉기', '간단 리뷰', '기능별 리뷰'로 분류해 포스팅하고 있다는 점을 기억하라. 결국 고객 리뷰를 통해 기업들도 한순간의 마케팅을 넘어 고객과의 지속적인 커뮤니케이션을 만들어 가야 한다.

네이버 스마트스토어는 실제로 구매한 사람만 작성할 수 있고 일반 리

---

34 이커머스 시장, 리뷰에 집중하는 이유 / 아시아투데이 / 윤태석 / 2020.2.19.

뷰 외에도 특정 제품에는 한 달 사용 리뷰, 재구매 리뷰 등이 있다. 이를 통해 리뷰의 신뢰도를 높이면서도 다양한 구매 경험을 연결할 수 있다.

CGV는 '골든 에그' 지수에 이어 '프리 에그Pre Egg' 지수를 제공한다. '프리 에그'는 개봉 전 영화에 대한 기대 평가이다. 보지도 않은 영화에 대한 평가라니 이상할 수 있지만 영화 개봉 후 사전 기대인 '프리 에그'와 영화 관람 후 평가인 '골든 에그' 지수를 비교해 보면 재미가 쏠쏠하다. '프리 에그'처럼 사전 기대 평은 제품과 서비스에 적용할 수도 있고 실제로 기대 평을 활용하는 경우도 종종 있다. 이때는 영화처럼 사전에 제품과 서비스에 대한 정보를 사람들이 쉽게 구할 수 있도록 준비해 두어야 한다. 정보에 기인한 기대를 가지고 사람들이 평가할 수 있도록 말이다.

리뷰를 수집하고 분석한 후 적절한 응답을 남기고 연관된 대상에 연결해 피드백을 주는 리뷰 커뮤니케이션은 특정 기간에 몰아서 하는 것이 아니라 지속적으로 꾸준히 시점과 상황에 맞추어 진행하는 것이 필요하다. 이를 지속적으로 운영할 담당자와 전담 부서를 구성하는 것도 고민해야 한다. 리뷰의 양에만 집중하지 말고 리뷰의 빈도를 관리해야 한다. 지속적인 리뷰 커뮤니케이션으로 전환이 필요한 이유다.

지금이 바로 시작할 때이다

지금까지 기업이 리뷰 커뮤니케이션으로 전환해야 하는 이유를 알아보았다. 지금의 리뷰 마케팅으로도 효과적으로 만족하고 있을지 모르겠지만 중요한 것은 지금의 방식을 유지한다면 그 효과가 점점 감소할 것이라는 점이다. 결국 기존의 리뷰 마케팅의 방식이 고객들에게 신뢰도를 잃어 더 이상 효율적이거나 영향력을 제대로 발휘하기 힘들다는 것이 전환의 이유이다.

다시 정리하면 첫 번째, 기존 리뷰 마케팅의 신뢰도 회복이 필요하다. 셀럽과 인플루언서들이 광고 · 협찬 사실을 알리지 않고 소셜미디어 채널에 게시물을 업로드해 '뒷광고 논란'이 일어난 후 기업 주도의 리뷰는 어떻게 바뀌었을까?

공정거래위원회에 따르면 뒷광고 논란이 약 2년이 지난 시점인 2022년 2분기에 3개월 동안 소셜미디어 채널의 기만 광고 3,662건을 적발하여 자진 시정하도록 조처했다고 한다.[35] 이전의 뒷광고와의 차이점은 네이버 블로그와 인스타그램 내 적발 · 시정 건수는 줄었지만, 유튜브 채널과 숏폼 콘텐츠[36]에서는 늘었다는 것이다. 적발된 게시물의 작성자 대부분은 이전의 셀럽 또는 인플루언서가 아니라 직장인과 학생이라고 한다. 결국 많은 기업들이 뒷광고의 문제점을 개선하는 대신 새로운 채널과 새로운 트렌드 콘텐츠로 이동하고 새로운 리뷰어로 갈아타기만 했다. 다시 한번 말하지만 이것은 진정한 해결책이 될 수 없다.

뒷광고, 거짓 리뷰의 실행을 생각하지 마라. 아주 나쁜 생각이다. 왜? 그것은 비윤리적이며 고객이 구매 결정을 위해 리뷰를 읽는 이유와 어긋난다. 또한 고객은 바보가 아니다. 가짜 리뷰임을 바로 알게 될 것이다. 그리고 그들은 속이려고 한 기업의 시도에 분노를 더 이상 참지 않을 것이다. 그리고 이커머스 플랫폼이나 공정거래위원회의 감시를 통해 불이익을 받게 될 것이다. 그리고 이러한 감시의 눈은 점점 더 늘어날 것이다.

두 번째, 기존 리뷰 마케팅의 악화되고 있는 효율성을 개선해야 한다. 셀럽, 인플루언서, 리뷰 이벤트 등 기업이 보상을 제공하는 요청을 통해 얻

---

35 SNS '뒷광고' 여전…"숏폼 콘텐츠에서도 다수 적발" / 세계일보 / 2022.8.22.
36 15~60초 분량의 짧은 영상

는 고객 리뷰의 영향력은 자발적인 고객 리뷰에 비해 상대적으로 약하다. 그리고 경제적 이해관계를 필수로 고지해야 하는 상황에서는 더욱더 약해질 것이다. 반면 자발적인 리뷰는 일단 기업의 의지대로 얻어내기가 쉽지 않다. 결국 리뷰 마케팅에서 리뷰를 얻게 되는 요청과 장려라는 두 가지 방법을 모두 개선해야 전체적인 리뷰 확보의 효율이 개선될 수 있다.

세 번째, 진정성 있는 양방향 소통의 방식으로 신뢰를 구축해야 한다. 현재의 특정 시기에만 집중되는 리뷰 마케팅에서 나아가 지속적으로 고객과 인간적인 소통을 나누면서 다양한 관점의 리뷰를 연결해 주어 제품과 서비스의 몰입을 유도하고 신뢰를 구축해야 한다. 즉 제품과 서비스의 평판을 구축하는 장기적인 커뮤니케이션의 방식으로 진화할 때이다. 이제 리뷰 커뮤니케이션의 실행 단계별로 자세히 살펴보자.

실행 1 장려 단계 : 고객이 자발적으로 리뷰를 작성하게 하라

리뷰 커뮤니케이션의 실행은 자발적으로 작성된 고객 리뷰에 관심을 가지는 것으로부터 시작한다. 사람들에게 자사 제품과 서비스의 리뷰를 요청하는 이벤트나 마케팅으로 시작하는 리뷰 마케팅과 차이를 두는 부분이기도 하다. 기업의 요청 없이 누가 시킨 사람도 없는데 스스로 작성한 리뷰는 고객이 기업에 말을 거는 상황과 유사하다. 이 리뷰부터 관심을 가지고 응답을 하는 것을 우선적으로 해야 한다. 또한 앞서 논의했듯이 자발적인 고객 리뷰는 기업의 요청에 의하여 작성된 리뷰보다 그 진정성을 인정받아 상대적으로 더 큰 영향력을 갖는다. 이들을 외면하고 리뷰 마케팅에만 집중한다면 호의를 갖고 리뷰를 공유한 고객들에게 실망감을 줄 수 있다.

디지털 커뮤니케이션에서 기업이 중요하게 생각하는 콘텐츠 중 하나는 자발적으로 작성된 긍정적인 고객 리뷰이다. 이러한 자발적인 리뷰를 일시적이 아닌 지속적으로 얻을 수 있는 생태계를 만드는 것은 많은 기업들의 바람일 것이다. 고객의 자발적 리뷰를 안정적으로 수급받기 위해서는 리뷰 작성의 불편함을 넘어 먼저 기업이 여러 가지 사항들을 제공해 주어야 한다. 지금부터 자발적 리뷰의 안정적 생태계를 위해 필요한 기업의 지속적인 장려 활동들을 살펴보자.

고객의 자발적 리뷰를 기다리기 전에

많은 기업들이 고객들의 자발적인 리뷰를 원하면서 정작 기업이 제공해야 하는 제품과 서비스의 정보에는 관심을 기울이지 않는다. 기업 홈페이지에서 제품이나 서비스의 정보를 살펴보다 보면 설명이 너무 부족하거나 기업의 관점에서 작성된 딱딱한 전문용어가 대부분인 경우가 많다. 누구나 정보를 발신할 수 있는 세상에서는 더 이상 정보 제공자가 갑일 수 없다. 이제는 정보를 수신하는 자가 갑인 세상이다. 정보 수신자는 자기 입맛에 맞는 정보를 골라 수용한다. 따라서 홈페이지의 제품, 서비스 정보를 고객의 관점에서 고객의 눈높이에 맞추어 제공해야 한다. 고객이 제품과 서비스에 대해 쉽게 이해하고 공감할수록 리뷰를 자발적으로 작성하는 경우가 늘어날 것이다. 다시 한번 고객의 관점에서 여러분의 홈페이지의 정보를 살펴봐야 할 때이다.

홈페이지뿐만 아니라 소셜미디어 채널, 쇼핑몰 등 고객과 만나는 접점에 있는 모든 제품과 서비스의 정보를 개선해야 한다. 이니스프리 블랙티 앰플의 광고 영상[37]을 보면 처음엔 '무너진 탄력을 개선해 5가지 피부 노화 징후를 입체적으로 케어하는 항산화 안티에이징 앰플'이라고 소개하고 광고모델 김나영이 등장해 "어렵죠, 쉽게 말하면……."으로 이어간다. "블랙티 앰플을 자기 전에 바르잖아요? 아침에 세수할 때, 피부가 와! 쓸수록 더 좋아져요."라며 제품의 강점을 자신의 사용 경험을 바탕으로 소개한다. 전자는 많은 기업들이 기업의 관점에서 제품과 서비스를 설명하는 방식이고 후자는 고객의 관점에서 설명하는 방식이다. 어떤 설명 방식이 더 이해하기 쉽고 공감을 유도하겠는가?

'감동적인 풍미와 식감을 선사하는 토스터. 스팀 테크놀로지와 온도 제어를 통해, 화덕에서 갓 구워져 나온 듯한 맛을 재현합니다. 온도 제어를 진화시키고, 고급스러운 디자인으로 리뉴얼 했습니다. 많은 분들께 사랑받아온 특별한 맛을 즐겨주세요.' 어느 제품인지 감이 오는가?

발뮤다의 더 토스터의 홈페이지 내 제품 설명[38]이다. 맞다. '죽은 빵도 살려내는 토스터'로 사람들에게 알려진 그 제품이다. '감동의 토스터, 놀라운 기술로 살아나는 빵 맛'이라는 설명을 추가한 것은 아무래도 고객들의 평을 반영한 것으로 보인다. 일본 사이트[39]에는 '감동의 토스터, 스팀토스터(感動のトースター, スチームトースター)'라고만 표기된 것을 보면 말이다. 고객의 관점에서 제품의 설명을 쉬운 글쓰기로 다시 고쳐 써야 한다.

'락스를 활용해 식수를 만들 수 있다?', '욕실 청소 시 유한락스 희석 비율이 궁금해요!' 유한락스의 브랜드북 'THE WHITE BOOK[40]'의 내용이다.

37 https://www.youtube.com/watch?v=8fQSrlSo1MU
38 https://www.balmuda.co.kr:14037/toaster/
39 https://www.balmuda.com/jp/toaster/
40 THE WHITE BOOK / 어반북스, 유한크로락스 / 어반북스

유한락스는 소비자의 작은 질문에서 시작되어 락스에 대한 궁금증을 해소하고, 잘못된 정보를 바로잡으며, 가장 정확한 사용법을 소비자에게 전하기 위해 책을 출판했다.

결국 자발적인 고객 리뷰를 '장려'하기 위해선 기업이 제품과 서비스에 대한 정보를 쉽고 다양한 방법으로 고객에게 먼저 전해야 한다.

제품과 서비스를 인스타워시하게

'인스타그램에 올릴만한 가치가 있는'이란 의미의 인스타워시Insta-worthy를 아는가? 동의어로 인스타그래머블Instagramable, 일본어로는 '인스타그램インスタグラム'과 사진발을 의미하는 '샤신바에写真映え'를 합성한 '인스타바에インスタ映え'라고 한다. 우리말로는 '인스타각' 정도가 되겠다.

고객들의 자발적인 리뷰를 '장려'하는 방법 중 하나는 인스타워시를 제품과 서비스에 반영하는 것이다. 소셜 웹에서 고객들은 자신의 경험을 타인에게 공유함으로써 자신의 정체성을 표현하고자 하는 경향이 있다. 그래서 자신이 먹은 음식, 즐기는 놀이, 읽고 있는 책, 반려동물의 사랑스러운 모습 들을 자발적으로 SNS에 공유한다. 다만 그 공유 거리가 자신을 있어 보이게 하고 선망의 대상으로 만드는 긍정적인 이미지를 만들어 줄 때 공유할 것이다.

고객이 SNS에 찍어 올리고 싶은 욕구를 자극하도록 제품과 서비스를 만드는 것이다. 다시 말해 제품과 서비스의 '품질'이나 '디자인 가치'를 높이는 것 못지않게 '인스타워시한 속성'을 갖추는 것이 필수적이라는 이야기이다.

미국 패스트푸드 체인 소닉Sonic은 세계 최초 인스타그램용 정방형 셰이크 '소닉스퀘어 셰이크Sonic Square Shakes'를 출시했다. 정방형 쉐이크의 리뷰 인증이 인스타그램에서 있어 보이는 게시물이 되도록 맞춤 제작한 것이다.

식품업체들도 제품 포장 자체를 SNS에 올리기 좋은 형태로 만들기 시작 했다. 소위 '사진발' 잘 받는 포장 경쟁이다. 코카콜라는 제품명이 훨씬 더 크고 선명해진 '스프라이트'의 새 포장으로 변경했고 씨그램도 기존 일괄 적인 초록색 라벨 대신 각 제품의 개성을 살린 색상을 라벨에 적용해 시각 적인 주목도를 높였다. 시각적인 요소를 극대화하여 인스타그램에 올리고 싶은 고객 심리를 자극한 것이다.

'오디 맛 우유', '포테이토칩 육개장 사발면맛', '짜파게티 팝콘'을 혹시 보 았는가? 인스타워시는 강렬하고 수려한 디자인뿐만 아니라 특이한 화제성 으로도 만들 수 있다. 이러한 파격적인 결합을 통해 만들어지는 제품들은 '괴랄미(味)'라는 화제성으로 고객들의 주목을 이끌고 자발적인 리뷰를 유 도한다. '괴랄'은 어딘가 독특한, 정확하게 표현하기 어려운 새롭고 색다른 느낌을 뜻하는 인터넷 용어이다.

제품과 서비스에 고객이 리뷰를 올리고 싶은 마음이 들도록 속성을 부 여한다. 중요한 것은 리뷰를 고객이 공유했을 때 다른 고객들에게 부러 움을 사거나 선망의 대상이 될 수 있는 속성을 제품과 서비스에 담는 것 이다.

제품과 서비스의 사용 가치를 느끼게 하라

고객들은 제품 구매 후에도 구매한 제품과 관련하여 검색을 많이 하고 있 다. 이때 고객들이 찾고자 하는 정보는 크게 두 가지로 나뉜다. 첫 번째는 구매 제품을 설치하거나 초기 세팅을 하기 위한 정보와 초기 제품 사용 안정화와 관련한 내용일 것이다. 두 번째는 제품을 제대로 활용하기 위한 활용법이나 이미 잘 사용하고 있는 고객들의 사용 후기 정보들일 것이다. 기업은 이 시점에 고객의 구매에 확신을 주는 정보를 제공해 주어야 한다. 구매 고객이 확신을 가지고 제대로 제품을 사용해야 긍정적인 리뷰를 얻을 수 있기 때문이다.

제품과 서비스 관련 커뮤니티에서 공유되는 제품에 대한 다양한 사용 경험은 커뮤니티 내의 집단적인 논의에서 중요한 가치를 지니는 요소이다. 이러한 집단 논의를 통해 커뮤니티에서 제품의 사용 가치를 도출해 내고 확산한다. 커뮤니티 내의 구성원의 레벨을 결정할 때 집단적 논의의 기여도를 중요하게 생각하므로 다양한 제품 사용 경험은 중요한 정보이다. 기업들이 제품 구매 고객에게 이러한 사용 경험을 줄 수 있는 정보를 제공해야 한다.

후지필름코리아는 공식 유튜브 채널[41]을 통해 자사의 제품인 라지포맷 카메라의 성능과 렌즈 사용법 등을 공개했다. 그리고 고객들이 후지필름의 카메라를 가지고 풍요로운 사진 생활을 영위할 수 있도록 다양한 영상 콘텐츠를 지속적으로 제공하고 있다. 삼성전자의 신개념 조리기기 '비스포크 큐커'는 홈페이지 내 '큐커 식품관[42]' 서비스에서 제품에 QR코드 스캔만으로 조리가 가능한 콜라보 식품들을 판매한다. 동시에 다양한 레시피를 제공하여 쉽고 새로운 제품 경험을 제공하고 있다. 고객이 제품을 제대로 활용하여 사용 가치를 느끼게 된다면 자연스럽게 긍정적인 경험을 리뷰로 공유할 것이다. 기업은 고객이 제품을 잘 활용하고 즐길 수 있도록 지

---

41 https://www.youtube.com/c/FUJIFILMKorea_official
42 https://www.samsung.com/sec/bespokeshop/

속적으로 정보와 콘텐츠, 경험을 제공해야 한다.

손쉽게 리뷰할 수 있도록 도와라

한국지엠을 컨설팅할 때의 이야기이다. 모터쇼를 앞두고 있는 상황에서 지난 사례들을 살펴보며 보완하고 준비할 점들을 정리하고 있었다. 모터쇼를 방문한 고객들의 리뷰를 살펴보던 중 공통적인 문제점을을 발견했다. 대부분 고객 리뷰에서 차량을 촬영한 사진이 매력적이지 않다는 점이었다. 실제 많은 사람들 때문에 북적거리는 모터쇼에서 전시 차량을 제대로 촬영한다는 것이 쉬운 일은 아니었다.

"차 전체를 대각선으로 찍으면 차가 더욱 입체적으로 보이는 효과가 있다." 서울 모터쇼에서 한국지엠이 관람객에게 제공한 모바일 콘텐츠의 내용이다. 촬영 준비부터 차량을 잘 찍는 방법, 모델을 잘 찍는 방법까지 초보자도 쉽게 이해할 수 있는 모터쇼 관람객을 위한 사진 촬영 팁을 블로그 콘텐츠[43]로 제공하였다. 이후 고객 리뷰의 사진 퀄리티가 향상되었음을 확인할 수 있었다. 모터쇼 사진 촬영 방법을 제공함으로써 사진 촬영을 독려하고 나아가 자발적 리뷰를 유도한 것이다. 자발적으로 고객들이 콘텐츠를 제작할 수 있는 자연스러운 기회를 제공하려면 고객들의 리뷰를 돕는 여러 가지 방법들을 살펴봐야 한다.

고객이 자발적으로 떠들 기회를 먼저 제공하라

많은 기업들이 고객 리뷰가 필요한 시점에 바로 이벤트를 실시하거나 인플루언서, 리뷰어 등에게 기업이 리뷰를 '요청'하는 방법으로 바로 진입한

---

43 hhttps://blog.gm-korea.co.kr/4776

다. 단기적으로 효과를 볼 수 있을지 몰라도 지속적인 고객 리뷰 생태계를 구축하는 것에는 좋지 않은 방법이다. 대부분 이런 방식을 사용하는 경우, 기존에 자발적으로 작성된 고객 리뷰나 리뷰어는 제외되고 오히려 고객 리뷰를 보상을 위해 작성해야 하는 것으로 인식하게 만드는 경우가 많기 때문이다. 제품과 서비스를 구매한 고객이 먼저 자발적으로 리뷰할 수 있도록 장려하라. 리뷰 이벤트를 진행할 시에는 자발적 리뷰를 발굴해 연결하거나 리뷰어에게 다른 혜택을 줄 수 있는 방법을 생각해 보는 것도 좋다.

헤어샵에서 머리를 한 경우에 주로 누가 인증샷을 공유하는가? 아마도 대부분 헤어 디자이너가 자신의 인스타그램 계정을 통해 홍보를 목적으로 공유할 것이다. 만약 헤어샵에 인생샷을 찍을 수 있도록 조명과 좌석을 배치한 포토존을 만들고 조용히 해시태그 하나를 눈에 보이게 걸어 놓는다면? 아마도 고객이 스스로 인증샷을 올리는 경우가 늘게 될 것이다. 이후 반응을 보고 인증 이벤트를 시작할 수도 있다. 고객이 자발적으로 리뷰를 할 기회를 먼저 제공하고 이후 부족한 부분은 '요청'을 통해 적용해 보자.

케이스 스터디: 왜 우리 기업은 리뷰가 없을까?

종종 특정 기업의 리뷰 검색을 하면 리뷰가 없거나 많지 않은 경우가 있다. 새로 런칭한 제품이나 서비스가 아닌 이상 구매 고객이 있을 터이고 구매 고객이 있다면 자발적인 리뷰가 어느 정도는 있을 터인데 말이다. 물론 모든 기업이 리뷰를 가지는 것은 아니다. 업종에 따라서 고객이 리뷰를 쓰기 어려운 경우도 있다. 예를 들면 장례식장 같은 경우이다. 소중한 사람을 잃은 슬픈 상황의 경험을 공유하는 것은 상식적으로 쉬운 일은 아닐 것이다. 물론 이런 경우에도 장례식장의 좋지 않은 서비스를 경험하게 된다면 부정적인 리뷰는 있을 수 있다.

제품이나 서비스에 자발적인 리뷰가 없다는 것은 무엇인가 그럴만한 이유가 숨어 있을 것이다. 악플보다 무서운 것이 무플이므로 자발적인 리뷰를 얻기 위해서는 고객들이 리뷰를 어려워하는 이유를 찾아 해결해 주는 관심이 필요하다.

오디오북은 어떻게 인스타그램 인증샷을 확보했을까?

'미라클 모닝'은 본격적인 일과가 시작되기 2~3시간 전에 일어나 독서·운동 등 자기 계발을 하는 생활 습관(루틴)을 행하는 것을 뜻한다. 미라클 모닝은 SNS를 통해 인증의 콘텐츠로 일의 기록처럼 발행된다. 윌라 오디오북의 활용 인증도 고객들의 미라클 모닝 인증 콘텐츠에 많이 등장한다. 문제는 운동과 취미 같은 경우는 인증샷과 함께 루틴으로 소개되는데 윌라 오디오북 듣기의 경우는 그냥 텍스트로 일정에 추가 소개되는 경우가 많았다. '왜 윌라 오디오북은 미라클 모닝의 루틴으로 인증샷이 없을까?', '왜 고객은 윌라 오디오북의 인증샷을 공유하지 않을까?' 의문이 드는 순간이었다.

미라클 모닝의 루틴을 SNS에 인증할 때는 인증샷을 올림으로써 있어 보여야 한다. 다시 말해 인증샷이 인스타그램에 올릴 만한 가치가 있는 인스타워시Insta-worthy해야 한다. 인증샷을 찍어 올렸을 때 다른 사람들에게 없어 보일 것 같으면 올리지 않는다는 이야기이다. 즉, 윌라 오디오북의 인증샷이 인스타워시하지 않다는 이야기이다. 인증샷 부분 개선이 필요한 상황이다. 만약 이런 이유를 찾지 못하고 기업 관점에서 그냥 인증샷을 많이 활용하도록 이벤트로써 그 답을 찾는다면 없어 보이는 인증샷을 경품 때문에 올리는 몇몇의 참가자를 제외하고는 크게 활용이 늘지 않을 것이다. 고객들의 관점에서 먼저 이유를 생각해 보아야 한다.

어떻게 개선할까를 두고 여러 가지 의견이 있었지만 결국 고객 관점에서 인증의 방법을 먼저 찾아보기로 했다. 첫 번째로 일반적인 도서의 경우 인스타그램 인증 방법을 살펴보았다. 인스타그램은 사용자의 상황을 사진으로 공유하는 매체적 특성을 가졌다. 공유되는 상황은 당연히 있어 보이는 선망의 대상일수록 좋다. 읽고 있는 책의 인증샷을 공유하는 것은 공유자가 있어 보일 수 있는 좋은 주제이다. 그래서 자발적으로 인증을 하는 것은 자연스러운 상황이다. 인증샷의 종류는 주로 책을 들고 찍는 들찍샷, 주변 소품과 자연스럽게 배치하여 찍는 연출샷, 그리고 미라클 모닝 인증샷이 대표적이다. 인스타그램 사용자들이 암묵적으로 이 규칙을 따라 책을 인증, 공유하고 있었다.

다음으로 전자책의 인스타그램 인증 방법을 살펴보자. 먼저 눈에 띄는 것은 전자책 기업들의 인증샷 이벤트였다. 도서와 달리 전자책은 실물이 없기 때문에 초기에는 전자책의 표지를 캡처해서 인증하는 방법을 이벤트를 통해 고객에게 권장하고 있었다. 그런데 인스타그램이란 채널의 놀이의 규칙은 이미지가 아닌 사진을 공유하는 것이다. 캡처 이미지보다는 사진을 공유해야 규칙에 더 부합한다. 이 점에서 고객들의 인증은 기업의 초기 제안과 달랐다. 패드나 전자책 리더기에 도서 표지 화면을 띄운 채 앞서 언급한 도서를 인증하는 방식인 들찍샷, 연출샷, 미라클 모닝 인증샷을 적용하였다. 지금도 전자책 디바이스를 활용하여 인증하는 방식이 주를 이룬다.

이제 오디오북의 경우이다. 오디오북은 인증이 없거나 그나마 인증한다면 오디오북 앱의 화면을 캡처하는 정도였다. 전자책이 도서의 인증샷 방식을 따라간 것을 근거로 오디오북의 인증 방법을 생각해 보자. 오디오 북은 전자책과는 다른 문제가 하나 있다. 오디오북 사용자는 대부분 스마트 폰으로 서비스를 이용한다. 즉 오디오북의 디바이스인 스마트 폰을 촬영할 또 하나의 스마트 폰이나 카메라가 있지 않는 한 전자책과 같이 디바이스를 인증하는 것은 불가능하다. 두 대의 스마트 폰을 가지고 다니지 않는 한. 오디오북 사용자들이 인증샷을 업로드하지 못하는 이유를 찾은 것이다. 제품과 서비스의 고객 리뷰가 없는 경우 제일 먼저 고객들이 리뷰하지 않는 이유, 즉 인증하지 않는 불편함을 찾아봐야 한다. 그리고 막힌 부분을 풀어 주어야 한다.

그래서 인스타그램의 속성인 사진의 공유가 어려운 상황에서 그 대안으로 오디오 북의 플레이 화면을 좀 더 인스타워시하게 변경하고 이벤트를 통해 이 인증의 방법을 경험하여 인지하게 만들어 주었다. 적용 후 2~3배의 인스타그램 인증샷을 얻을 수 있었고 고객들은 자신이 듣고 있는 오디오북의 인증의 방법을 얻게 되었다.

이렇듯 우리 제품과 서비스에 대한 고객들의 자발적인 인증 방법을 살펴보고 개선해야 한다.

좋은 학습지의 조건은?

이번엔 학습지 기업의 리뷰를 살펴볼 때 이야기이다. 역시나 검색엔진이나 소셜미디어 채널에 학습지 서비스에 관련한 자발적인 고객의 리뷰가 거의 없는 상황이었다. 먼저 몇 안 되는 고객이 자발적으로 공유한 리뷰를 살펴보았다. 리뷰는 자녀에게 신청해 준 학습지 서비스에 대한 언급으로 시작되었다. 본격적으로 서비스의 장점을 소개해야 하는 부분에서 자세한 설명 대신 전단지 인증샷이 삽입되고 이후에는 자녀의 귀여운 인증샷으로 마무리되었다. 다른 고객들이 궁금해할 학습지 서비스를 '써보니 어떻더라!'의 정보는 없었다. 서비스의 기본 정보도 전단지의 인증샷 이미지뿐이었다. 학습지 서비스의 자발적인 리뷰는 대부분 이런 구조로 실제 관심 고객에게 도움이 될 정보는 누락되어 있었다. 왜일까?

이후 학습지 기업의 담당자 회의 자리에서 질문을 던졌다. "좋은 학습지의 기준은 무엇일까요?" 각 부서의 담당자들의 답은 천차만별, 각양각색이었다. 질문을 바꾸어 보았다. "이번 새로운 학습지 서비스의 장점은 무엇인가요?" 이번에는 의견이 모이는 듯했으나 학습지에 대한 경험이 없는 내겐 그 장점이 제대로 전달되지 않았다. 학습지 기업의 홈페이지에서 새로운 학습지 서비스의 설명을 찾아보았다. 무언가 설명은 되고 있는데 그 장점이 정확히 전달되는 것은 아니었다.

"피로회복제가 뇌세포 막 통과하는 게 왜 중요하죠?" 한 피로회복제 광고[44] 문구이다. 만약 이렇게만 제품의 장점이 전달된다면 고객들의 리뷰는 어떻게 될까? 아마도 뇌세포 막을 통과하는 효과에 대해서 집중하게 될 것이고 이에 대한 리뷰는 쉽지 않을 것이다. 다행히도 광고 마지막 부분에 "드신 날과 안 드신 날의 차이를 경험해 보세요."라는 문구가 등장한다. 이제는 어떤가? 이번에는 피로회복제를 먹은 날과 먹지 않은 날을 비교하면서 리뷰가 전개되지 않을까? 아무래도 앞의 경우보다는 수월하게 리뷰를 작성할 수 있을 것이다.

여러분의 제품과 서비스에 자발적인 리뷰가 생각보다 많지 않다면 리뷰를 작성하기 쉬운, 리뷰의 작성을 유도하는 관점을 제공해 주는 방법을 살펴보는 것도 주요한 방법이다. 물론 이 관점은 고객이 쉽게 이해하고 경

---

44 https://youtu.be/uAN9Y5lLgD8

험할 수 있는 방법으로 제시하여야 한다.

"매일 새 기름으로 60마리만", 60계 치킨이 내세운 좋은 치킨의 기준처럼 말이다. 앞서 학습지의 경우도 새로운 학습지 서비스의 장점을 좋은 학습지의 기준으로 내세워서 구매 고객들에게 전달했다면 리뷰의 질이나 양이 달라졌을 것이다. 여러분들의 제품과 서비스에 대한 리뷰의 관점을 준비해 고객들에게 전달해 보자. 구매 고객들이 관점에 맞추어 리뷰를 작성하기 시작할 것이다.

자발적인 리뷰가 부족하다고 이벤트나 인플루언서를 활용해 리뷰를 요청해 채우기 전에 우리의 고객이 왜 리뷰를 쓰지 않을까에 대해서 고민하고 문제점을 찾아 보완하는 것이 중요하다. 예시로 설명한 사례 이외에도 많은 문제들이 분명히 있을 것이다. 고객의 관점에서 정답보다는 문제를 제대로 파악해서 지속적으로 보완해야 한다. 고객들의 자발적인 리뷰를 '장려'하기 위해 그들이 리뷰 쓰는 일에 불편함이 없도록 지속적으로 살펴보고 개선하라. 이것이 자발적 고객 리뷰의 선순환을 이끄는 첫 번째 단계이다.

라쿠텐 레시피는 왜 쿡패드닷컴을 이길 수 없었을까?

기업이 고객을 참여시키는 캠페인이나 이벤트 등의 활동을 할 때에는 참여의 결과물이나 참여자를 일반 고객들에게 부러움을 사는 선망의 대상으로 만들어 주어야 한다. 디지털 크라우드 컬처로 이야기하면 있어 보이게 해주어야 한다. 마찬가지로 많은 고객들이 자발적으로 리뷰를 작성하고 참여하게 만들려면 이미 만들어진 자발적 고객 리뷰의 가치를 높여 선망의 대상으로 만들어주어야 함은 당연한 이야기이다. 대부분의 고객이 자발적으로 작성한 리뷰들이 기업의 관심밖에 있는 것은 안타까운 현실이다. 먼저 기존에 작성된 고객 리뷰의 가치를 높여주어 다른 고객들의 자발적 참여를 유도해야 한다.

세계 74개국, 32개 언어로 운영 중인 세계 최대의 레시피(요리법) 사이트 '쿡패드닷컴[45]'을 아는가? 2023년 6월 기준 약 384만 건의 레시피가 등록되어 있다. 물론 대부분 사용자가 등록한 자신만의 레시피들이다. 대단한 숫자다. 어떻게 이렇게 많은 사용자들의 레시피를 얻을 수 있었을까? 그 방법을 이해하면 자발적인 리뷰를 얻는 방법에 적용할 수 있지 않을까?

1997년 10월 요리하는 것을 좋아하던 사노 아키미쓰가 시작한 쿡패드의 장점은 '기술을 위한 기술'이 아닌 '삶을 풍요롭게 바꾸는 수단으로 기술을 활용한다.'는 점이다. 즉 쿡패드는 '요리하는 것을 더 즐겁게 하는 계기를 만들기 위해 기술을 사용한다.'는 기본 정신을 가지고 있다. 직원이 몇 명밖에 없던 시작부터 사무실 안에 작은 주방을 만들어 요리를 하는 문화를 형성해서 요리를 진심으로 좋아하는 기업으로 친밀감을 쌓아왔다.

그런데 2010년 10월, 당시 회원 수 약 7,000만 명, 유통 총액 1조 엔 이상을 자랑하는 일본 최대의 쇼핑몰인 라쿠텐 시장이 '라쿠텐 레시피[46]'를 오픈한다. 말 그대로, 쿡패드와 유사한 레시피 사이트를 말이다. 최초의 한 명부터 회원을 모은 쿡패드와 비교하면, 라쿠텐 레시피는 오픈 시부터 라쿠텐의 7,000만 명의 회원을 기반으로 한 거대한 전함과 같았다.

여기에 또 라쿠텐 레시피에는 단번에 비즈니스의 판도를 뒤집을 만한 극도의 전략이 있었다. 하나의 레시피를 등록할 경우 현금처럼 사용이 가능한 라쿠텐 슈퍼포인트를 제공하는, 쿡패드에는 없는 강력한 인센티브

---

45 https://cookpad.com/
46 https://recipe.rakuten.co.jp/

전략이었다. 호사가들은 이러한 상황에 연내 라쿠텐 레시피가 쿡패드를 이길 것이라 예측했었다.

과연 결과는? 2023년 6월 10일 기준 약 251만 건의 라쿠텐 레시피와 약 384만 건의 쿡패드 레시피 등록 건수의 차이를 보아도 알 수 있듯이 해당 년도뿐만 아니라 지금까지도 라쿠텐 레시피는 쿡패드를 넘지 못했다.

라쿠텐 레시피는 왜 쿡패드를 이길 수 없었을까? 첫 번째는 검색엔진최적화(SEO)의 혜택이다. 라쿠텐 레시피가 런칭한 시점에는 아무래도 쿡패드가 운영 기간이 길고 콘텐츠가 쌓여 있다 보니 검색엔진에서 요리 레시피를 검색하면 대부분 최상위 노출은 쿡패드의 콘텐츠가 독점을 하게 되었다. 하지만 이러한 쿡패드의 검색엔진상의 강점은 라쿠텐 레시피의 콘텐츠가 쌓여갈수록, 즉 장기적으론 이길 수 있는 이유는 아닐 것이다.

두 번째는 바로 사용자들이 레시피를 등록하는 동기 부여의 차이이다. 앞서 설명한 바와 같이 라쿠텐 레시피는 레시피를 등록하는 사용자에게 라쿠텐 슈퍼포인트를 지급하는 포인트 인센티브제를 적용했다. 현금에 가까운 포인트 제공이라는 강력한 동기부여를 제공한 것이다.

포인트 인센티브제는 단기적으로 회원과 레시피를 모으는 것에 효과적인 방법이다. 다만 장기적인 관점에서는 회원과의 신뢰 있는 관계 구축에 반드시 유효한 방법은 아니며 때론 오히려 생각지 못한 부작용이 일어날 수도 있다. 자신의 레시피를 공유한다는 즐거움의 목적보다는 단순히 포인트만을 얻기 위한 체리피커 성격의 투고가 빈번해질 수 있다는 점이다. 더 나아가 금전적 인센티브에 근거한 관계가 이루어진다.

라쿠텐 레시피는 오픈하고 4개월 동안 월간 방문자 수 약 200만 명, 등록된 레시피 수 약 4만 건을 넘어 단기적으로는 성공을 거두었다. 하지만 포인트 획득을 위한 마치 작업 같은 레시피들이 늘어남에 따라 승패가 갈린 것이라 생각된다.

실제 야후 재팬에서 '라쿠텐 레시피 벌기'를 검색하면 '라쿠텐 레시피로 포인트를 모으는 방법', '라쿠텐 레시피로 한 달에 2만엔 버는 주부도 등장!' 등 라쿠텐 레시피 등록을 통해 포인트를 쉽게 수집하는 방법들에 대한 많은 글들을 쉽게 찾아볼 수 있다.

쿡패드에는 츠쿠레포(つくれぽ) 서비스가 있다. 쿡패드에 등록된 레시피를 따라 요리해 만든 사진과 코멘트를 통해 레시피 원작자에게 고마움을 전할 수 있는 서비스이다. 레시피를 등록한 사람에게는 계속적인 레시피 등록의 동기를 부여하고 츠쿠레포 등록자에게는 감사의 마음을 표현할 방법과 맛있는 레시피의 기록으로 활용할 수 있게 한다. 쿡패드에서 새로운 요리 레시피를 찾는 회원들에게는 레시피 결정의 기준 중 하나로 참고되는 서비스이다. 쿡패드 서비스 내의 회원과 레시피를 연결하는 커뮤니티를 구성하는 주요한 서비스다.

이와 유사한 서비스도 라쿠텐 레시피에 있다. 츠꾸따요레포토(つくったよレポート)로 츠쿠레포와 거의 유사한 방식이다. 다만 여기에도 포인트 인센티브제가 적용되어 있다. 츠꾸따요레포토를 등록하면 츠꾸따요레포토의 작성자와 레시피의 원작자 모두에게 10 라쿠텐 슈퍼포인트를 제공하는 것이다. 쿡패드와 다르게 금전적 보상이 우선인 것이다.

'톰소여효과Tom Sawyer effect'를 아는가? 마크 트웨인의 '톰 소여의 모험' 중 가장 유명한 '영광스러운 페인트칠' 일화를 미국 미래학자 다니엘 핑크가 저서 〈드라이브〉[47]에서 소개한 개념이다. 힘든 일도 자발적으로 하면 즐겁게 할 수 있다는 것을 의미하는 말이다.

---

47 DRIVE 드라이브 / 다니엘 핑크 / 청림출판

개구쟁이 톰 소여가 동생과 싸운 벌로 한낮 뙤약볕 아래서 높이 3m, 길이 30m나 되는 담장을 페인트로 칠해야 하는 벌을 받게 된다. 톰은 페인트칠이 상당히 재미있는 놀이처럼 보이게 속이는 꾀를 내서 지나가던 친구들이 기꺼이 페인트칠을 하게 만들었다. 다니엘 핑크는 이 일화를 통해 일이 놀이처럼 느껴지면 훨씬 큰 성과를 내는 반면, 놀이가 일처럼 되어 버리면 오히려 내적 동기를 무너뜨리는 양면성이 있다고 이야기한다.

라쿠텐 레시피의 포인트 인센티브제가 장기적으로 요리라는 즐거운 놀이를 일처럼 만든 역할을 했기에 즐겁게 연결되고 인정받는 쿡패드의 요리 놀이를 이길 수 없었던 것이다. 사람들은 현금성 포인트를 얻는 일보다 자신의 레시피를 다른 사람들이 따라하고 의견을 주고 추가적으로 발전시키는 쿡패드의 경험에 더 만족해한 것이다.

마찬가지로 제품과 브랜드의 리뷰를 고객들에게 자발적으로 얻기 위해서는 리뷰를 작성하는 일들이 즐거운 놀이처럼 느껴질 수 있도록 연결 짓고 동기를 부여해야 한다. 작성된 자발적인 리뷰가 다른 사람들에게 잘 발견되도록 연결 짓고 쿡패드의 츠쿠레포처럼 리뷰의 가치를 높여주어야 한다. 고객의 자발적인 리뷰의 가치를 높이는 방법을 고민하고 적용하고 효과를 분석하여 재조정하는 노력을 지속적으로 기울여야 한다.

실행 2 수집 단계 : 욕심내지 말고 지속적으로

마케팅 및 고객 서비스의 중요한 신조 중 하나는 바로 경청하는 것이다. 리뷰 커뮤니케이션도 그 시작은 경청이다. 문제는 요즘의 고객 리뷰가 너무나 많이 산재해 있다는 것이다. 직접 구매가 발생하는 이커머스 플랫폼들부터 블로그, 인스타그램, 유튜브 등의 다양한 SNS 채널들, 그리고 각종 커뮤니티, 카페 등 다양한 환경의 채널들의 리뷰를 모두 살펴본다는 것은 확실히 어느 기업에나 부담일 수밖에 없다.

고객들의 모든 리뷰를 수집하고 모니터링하는 것이 좋다. 하지만 말 그대로 현실에서는 이상적인 이야기이다. 그렇다고 포기하지 말고 일단 가능한 부분부터 시작하라. 가용할 수 있는 자원으로 수용할 수 있는 범주의 리뷰부터 수집하는 것이다. 구매 전환에 주요한 이커머스 플랫폼상의 리뷰를 중심으로 시작하는 것을 검토해보자. 물론 평판 관리에 주요한 소셜 웹의 리뷰를 시작으로 하는 것도 괜찮다.

DMC 리포트에 따르면 상품 구매 후기를 공유한 경험이 있는 응답자를 대상으로 후기를 공유한 매체를 조사한 결과, 전체 응답자 2명 중 1명 (56%)이 '소셜미디어'를 이용했다[48]고 한다. 우리 고객이 주로 리뷰로 소통하는 소셜미디어 채널 하나를 작게 범주로 잡아 시작하는 것도 방법이다. 주요한 것은 정기적으로 리뷰의 수집을 시작하는 것이다.

기업이 직접적인 효과를 얻을 수 있는 부분부터 시작하고 주기적으로 리뷰 커뮤니케이션을 완성할 프로세스가 익숙해지면 더 범위를 확장하여 처리하는 단계로 진행하라. 처음부터 의욕만 앞세워 너무 넓은 범위에서 리뷰를 수집하느라 이후 프로세스에 부담이 생겨 정기적으로 진행하지 못하는 것보다는 가능한 작은 범위부터 정기적으로 프로세스로 안착시키는 것이 중요하다.

수집의 간격은 채널의 특성과 가용한 자원을 함께 고려하여 적용하라.

---

48 소셜미디어(56%)에서 상품 구매/이용 후기 공유, 검증된 블로그 후기 서비스 강화하는 네이버 / DMC report / 2022.9.19.

이커머스 플랫폼상의 리뷰는 특성상 빠른 주기가 필요하며 상대적으로 소셜 웹상의 리뷰는 주기를 더 길게 설정하는 것이 좋다. 그러나 리뷰 주기는 1일을 넘어가지 않는 것이 좋다. 이전 특별한 계기로 일정 기간 동안의 리뷰를 수집해서 분석했던 작업들의 경험을 살려 주기적으로 진행하는 계획을 수립해 보자.

정기적으로 진행되는 범위 내에 모든 리뷰를 수집해야 한다. 긍정의 리뷰만을 선택적으로 수집하거나 특정의 목적으로 부정의 리뷰만 수집하는 것은 좋지 않다. 모든 리뷰, 심지어 기업이 요청하여 작성된 리뷰까지 모두 수집하라. 이후 식별 작업을 통해 구분할 것이므로 일단 모든 리뷰를 가능한 범주에서 정기적으로 수집하자. 그리고 단순히 리뷰를 모으는 것에 그치는 것이 아니라 고객의 리뷰를 읽으면서 세상에 널리 알리고 싶은 도움되는 리뷰를 찾는 과정을 담아야 한다.

수집의 범위를 결정하라

고객 리뷰의 수집 단계를 시작하기 전에 '키워드', '수집 채널', '수집 기간' 등 수집의 범위를 결정하여야 한다.

자사의 기업명, 브랜드명, 제품 및 서비스명으로 검색하는 것이 기본이지만 때에 따라 경쟁사명도 포함할 수 있고 자사의 산업 카테고리명도 될 수 있다. 수집할 채널은 이커머스 플랫폼을 우선으로 블로그, 인스타그램, 유튜브 등 소셜미디어 채널들과 홈페이지 등에서 우리 기업의 고객들이 주로 리뷰를 업로드하는 채널에 집중한다. 이커머스 플랫폼에 리뷰를 등록하는 고객들은 상대적으로 응답을 원하거나 빠른 답변을 기대하는 경우가 많기 때문에 수집 기간을 필요에 따라 별도로 조정하는 것이 좋다.

소셜 웹상의 고객 리뷰는 많은 기업들이 일정 기간 단위로 모니터링을 진행하고 있다. 수집 작업을 시작하기 전 선정한 수집 기간 내 리뷰 이벤트나 광고 홍보성 리뷰 배포 여부를 확인하면 작업 시간을 줄일 수 있다. 물론 읽어보면 바로 기업 주도의 홍보성 리뷰라는 것을 알 수 있겠지만.

자, 이렇게 수집 키워드, 채널, 기간 등 범위를 결정했다면 이제부터는 진득하게 수집하고 읽고 분석하는 일을 시작할 때이다.

일희일비(一喜一悲)하지 마라

고객 리뷰의 내용을 읽기 시작하면 주의할 점이 있다. 바로 '칭찬과 비난의 말에 일희일비(一喜一悲)하지 마라.'이다. 고객 리뷰를 개인적인 감정으로 받아들이면 안 된다. 응답을 할 때에는 개별적인 대화를 만드는 것이 중요하지만 읽고 분석하는 단계에서는 고객 리뷰 하나하나에 감정적인 대응을 하는 것은 좋지 않다.

대신 추후 분석 결과를 공유할 수 있도록 통합하고 분류하는 작업들을 한 후 다른 직원들과 함께 그 내용에 대해 이야기 나누어 보는 시간을 갖는다. 여러 사람의 의견을 통해 분류된 고객의 감정에 응답하는 방법을 얻는 것이 중요하다.

물론 리뷰의 양이 많은 경우는 시중에 이용 가능한 빅데이터 분석 솔루션, 모니터링 솔루션 등을 활용하는 것도 좋다. 옥토퍼스코드의 비정형 데이터 분석 솔루션인 루미노소LUMINOSO[49]도 만족스러운 결과를 제공하니 참조해 보자. 단어와 단어 간 연관도를 수치로 나타내어 리뷰에 숨겨진 감정의 깊이와 연관성까지 파악할 수 있다.

---

49 http://www.halo-eight.com/about

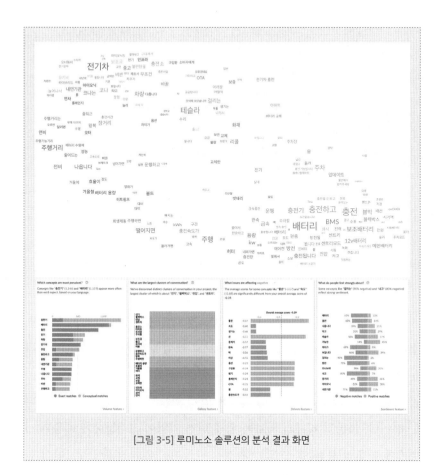

[그림 3-5] 루미노소 솔루션의 분석 결과 화면

* 옥토퍼스코드의 루미노소 솔루션 : 인공지능 기반 글로벌 텍스트(Text) 데이터 기반 루미노소(Luminoso) 솔루션은 미국 캠브리지에 위치한 매사추세스공대(MIT) 미디어랩 출신 회사로, 온톨로지(Ontology) 기반의 텍스트 분석 솔루션과 달리 스스로 사람의 언어를 학습하는 인공지능 MIT 미디어랩의 컨셉넷(ConceptNet)을 기반으로 한 텍스트 분석 솔루션이다. 국내에서 주로 사용하는 텍스트 분석 툴은 언급량 기준으로 연관 콘셉트 키워드 및 긍정, 부정 키워드를 분류하여 키워드를 추출하는 방식이라면, 루미노소 솔루션은 단어 간 연관도와 그에 대한 감정까지 볼 수 있어 소비자 심리를 읽어내는 데 조금 더 유리한 방식이다.

현재 영어는 물론, 중국어, 일본어, 독일어, 프랑스어 등 글로벌 14개 언어를 지원해, 글로벌 마케팅을 추진하는 회사에서도 유용하게 활용할 수 있다.

고객 리뷰는 이와 별개로 담당자라면 한 번 읽어보는 것을 추천한다. 실제 고객의 이야기를 듣고 교감을 해보고 느낌을 얻는 것이 중요하기 때문이다.

자발적인 리뷰의 가장 큰 문제점은 얻기 힘들고 기업의 통제가 어렵다는 점이다. 자발적 리뷰의 확보를 위해 먼저 기업이 고객들에게 제품과 서비스에 대한 리뷰를 할 수 있는 환경을 만들어 주었는지 확인해보아야 한다. 그리고 나아가 자발적인 리뷰 또는 리뷰어를 선망의 대상으로 만들어 주어 다른 고객들에게 영향을 줄 수 있게 만들어야 한다. 자발적 리뷰를 지속적, 안정적으로 확보하기 위해 리뷰를 작성하는 일이 가치 있는 일이 될 수 있도록 분위기를 만들어 주는 것이다.

4장
리뷰로
커뮤니케이션하기

4장 리뷰로 커뮤니케이션하기

자발적 리뷰를 지속적, 안정적으로 확보하기 위한 최선의 방법은 리뷰를 작성하는 일이 가치 있는 일이 될 수 있도록 분위기를 만들어 주는 것이다.

고객의 자발적 리뷰의 가치를 높이는 방법 중 가장 기본적인 것은 그들의 리뷰에 응답하는 것일 것이다. 고객이 자발적으로 리뷰를 한다는 것은 기업에 말을 거는 것이고 이에 기업이 응답하는 것은 어찌 보면 너무나도 당연한 일이다. 주간, 일간, 월간 등 정해진 기간에 담당 부서와 담당자가 정기적으로 모니터링하는 루틴을 설정하는 것이 필요하다.

응답을 할 때는 가능한 모든 자발적 리뷰에 응답을 해야 한다. 고객 리뷰에 대해 선택적으로 응답을 하는 방법은 편파적으로 보일 수 있기에 주의해야 한다.

그리고 부정적 리뷰에 대해 우선적으로 응답해야 한다. 물론 부정적 리뷰에 대해 응답을 하는 것을 여러 가지 이유로 피하는 경우가 많지만 오히려 긍정적 리뷰보다 더 열심히 응답해야 한다. 기본적으로 모니터링한 리뷰에 모두 댓글을 달거나 합당한 대응을 하는 것이 좋다. 이를 위한 응답 가이드를 미리 준비하고 담당자들이 숙지하는 과정이 필요하다.

응답의 정도도 고민해야 한다. 가벼운 인증이나 제품과 서비스 언급의 리뷰에는 '좋아요' 정도의 응답이 좋다. 진지한 리뷰나 건설적인 의견이 담겼다면 댓글이나 짧은 메시지로 감사의 표현을 하는 것이 좋다. 사람들이 일반적으로 소셜 웹 공간에서 대응하는 정도를 벤치마킹하면 좋겠다. 모든 리뷰에 대해 '좋아요'로만 응답하는 기업들이 많지만 조금 더 신경 써서 응답하는 것을 권한다.

리뷰로 말을 건 고객에게 기업이 응답을 해 줌으로써 관심을 나누어준다면 그 리뷰의 가치는 올라간다. 그리고 이 과정을 지켜보는 다른 고객들도 기업의 대응에 호감을 느끼고 본인도 리뷰를 한번 써보고 싶은 마음이 생기게 될 것이다.

고객 리뷰를 모니터링하고 응답한 후 인사이트를 발견하고 기업의 비즈니스에 반영을 한다면 리뷰의 가치는 더욱 올라가게 될 것이다. 고객 리뷰를 모니터링하고 응답하는 부서 또는 일부 부서에서만 내용이 공유되고 소멸하여서는 안 된다. 모니터링에서 그치지 않고 내용을 정리하여 관련 부서들과 공유하고 토론하여 반영할 수 있는 아이디어를 검토하는 과정을 정기적으로 운영하는 것이 필요하다.

궁극적으로 고객 리뷰의 가치를 높이는 방법은 리뷰의 본래 목적대로 다른 고객에게 연결 지으면서 의미를 부여하는 것이다.

정리하면 리뷰 커뮤니케이션의 실행은 자발적인 고객 리뷰에 응답하고 그 가치를 높여 다른 사람들에게 연결하면서 리뷰나 리뷰어를 선망의 대상으로 만들어 '나도 리뷰를 작성해 볼까?'라고 생각하는 새로운 고객 리뷰어를 얻고, 나아가 고객과 소통하는 긍정적 이미지를 얻어 자발적 리뷰의 순환 생태계를 만드는 것이다. 이제 실행 단계별로 자세히 살펴보자.

실행 3 분석 단계 : 식별하고 이해하라

리뷰를 분석하는 과정은 정독한 고객 리뷰의 내용을 식별하고 이해하는 주요한 단계이다.

수집한 리뷰의 응답과 연결을 위해 두 가지 작업을 진행한다. 바로 식별과 그 내용에 대한 이해이다. 이 작업은 빠르게 진행되어야 하지만 또 꼼꼼하게 진행되어야 한다. 이후 리뷰 커뮤니케이션의 작업 수행을 위해 리뷰의 수집 출처, 일자, 작성자, URL 등의 기본 정보를 기준으로 시작하여 자발적으로 작성된 것인지 요청에 의해 작성된 것인지, 긍정/부정, 긍정의 내용, 부정의 내용, 특이사항, 고려할 점 등 리뷰의 내용을 이해하여 기록하여야 한다.

리뷰 작성의 동기, 요청과 장려

모든 리뷰를 수집하기에 리뷰 이벤트나 체험단/서포터즈처럼 기업이 요청하여 작성된 리뷰들을 식별해야 한다. 앞서 제2장에서 논의한 것처럼 이런 리뷰에는 대부분 공정거래위원회의 '추천 · 보증 등에 관한 표시 · 광고 심사지침'에 의거 경제적 이해관계를 공개해야 하므로 이를 근거로 식별할 수 있다. 또는 리뷰 요청 주관 부서의 도움을 받아 구분할 수 있다.

다만 이커머스 플랫폼상에서 포인트나 다른 보상을 제공하는 상시적인 요청으로 작성된 리뷰는 별도로 구분하지 않는다. 특정 기간에 일시적으로 진행된, 특히 경제적 이해관계가 있는 리뷰만을 식별하면 된다. 경제적 이해관계가 있는 요청된 리뷰를 구분하는 이유는 대응을 달리해야 하기 때문이다.

사실 아무 응답을 하지 않는 것이 가장 좋다. 생각해 보라. 기업의 요청에 의해 금전적인 지원이나 보상을 지원받아 작성한 리뷰는 대부분 제품이나 서비스에 긍정적인 내용일 텐데 여기에 기업이 댓글이나 응답으로 또 긍정적인 답변을 하면 이를 지켜보는 사람들은 무슨 생각을 할까? 아마도 좋게 보이지는 않을 것이다. '짜고 치는 고스톱'이라는 비아냥거림을 들을 수도 있을 것이다.

이렇게 기업에 의해 '요청'된 리뷰는 리뷰어에게 보상을 제공하는 방식이므로 응답보다는 널리 확산하고 그 결과를 분석하는 과정을 거쳐야 한다. 즉 공식 채널과 소셜 웹을 통해 효과적으로 최대한 배포, 확산시키고 리뷰의 요청과 확산까지 전 과정의 효과를 분석하고 그 결과를 분석해 추후 개선할 점을 요청 전, 준비사항에 반영하여 개선하는 리뷰 마케팅 프로세스를 따라야 한다.

이제 식별된 '장려'에 의한 자발적인 고객 리뷰와 상시적인 요청으로 작성된 이커머스 플랫폼상의 리뷰를 가지고 다음 단계로 넘어가 보자.

긍정적인가? 부정적인가?

경제적 이해관계가 있는 요청된 리뷰를 구분하고 나면 다음은 리뷰 내용에 근거해 긍정적인 리뷰인지 아니면 부정적인 리뷰인지를 식별한다. 리뷰를 끝까지 경청하는 자세로 읽고 내용을 이해하여 구분한다. 물론 고객 리뷰가 제품과 서비스의 장단점을 모두 포함하는 경우가 많아서 리뷰의 내용을 정확하게 긍정적, 부정적으로 나누기는 쉽지 않다.

일부 기업은 고객의 부정적 리뷰를 기회와 목표가 아니라 무언가 잘못되었다는 신호로 받아들여 그 숫자가 작기를 원한다. 애매한 내용의 리뷰를 긍정적 리뷰로 분류하는 경향이 있다는 이야기다. 하지만 오히려 작은 부정적 이슈라도 포함한다면 부정적 리뷰로 구분해 관리하는 것이 좋다. 고객의 작은 불만을 놓치지 않는 것이 리뷰 커뮤니케이션에서는 더 의미가 있다.

하나의 리뷰에 다양한 의견이 담기는 것이 일반적이다. 여러 가지 내용 중 가장 핵심적인 내용을 찾아내는 것도 중요하다. 리뷰의 핵심 의견에 따라 전체 리뷰의 긍·부정을 결정해야 한다.

그리고 응답을 할 때 이 핵심적인 내용을 중심으로 대화를 우선 나누고 나머지 의견에 답해야 한다. 특히 부정적인 내용일 경우에는 우선적으로 핵심의 문제를 찾아 해결하고 나머지 의견에 답해야 고객의 불만을 해소할 수 있다.

부정의 리뷰는 내용을 구분하라

긍정과 부정으로 리뷰를 식별한 후 내용을 좀 더 이해해야 한다. 먼저 부정적인 리뷰의 경우를 살펴보자. 이 경우에는 부정적인 의견에 집중해야 한다. 기업들이 소셜 웹이 등장한 초기에 부정적인 리뷰가 등장하면 정말 말 그대로 세상이 끝난 듯 호들갑을 떨었던 시절이 있었다. 고객 리뷰의 불만이 문제의 심각성에 비해 엉뚱하고 과도하게 전달되지 않도록 제품과 서비스의 오류나 문제점에 대한 불만을 이야기하고 있는지, 불쾌했던 프로세스의 경험을 공유하는 건지, 제품과 서비스의 개선을 위한 건설적인 의견을 제시하고 있는 것인지, 기업이나 브랜드에 대한 부정적인 관점에서 비난을 하는 건지, 기타 마음에 들지 않는 것 때문에 트집을 잡는 것인지 구분해야 한다.

이러한 구분들은 "그들은 고객 리뷰를 통해 답을 원할까?" 아니면 "청중의 관심을 원할까?"라는 두 가지 질문으로 생각해 본다. 그 결과에 따라 차후 리뷰 커뮤니케이션의 방향성이 달라질 수 있다. 제품과 서비스의 불만을 가진 고객은 무엇보다도 기업의 대답 또는 해결을 원하고 있으므로 빠르게 분류해서 담당 부서로 연결하고 협업하여 응답을 진행하면 된다. 문제는 청중의 관심을 원하는 경우이다. 이 경우는 세분화해서 살펴보아야 한다.

요즘 디지털 커뮤니케이션에서의 빅메가폰은 이전 시대처럼 특정 기관이나 단체에 주어지는 것이 아니다. 이제는 누구나 같은 메가폰을 가진 세상이다. 빅메가폰이 기본적으로 존재하지 않는 세상이 된 것이다. 그렇다면 어떻게 이전의 빅메가폰 같은 큰 목소리, 큰 영향력을 만들 수 있을까? 나와 같은 소리를 내고 있는 메가폰들을 모아서 함께 외쳐 큰소리를 만들어 내면 된다. 고객들은 이미 이 방법을 알고 사용하고 있다. 나의 불만을 다른 사람들에게 공유하고 알려 동조자들을 찾아 연결하고 그들과 협업해 영향력을 만들어 내려 하는 것이다. 청중의 관심을 원하는 고객의 리뷰를 유의해서 응답해야 하는 이유이다.

기업의 관심을 원하는 고객의 리뷰도 있다. 자신의 제품과 서비스에 관한 경험을 바탕으로 건설적인 의견을 제시하는 경우다. 이런 경우 기업의 관심을 받으면 실제로 돌아서서 좋은 지지자가 될 수 있다.

부정적인 리뷰는 좀 더 면밀히 그들의 불만에 대한 이야기를 들여다보고 이해하고 분석하려는 노력이 요구된다. 우리는 앞서 제1장에서 사람들이 리뷰를 작성하는 7가지 이유를 살펴보았다. 마찬가지 방법으로 리뷰를 살펴보면서 과연 고객들이 왜 리뷰를 작성했는지에 대해서 먼저 이유를 생각해 보라. 그리고 리뷰의 행간의 의미도 생각해 볼 필요가 있다. 초기 기업들이 소셜 웹상 고객 커뮤니케이션에서 실수했던 부분 '그들은 웃자고 한 이야기에 죽자고 덤빈' 다시 말해 행간의 의미를 읽지 못해 웃지 못할 해프닝들이 벌어진 경우가 종종 있었다. 고객들의 리뷰 속에는 많은 행간의 의미가 숨어있다. 잘 찾아보라.

긍정의 리뷰는 리뷰어에 집중하라

긍정적인 리뷰는 제품과 서비스가 어디에 장점이 있는지 고객 관점에서 알려준다. 이를 제품과 서비스와 관련하여 기업이 제시했던 장점들이 제대로 전달되어 반영되었는지 비교하여 검증한다. 또한 예상하지 못했던 고객 관점의 사용 가치를 발견하는 것도 중요하다. 긍정적인 리뷰에서 고객들이 이야기하는 장점들을 추려 정리하라.

다음으로 긍정적인 리뷰를 통해 지속적으로 관계를 맺을 충성 고객을 발굴하는 것에 집중해야 한다. 기업의 리뷰 장려를 통해 자발적으로 작성된 긍정의 리뷰이다 보니 리뷰어에 집중하는 것이 주요하다. 충성 고객 후보군으로 관리하고 이후 다양한 고객 행사에 초대나 참여를 독려하는 등 관계를 만들어 나가는 방법을 고민해야 한다.

반복되는 공통점 찾기

하나의 부정적 리뷰 또는 긍정적 리뷰에 크게 흔들리지 말고 우리가 주목해야 할 것은 고객 리뷰들 중 반복되는 공통점이다. 서로 다른 고객 리뷰에서 같은 불편함이 공통적으로 반복된다면 이는 이는 개선이 시급한 문제점이다. 반면 편리함이 반복된다면 널리 알려야 할 고객들이 발견한 우리 제품과 서비스의 사용 가치가 될 것이다.

반복되는 공통점은 우선적으로 처리해야 할 항목이다. 만약 반복되는 공통점을 찾아 처리를 완료하게 되면 고객들의 리뷰가 그 출처이고 시작임을 함께 알려야 한다. 고객의 이야기를 듣고 있고 반영하고 있다는 것을 다시 피드백으로 알릴 필요가 있다.

월라 오디오북을 컨설팅할 때 약 1년 동안의 고객 리뷰를 읽고 분석한 경험이 있다. '오디오북을 어떤 상황에서 가장 많이 사용할까?' 많은 사람들이 '출퇴근길'이라 생각할 것이다. 리뷰를 살펴보다 보니 공통적으로 일부 반복되는 사용 사례가 있었다. 바로 라섹 수술 후이다. 많은 고객들이 라섹 수술 후기에 월라 오디오북을 언급하고 라섹 수술 준비물로 소개하였던 것이다. 심지어 라섹 수술 병원의 홍보 콘텐츠에도 등장하였다. 월라 오디오북의 담당자들도 이미 알고 있었지만 이 정도일 줄은 몰랐다. 그래서 리뷰의 결과를 공유하면서 라섹 수술과 오디오북의 다양한 협업을 강화하는 방법을 검토 논의하게 되었다.

특별한 하나의 포인트 찾기

월라 오디오북 사용 사례 중 가장 특별한 경우도 찾아보았다. 달리기, 뜨개질, 산책 등등 다양한 활용의 시점이 등장했는데 그중 가장 인상적인 사례는 바로 '수영 중에'였다. 한 고객이 수영을 하면서 월라 오디오북을 듣는다고 리뷰를 남긴 것이다. 이후 고객의 사연은 인터뷰 콘텐츠로 재가공하자는 의견으로 마무리되었다. 공통점을 찾는 것은 기본, 그리고 뭔가 다른 특별한 하나를 발굴하는 것도 생각해야 한다. 생각하지 못한 특별한 고객의 이야기를 활용하면 다른 고객들의 관심을 유도하고 신선한 공감을 이끌어 낼 수 있다.

왜 이런 리뷰를 남겼을까?

고객 리뷰를 읽으면서 고객의 입장에서 인사이트를 찾아야 한다. 기업의 입장에서 고객의 불편함을 해결하려고 답을 찾는 것은 나중에 다른 직원들과 토론을 통해 찾아도 늦지 않는다. 이 시점에서는 '왜 고객이 이 부분을 불편해할까? 어떤 불편함이 이런 리뷰를 남기게 했을까?'라는 리뷰어 그리고 고객의 관점에서 생각을 해야 한다.

"간단해요. 사람들이 원했기 때문이죠. 토스 이전에 만들었던 서비스들과 토스를 비교해보면 굉장히 큰 차이가 있어요. 예전 제품들은 저희가 원했던 것이고, 토스는 사람들이 원했던 것입니다. 창업 초기에 도전했던 아이템들이 계속 실패로 이어지니, 그제야 궁금해졌습니다. '사람들이 원하는 게 도대체 뭐지?' 창업한 지 4년 만에 처음으로 현장에 나가 사람들의 불편함을 수집하기로 했어요.

3개월간 모든 팀원들이 회사가 아닌 곳으로 출근했습니다. 서울, 신촌, 홍대, 가락시장 등 서울 각 지역으로 뿔뿔이 흩어져 하루 종일 사람들을 관찰하고 3일에 한 번 정도 모여 논의했어요. 그렇게 모인 아이템 100개 중 성공한 아이템이 바로 간편 송금 서비스입니다.

간편 송금 기능과 간단한 사용법 영상만 올라가 있는 웹 페이지를 6시간 만에 만들어서 공개했는데, 반응이 폭발적이었어요. 주말이었는데도 수만 명이 사용했거든요. 고객들의 뜨거운 반응 덕분에 서비스에 대한 확신을 가질 수 있었고, 수많은 규제가 있었음에도 불구하고 뚝심 있게 밀고 나갈 수 있었습니다. 사람들이 무엇을 원하는지 귀 기울일 때, 비로소 사람들이 필요로 하는 서비스를 만들 수 있었다 생각해요."

핀테크의 선두 주자 토스의 이승건 리더는 인터뷰[50]를 통해서 토스의 첫 서비스였던 간편 송금을 시작하게 된 계기를 사람들의 목소리, 불편함에 귀 기울여 찾아내었다고 설명하였다.

'내가 항상 집에 있는 시간은 언제인가?' 온라인 쇼핑몰에서 주문을 해 놓고 집에 제때 도착하지 못하면 문 앞에 놓인 배송 물건이 상해버리거나 중요한 택배 때문에 부랴부랴 집으로 돌아와야 하는 불편함 때문에 고민일 것이다. '택배를 수령하기 위해 집에서 대기하는 시간'이라는 불편함이 '눈뜨자마자 받아보는 경험', 즉 마켓컬리의 상징인 새벽 배송, '샛별배송'을 만들었다.[51]

고객들의 불편함을 이해하고 해결하려는 노력은 기업의 차별화와 경쟁력을 만드는 원동력이 될 수 있다. 고객들의 불편함을 직접적으로 발견할 수 있는 방법은 바로 고객 리뷰를 살펴보는 것이다. 즉 고객 리뷰는 여러분들의 비즈니스를 개선할 수 있는 중요한 데이터를 담고 있다는 점을 간과해서는 안 된다.

브랜드엑스는 '젝시믹스'의 명성 덕분에 패션 기업으로 알려져 있지만 사실 온라인에 최적화된 브랜드 연구·개발과 소셜 네트워크 기반의 마케팅 노하우를 보유한 제조 기술 미디어 커머스 기업이다. 브랜드엑스는 '미디어 커머스 기업'으로서 고객의 니즈를 포착하는 탁월한 능력을 갖춰 이를 신사업으로 풀어내는 전략으로 위생용품·화장품·다이어트 식품 등 다양한 분야로 사업을 넓히고 있다. "여러 매체와 소셜 네트워크 서비스

---

50 토스가 금융이 불편한 순간을 수집하는 이유는? / tossfeed / 2020.10.26./ https://blog.toss.im/article/toss-every-moment

51 매일 아침 현관문 앞에 놓인 선물, 불편함에서 나온 아이디어가 '샛별'이 됐다 / 동아비즈니스 리뷰/ 235호, 2017.10

SNS, 자사몰을 이용하는 고객의 정체성과 수요를 파악하고 있고 오프라인에서 고객과 대면하는 대신 온라인을 통해 커뮤니티와 고객 후기 등으로 신뢰감을 형성하고 있다."라고 그들의 강점을 이야기한다[52].

젝시믹스는 초기 레깅스 시장 고객들의 불만을 파악하고 연구·개발한 끝에 레깅스 제품에 '마찌 패턴(삼각무 패턴[53])'을 적용해 고객의 불편함을 완벽하게 커버했다. 유사한 방법으로 몸매 보정을 위한 인체공학적 패턴 디자인, 특히 배 말림이 없는 허리선 설계 등이 연달아 소비자들의 뜨거운 반응을 얻었다. 이 모든 성공의 비결은 고객의 목소리에 귀를 기울이고 응답했기 때문이다.

자사몰에서 고객과 직접 소통하는 D2C[Direct to Consumer]의 핵심 무기는 고객 데이터이다. '네모팬티'로 2020년 매출 350억 원을 돌파한 브랜드 커뮤니케이션앤컬쳐(CNC) 자사몰의 회원 수는 30만 명을 넘고 고객 리뷰는 네모팬티의 경우 6만 2,000건에 달한다고 한다[54]. 이런 고객 데이터를 커뮤니케이션앤컬쳐는 제품 개발과 개선에 적극 반영한다. 매일 제품에 대한 고객 의견을 수집하고, 고객 리뷰 중 품질개선에 관한 내용만 모아 완제품 검수를 한다. 검수 결과에 따라 개선이 필요한 부분은 즉각적으로 수정을 한다.

고객에게는 자신의 의견이 반영된 제품이 나올 때마다 커뮤니케이션앤컬쳐 자사몰을 또 찾아가 구매해야 할 이유가 생기는 것이다. 커뮤니케이션앤컬쳐는 이를 계기로 소비자 의견을 반영해 제품을 업그레이드하는 품

---

52 '젝시믹스'로 레깅스 시장 석권…브랜드엑스의 5가지 성공 비결 / 매거진한경 / 2021.7.29.

53 사타구니 부분에 원단을 한 겹 더 댄 형태

54 고객은 집착을 좋아해! / 기업나라 / 2022.4.5.

질개선 프로세스를 정립하여 2018년 네모팬티를 출시하였고 2021년까지 165만 장을 팔아치우는 성과를 거둘 수 있었다.

고객의 관점에서 먼저 불편함의 이유를 생각해 보아야 한다. 그리고 그 해답을 빠르게 제품과 서비스에 반영하는 것이 고객과의 소통이다. 그리고 소통은 고객 리뷰의 불편함을 발견하는 것에서부터 시작한다.

실행 4 응답 단계 1 : 리뷰 응답에 임하기 전 3가지만 기억하라

이제 리뷰 커뮤니케이션으로 나아가는 진정한 첫 단계, 리뷰에 대한 응답 단계이다. 대부분의 기업들이 고객 리뷰를 적시 적소에 노출을 시켜 다른 고객들에게 관심을 유도하거나 구매로 연결하는 리뷰 마케팅에 집중하여 고객 리뷰를 제품과 서비스를 홍보하기 위한 하나의 콘텐츠로만 보는 경향이 있다. 그러나 고객의 입장에서 리뷰는 기업의 제품과 서비스에 관한 경험에 대한 피드백이다. 고객의 피드백에 관심을 갖고 상호 대화로 이끌어 관계를 만들어 나가는 단계로 나아가야 할 때이다. 라이커블 미디어 Likeable Media의 CEO이자 '좋아요! 소셜미디어Likeable Social Media[55]의 저자인 데이브 커펜Dave Kerpen은 고객 리뷰에 응답하지 않는 것은 '나는 당신에게 관심이 없다.'라는 응답이라 말한다. 지속적으로 상호작용하고 질문과 불만 사항에 답변하는 기업이 열렬한 팬을 만들 수 있다.

내가 '리뷰 마케팅'이란 주제로 강의를 했을 때 강의 후 질문의 대다수가

---

55 좋아요! 소셜미디어 / 데이브 커펜 저 / 레인메이커

고객 리뷰에 대한 응답 방법과 관련한 것이었다. 당시 강의 주제는 '리뷰 마케팅'으로 이 책의 내용으로는 3장과 7장에 해당하는 고객 리뷰의 요청과 장려 방법이 중심이었는데도 말이다. 많은 기업이 고객 리뷰에 대한 응답에 생각보다 많은 어려움을 겪고 있다는 이야기일 것이다.

이제 리뷰에 대한 응답 방법을 부정적 리뷰와 긍정적 리뷰로 나누어서 살펴보겠다. 그전에 공통적으로 적용되는 고객 리뷰 응답에 임하는 3가지 기본자세를 알아보자.

첫 번째, 복붙하지 말고 개인화된 대화로

리뷰의 응답은 일대일의 커뮤니케이션임을 느끼게 해야 한다. 가끔 기업들이 영혼 없이 준비된 문구를 일괄적으로 복사해서 붙이기 방식의 응답을 하는 경우가 있는데 이는 효과적이지 못하다. 기계적인 답이 오히려 다른 불만을 만들 수도 있다.

응답은 리뷰어의 이름이나 아이디를 부르며 인사로 시작하자. 고객에게 관심을 보여주면서 시작하는 것이다. 그리고 고객이 작성한 리뷰를 완독했다는 것을 알 수 있도록 리뷰의 내용을 언급하여 일대일 맞춤의 느낌을 살리는 대화로 응답을 해야 한다. 배달앱으로 음식을 주문했을 때 주문 음식과 함께 손 글씨로 온 메모는 사람 냄새를 풍기긴 하지만 개인화되지 않은 표준 문구를 반복한다면 손 글씨로 쓴다해도 그다지 큰 감동을 주지 못한다. 따라서 미리 준비된 표준화된 답변이 아님을 보여주어야 한다.

고객이 기업에 리뷰로 말을 걸면 그에 걸맞은 개인화된 대화로 응답하여 기업이 아닌 진짜 사람들과 대화하고 있음을 알려주어야 한다.

두 번째, 진정성 있게 보이는 것도 중요하다

고객 리뷰에 대한 응답은 개인화된 일대일의 커뮤니케이션으로 진행하지만 대화의 상대방 너머 이 대화를 지켜보고 있는 관중의 존재를 잊으면 안 된다. 관중은 우리의 대화를 공정하게 살펴보고 과정과 결과에 따라 응원과 지지를 보내기도 하고 우리를 향한 냉혹한 비판에 동참할 수도 있다.

고객 리뷰에 대한 기업의 응답을 통해 고객을 존중하고 진정성 있는 대화를 이끄는 것도 중요하지만 진정성 있게 관중에게 보이는 것도 중요하다. 특히 부정적인 고객 리뷰에 응답을 진행하면서 순간 감정에 휩쓸려 관중의 존재를 잊고 논쟁으로 가는 경우, 관중은 그들의 존재를 드러낼 것이다. 이런 경우는 리뷰를 작성한 한 명의 고객만 잃게 되는 것이 아니다.

고객 서비스란 마치 관중이 있는 스포츠와 같다는 점을 이해하고 리뷰어 못지않게 관중을 만족시켜야 한다는 점을 기억하자.

세 번째, 대화를 이끌어 관계를 만든다

고객 리뷰에 대한 응답은 대화를 통해 장기적으로 관계를 만드는 방향으로 진행되어야 한다. 고객 리뷰를 모니터링해서 듣고 대답하고 변화하는 모든 일들도 기업의 디지털 커뮤니케이션의 일환이므로 궁극적인 목적이 고객과의 관계를 맺는 것이어야 한다. 단번의 답이 아닌 대화를 통한 지속적 관계를 만들 여지를 남겨주어야 한다. 자발적인 리뷰는 우리 제품과 서비스에 고객이 취할 수 있는 높은 관심의 표현이므로 이를 지지하고 나아가 팬심으로까지 연결하도록 하여야 한다.

응답을 통해서 리뷰어를 기쁘게 놀라게 하는 것도 방법이다. 온라인으로 리뷰를 작성한 고객에게 고객 행사나 굿즈, 혜택 등을 오프라인으로 제공하는 것도 좋은 아이디어이다.

필자도 〈스노우볼 팬더밍〉 책을 쓰고 독자들이 올린 리뷰들을 매일매일 모니터링해서 살펴보았다. 자발적인 리뷰를 찾아 리뷰 내용에 언급한 댓글을 남겼고 몇몇 독자는 강의에 초대하기도 했다. 몇몇 사람은 개인적인 친분을 쌓기도 했다. 이후 이 책이 출간되면 그들에게 제일 먼저 소식을 알리고 또다시 리뷰에 대한 응답을 할 예정이다. 기회가 되면 또 강의에 초청할 것이고, 관계를 지속적으로 유지하고 발전시킬 생각이다.

실행 4 응답 단계 2 : 부정적 리뷰가 꼭 나쁜 것만은 아니다

나는 와이프와 함께 새로운 식당을 찾아가는 것을 즐긴다. 동네에 새로운 식당이 오픈했을 때의 일이다. 메뉴는 미역국 정식이었다. 반찬은 하나같이 맛있었는데 문제는 정작 미역국이었다. 우리 부부에겐 너무도 짠맛이었다. 결국 밥을 다 먹지 못하고 중간에 일어나게 되었다. 나는 개인마다 간이 달라 괜히 짜다고 트집 잡는 고객처럼 보일까 봐 그냥 일어나기로 했다. 계산을 하는데 와이프가 "사장님 국이 너무 짜서 다 먹지도 못하고 나가요. 간이 너무 세네요."라고 항의를 하였다. 사장님은 얼굴이 빨개져 어쩔 줄 모르다가 "죄송합니다. 계산 전에 말씀을 주셨으면 다른 음식으로 다시 내어 드렸을 텐데요. 다음에 오시면 간을 잘 맞춰 드릴게요."라고 답을 하였다. 가게를 나서면서 와이프에게 "다음에 안 오면 그만이지 뭐 하러 그런 싫은 소리를 해?"라고 하니 "나머지 반찬은 맛있었잖아. 국만 간이 잘 맞으면 다음에 또 올 수 있지."

자, 누가 그 식당에 고마운 고객일까? 누가 식당에 다시 오게 될까? 아무

내색 없이 반감을 가진 고객과 부정적 경험에 대해 항의하는 고객, 누가 더 여러분께 도움이 되는 고객일까? 부정적인 리뷰가 꼭 나쁜 것만은 아니다. 나중에 다시 식당을 찾으니 우리 부부와 같은 고객의 의견을 받아들였는지 국 간도 적당하고 역시나 반찬도 맛이 있어서 지금은 우리 부부의 단골 식당이 되었다. 부정적 리뷰는 제품과 서비스를 개선하고 발전시키는 기회가 될 수 있음을 생각해 보자.

긁어 부스럼

소셜 웹이 등장한 초기, 많은 기업들이 소셜 웹의 부정적 리뷰 때문에 논란의 대상이 되었던 경우가 많았다. '상황을 가만히 내버려 두면 자연적으로 아물 상처를 가렵고 못 버티겠다고 긁었다가 되려 악화시킨다는 의미[56]'의 '긁어 부스럼'을 리뷰 관리의 대명사처럼 쓰던 적이 있었다. 아무래도 소셜 웹의 고객 리뷰가 무제한적인 익명의 참가자들에 의해서 생성되는, 필터링되지 않은 긍정적 혹은 부정적 정보이기 때문일 것이다. 그리고 기업의 통제가 불가능한 영역이기 때문에 두려움이 반영된 부분도 있을 것이다.

부정적 리뷰를 삭제하거나 발견되지 않게 조치하는 것이 당시 대안이었다. 하지만 이내 그것이 소용이 없고 근본적인 대안이 아니라는 것을 알게 되었다. 너무 많은 뉴미디어 채널들이 등장하였고 기업이 통제 가능한 곳은 점점 줄어들고 있다. 그리고 부정적인 리뷰는 불가피하다. 가장 강력한 브랜드와 가장 사랑받는 기업조차도 모든 고객을 항상 기쁘게 할

---

56 https://namu.wiki/w/%EA%B8%81%EC%96%B4%20%EB%B6%80%EC%8A%A4%EB%9F%BC

수는 없다.

사람들이 어떤 정보를 평가할 때 부정적인 정보나 사건이 긍정적인 것보다 더 도드라져 보이며 부정적인 정보가 판단에 있어서 더 도움을 주고 있다고 느끼는 것을 '부정성 편향'이라고 한다. 고객 리뷰에 있어서 긍정적인 리뷰보다 부정적인 리뷰에 사람들이 더 많이 반응하고 더 정확한 정보를 담고 있다고 여기는 것도 부정성 편향과 같은 맥락이다.

베이마르 리서치Baymard research의 2019년 조사[57]에 따르면 구매자의 53%는 상품을 구매하기 전에 부정적인 상품 리뷰를 찾으며 특히 18~29세의 소비자들은 이 비율이 무려 91%로 치솟는다고 한다. 기업들이 원하는 100% 긍정적인 고객 리뷰는 고객들이 믿지 않는다. 긍정적 리뷰만 노출 시 허위나 조작된 리뷰로 인식할 가능성이 높아진다고 한다. 긍정적, 부정적 리뷰가 함께 보일 경우 전체적인 리뷰의 신뢰도가 생기고 구매로 전환될 확률이 높아진다. 고객들은 부정적인 리뷰들을 통해 자신의 소비가 잘못된 결과를 가져올 수 있는 가능성을 줄이려 노력하는 것이다.

고객들은 상품의 장점과 동시에 취약점과 부정적인 측면도 확인하고 싶어 한다. 만약 기업이 부정적인 고객 리뷰를 무시하거나, 심지어 검열하듯 걸러내면 소비자들의 구매 의욕은 심각하게 훼손되고 고객은 얻고자 하는 정보를 구하지 못하게 된다. 천편일률적인 상품 리뷰에 공감하지도 못하며, 이 제품이 다른 제품과 어떻게 다르고 왜 사야 되는 건지 설득되지도 않는다.

---

57 https://baymard.com/blog/respond-to-negative-user-reviews

관중의 응원을 끌어내라

한 커뮤니티에 배달앱을 통해 주문을 했던 고객의 '고객이 점주에게 억울하게 폭행을 당했다'는 내용의 리뷰가 올라왔다.[58] 리뷰에서 "사장에게 포크를 가져다 달라고 요청했다가 시비 걸려서 얻어맞았다."라고 주장하여 많은 사람들의 관심을 끈 것이다. 이어 "코와 목이 너무 아프다. 입술은 터졌고 심지어 치아도 흔들린다."며 "오자마자 날 가격했다. 말로 해결하는 사람이 아니다."라고 덧붙였다. 마지막으로 "좋게 안 넘어갈 거다. 배달시키기 전에 리뷰 보는 분들 계시던데 꼭 확인해봐라."라며 "음식보다 사람 인성이 좋아야 한다고 생각한다. 음식은 사장한테 맞아서 먹지도 못했고, 돈만 날렸다."라고 다른 고객들에게 피해를 호소했다. 이 리뷰를 본 많은 사람들은 황당한 사장에게 비난의 댓글을 올리기 시작했다.

여기에 사장님이 등장한다. 그리고 리뷰를 올린 고객의 주장에 조목조목 반박했다. "포크를 안 챙겨준 것에 대해 사과한 뒤 다시 가져다주겠다고 했다. 그러나 고객이 배달을 다시 오면 늦지 않겠냐고 하기에 가게 마감까지 시간이 남았음에도 문을 닫고 서비스를 챙겨 직접 배달 가려고 했다."라고 주장했다. 이어 "음식에는 전혀 문제없었는데 고객이 다시 전화해서 음식을 새로 해오라며 반말했다."며 "환불도 싫다고 하시고 반말하지 말라고 하니까 쌍욕까지 했다."라고 폭로했다.

사장님의 말에 따르면 고객을 다시 찾아가자, 그는 담배를 물고 자신의 얼굴에 연기를 내뿜었다고 한다. 사장님은 "어린 것들의 정신 나간 객기가 눈에 보였다."며 "그런 갑질 어디서 배웠는진 몰라도 하나도 겁나지 않는

---

58 "음식점 사장에게 폭행 당했다" 20대 男 리뷰에…'반전' 답글 / 한경 / 2022.04.11.

다."라고 했다. "쌍방이지만 맞아보니까 정신이 번쩍 드냐. 입술 터진 거 축하하고 보기 좋다."며 "앞으로는 어느 업장이든 공짜로 음식 먹으려는 못된 심보 버리고 정상인으로 살길 바란다. 약 올리던 두 사람 얼굴이 떠올라 아주 통쾌하다."라고 말했다. 끝으로 "이 글을 보는 모든 업주님, 제발 22세 어린애들 갑질에 무릎 꿇지 말고 당당하게 대처하라."며 "두 번 굽신했더니 자기 아랫사람으로 본다. 이번 일 너무 잘했다고 생각한다."라고 마무리했다.

처음에는 고객의 리뷰를 보고 일방적인 폭행으로 여겼던 이들은 이어진 사장님의 해명에 "양측의 말을 다 들어봐야 한다."며 신중한 입장을 보였다. 이후 이 사건은 많은 커뮤니티를 통해 갑론을박 팽팽한 논의가 일어나고 확산하였다.

자, 커뮤니티에서 경기가 시작되었고 관중들이 모였다. 고객과 사장님, 두 플레이어의 이야기를 들으며 자신이 지지하는 플레이어를 결정하고 응원하게 된다. 여기서 두 플레이어는 지지를 얻기 위해 말과 행동으로 호소한다.

오늘날의 고객 서비스는 공공 업무이다. 마치 관중이 가득 찬 경기장에서 서로 멋진 플레이로 어필하여 팀의 팬을 만들어 응원과 지지를 받는 것과 유사하다. 고객 리뷰의 관리도 마찬가지이다.

긍정적인 리뷰뿐만 아니라 부정적인 고객의 리뷰에 적극적으로 응답함으로써 기업이 고객의 이야기에 경청하고 있고 불만 사항을 들었으며, 불만 사항을 해결하기 위한 조치를 취하고 있음을 알려라. 그리고 리뷰에 대한 후속 조치를 취하고 알리자. 불만 리뷰를 작성한 고객은 이러한 적극적인 대응에 만족할 것이고 지켜보고 있던 관중, 다른 고객들도 기업의 조치를 높이 평가하게 될 것이다. 고객 리뷰 관리는 리뷰를 남긴 고객과의 소통인 동시에 이를 지켜보는 많은 다른 고객들의 기대에 부응하는 것이다.

그래도 사람이 하는 일인지라

예전에 좋아했던 인디아나 존스 시리즈의 4편 〈인디아나 존스: 크리스탈 해골의 왕국〉이 개봉했을 때의 이야기이다. 영화 덕후에겐 즐거운 이벤트였기에 개봉 당일에 많은 기대를 품고 상영관을 찾았었다. 결과는 너무나 실망이었다. 기대가 컸던 만큼 실망도 커서 영화 커뮤니티에 관람 소감을 조용히 남겼다. 주된 리뷰의 내용은 '모처럼 새로운 시리즈의 연작이 나왔는데 새로움 없이 이전 시리즈를 답습하는 실망스러운 재탕'이었다. 얼마 지나지 않아 내 리뷰에 댓글이 달리더라. '이 영화가 재미가 없다니 영화 볼 줄 정말 모르는군, 혹시 인디아나 존스 1, 2, 3편은 봤니?'

명색이 디지털 커뮤니케이션 컨설팅을 하는 나인데도 막상 부정적인 댓글을 직접 받아보니 갑자기 참을 수 없을 정도로 분노하게 되었다. 아무 말도 못 하고 키보드 앞에서 손을 벌벌 떨고 있는 내 모습을 지켜본 와이프는 조용히 나를 불러내어 산책을 함께했다. 푸른 나무와 꽃, 햇살을 한껏 즐기고 다시 컴퓨터를 켜고 댓글을 다시 읽어보니 처음 그 느낌은 아니었다.

'아 제가 인디아나 존스 시리즈의 팬인데요, 이번 신작 4편에 너무 기대가 컸었네요. 실망한 마음에 너무 부정적인 글을 썼나 보네요. 제 리뷰에 불쾌하셨다면 죄송합니다. 인디아나 존스 1, 2, 3편은 당연히 봤죠. 제가 나이가 40이 넘었는데 당연히 몇 번씩 돌려봤죠.'라고 부정적인 댓글에 다시 댓글을 달았다.

이후 다른 분들이 '아, 그러시군요. 윗분 댓글에 너무 신경 쓰지 마세요.

저도 실망했습니다.', '초딩(초등학생) 글에 맘 상하지 마세요.', '영화에 대한 감상은 누구나 같을 수 없죠.' 등 응원의 댓글을 달기 시작했다.

부정적인 리뷰를 읽으면 화를 느낄 뿐만 아니라 신체적인 반응을 경험하게 된다고 한다. '분노의 생리학Physiology of Ange[59]'이라는 저널 기사에 따르면 "화가 나면 몸의 근육이 긴장하고 뇌 내부에서 카테콜아민catecholamine으로 알려진 신경 전달 화학 물질이 방출되어 최대 몇 분 동안 지속되는 에너지 폭발을 경험하게 된다. 이러한 에너지의 폭발은 즉각적인 보호 조치를 취하려는 일반적인 분노의 욕구의 이면에 있다.

동시에 심장 박동이 빨라지고 혈압이 상승하며 호흡속도가 빨라진다. 증가한 혈류가 사지로 들어오면서 얼굴이 붉어질 수 있다. 주의력은 좁아지고 분노의 표적에 고정된다. 곧 당신은 다른 것에 주의를 기울일 수 없게 된다. 빠르게 연속적으로 추가적인 뇌신경 전달 물질과 호르몬이 방출되어 지속적인 자극 상태를 유발한다. 이제 싸울 준비가 되었다."

빨라진 심장 박동 수, 혈압 증가, 빠른 호흡, 이는 부정적인 고객 리뷰의 불만 사항에 대한 신속하고 공감적인 대응을 위한 이상적인 조건은 아니다. 이러한 상황에서 부정적 리뷰에 대응한다면 백이면 백 감정적인 싸움으로 치닫게 될 것이다.

공개된 관중이 가득한 경기장에서 고객과 신랄한 비난전에 휩싸이는 것은 영리한 방법이 아니다. 부정적인 고객 리뷰를 개인적으로 받아들이고 인신공격을 당했다고 느끼기 시작하면 올바른 대응을 할 수 없을 것이다. 이때는 다시 냉정을 유지할 방법을 찾거나 그렇게 할 수 있는 다른 사람이 필요하다. 기업은 이런 상황에 대응하는 표준 프로세스나 가이드를

---

59 "Physiology of Anger" / Harry Mills, PhD / 2015.6.25.

미리 준비하고 숙달하는 방법이 필요하다.

　기업은 고객 리뷰의 대화에 참여하고 이에 대응해야 한다는 압력을 그 어느 때보다 많이 받고 있다. 올바른 전략, 조직 구조, 프로세스 및 권한이 부여된 해결 팀을 통해 많은 선두 기업이 할 수 있었던 것처럼 긍정적/부정적 고객 리뷰의 대응을 활용하여 고객의 브랜드 경험을 개선할 수 있다. 부정적인 고객 리뷰에 대응하는 가장 좋은 방법은 그들의 인간성을 존중하면서 기업의 진정성을 보여주는 것이다.

실행 4 응답 단계 3 : 못 본 척 말고 리뷰에 응답하기

고객 리뷰를 찾아보다 보면 고객들 사이의 댓글 응답은 쉽게 볼 수 있는데 해당 기업의 응답을 보기는 쉽지 않다. 물론 가끔 긍정적인 리뷰에는 감사의 마음을 전하는 응답이 종종 보이지만 부정적인 리뷰에 대한 응답은 거의 찾기 힘들다. 많은 기업들이 모든 고객 리뷰에 응답하지 않거나 긍정적인 리뷰에만 선택적으로 응답하는 방식을 선택하고 있다. 부정적인 리뷰는 애써 못 본 척하거나 비공개적으로 응답을 진행하는 경우가 많다.

　제품 리뷰/UGC 전문가로 구성된 미국의 디지털 마케팅 전문회사 바자보이스Bazaarvoice의 글로벌 홍보 및 분석 담당 이사인 매트 크렙스바흐Matt Krebsbach는 "긍정적인 리뷰는 기업이 무엇을 잘하고 있는지 말해주지만, 그들은 이미 자신이 무엇을 잘한다고 생각하는지 꽤 알고 있을 것이다. 그래서 그것은 검증이다. 하지만 부정적인 리뷰는 회사가 개선할 수 있는 영역을 알려주는 데 도움이 되는 경향이 있다. 부정적인 리뷰는 기업들에게 지속적인 구매 과정에서 소비자에게 매우 의미 있는 제품 또는 서비스 제공에 대한 중대한 변화를 가질 수 있는 기회를 제공한다."라고 부정적 리뷰의 의미를 강조한다.

부정적인 리뷰에 응답함으로써 고객에 대한 지지도를 높이고 고객을 배려한다는 것을 모든 관중에게 보여주어야 한다. 결국 기업은 부정적인 리뷰를 끌어안아 주어야 한다. 당신의 기업이 고객의 모든 리뷰를 경청하고 있고 불만 사항을 조사하고 개선하기 위해 노력하고 있음을 보여주어야 하는 것이다.

제품이나 서비스에 불만이 있는 고객 모두가 책임이 있는 기업에 공개적으로 불평을 하지는 않는다. 공개적으로 불편한 점을 이야기하는 소수 고객의 리뷰는 같은 불만을 가진 많은 고객들의 의견을 대변하고 있을지도 모르는 일이다. 기업이 진정성이 있는 응답을 보여주어야 함은 어쩌면 당연한 일이다.

결국 부정적 리뷰에 대한 응답은 훌륭한 고객 서비스를 공개적으로 보여줄 수 있는 기회일 뿐만 아니라 제품이나 서비스에 문제를 일으키는 근본 원인을 파악할 수 있는 기회이다. 하지만 현실은 녹록지 않다. 막상 부정적 고객 리뷰를 접하게 되면 생각과 다르게 응답하기가 쉽다. 지금부터 부정적 고객 리뷰에 응답하는 방법에 대해서 살펴보도록 하자.

나를 비난하고 있다고 생각하지 마라

부정적 고객 리뷰를 개인적인 비난으로 받아들이지 않는 것이 중요하다. 고객 리뷰의 불만을 개인적으로 받아들이게 되면 전체 리뷰 응답 과정에서 신랄하고 냉소적인 자세를 취하게 되기 쉽다. 중소기업이나 특히 자영업자들이 부정적 리뷰에 대해 응답하면서 많이 보이는 경향이다.

객관적인 입장을 취할 수 있는 외부인의 조언을 반영하거나 부정적 리뷰에 대한 표준 응답 프로세스나 가이드를 준비하고 이를 활용하는 것이 좋다. 자영업자의 경우는 사장님이 아닌 다른 직원이나 관계자가 응답을 준비하는 것도 방법이다. 즉발적인 응답을 피하고 다시 냉정을 유지할 시간을 갖는 것도 유효하다.

웃자고 한 일에 죽자고 덤비지 마라

온라인, 소셜 웹의 세상에서는 비난과 조롱이 기본적으로 커뮤니케이션의 기반이 되고 있음을 이해하라. 이를 이해 못 한 기업이나 관계자들이 디지털 군중의 비난과 조롱을 참지 못하고 진지하게 법적 대응이나 강경 대응을 취하는 상황을 빗대어 '웃자고 한 일에 죽자고 덤비네'라고 표현하기도 했다. 물론 경우에 따라 강경한 대응이 필요할 수도 있다. 하지만 처음부터 무턱대고 디지털 군중을 이해하지 못하고 대응하는 것은 문제 해결을 더 어렵게 만드는 경우가 많다.

세상에는 두 가지 기업이 존재한다. 부정적 리뷰를 받은 기업과 받을 기업. 누군가는 당신에게 불만을 품을 것이고 언젠가는 모두가 부정적 리뷰를 받을 수밖에 없다. 부정적 리뷰를 받아들여라. 부정적 리뷰는 완벽하게 피할 수 없다. 최선을 다해 응답하는 것이 중요하다.

가파른 지형, 장거리의 활강로, 깊은 눈으로 유명한 스노우버드 스키 리조트Snowbird Ski Resort는 그렉Greg이라는 고객의 "만만한 코스는 하나도 없네요."라는 별점 하나의 부정적 리뷰를 활용하여 '그렉에게는 고난도 코스이지만 당신에게는 적합할지도 모릅니다.Too advanced for Greg might be just right for you.'라는 광고 캠페인을 진행, 사람들의 많은 관심과 지지를 얻어냈다.[60] 디지털 군중의 문화와 커뮤니케이션의 방식을 이해하고 활용하면 재치 있는 응답도 가능하다.

[그림 4-1] 스노우 버드 'Too advanced' 광고

"피자는 결국 밀가루와 물인데 1인당 2,000페소(6,600원)나 한다니 이건 권총 강도급이다." 아르헨티나의 한 피자 가게에 대해 클라우디오라는 고객이 남긴 리뷰이다. 피자 가게는 해당 고객에게 SNS에 공개편지를 게시했다.[61]

---

60 This Ski Resort Turned One-Star Reviews Into a Five-Star Ad Campaign / ADWEEK / DAVID GRINER / https://www.adweek.com/creativity/this-ski-resort-turned-one-star-reviews-into-a-five-star-ad-campaign/
61 '비싸다' 별점 테러 손님에 아르헨 피자 가게 "직접 만들어보시죠" / 연합뉴스 / 2023.1.23.

"클라우디오,

당신이 원한다면 우리가 게임 하나를 제안하는데 그걸 성공할 경우 평생 무료 피자를 준다고 약속합니다.

당일 저녁에 1ℓ의 물과 1kg의 밀가루를 준비할 테니 가게로 와서 1시간 내 원하는 피자를 만드시오.

리뷰에 적은 것처럼 '밀가루와 물'로만 피자를 만들어야 하며, 그 어떤 추가 재료를 사용할 수 없으며, 추가로 직원을 고용할 수 없으며, 전기나 가스 혹은 땔감도 사용할 수 없으며, 가게를 짓거나 오븐을 사거나 58년간 가게를 유지하는 것도 안 되오.

이 코멘트가 불쾌하다면 미안하지만 58년 동안 세계 최고의 피자를 만드는 우리에게는 민감할 수밖에 없는 사안이고 만약 우리가 어떻게 피자를 만들고 왜 그 가격이 나오는지 궁금하면 언제든지 우리 가게로 오시오.

저녁때 봅시다."

관중들의 반응은 뜨거웠다. 리뷰 사이트에서 3만 7천 개의 하트를 받았으며, 인스타그램에 705개의 댓글이 달렸다. 2022년 물가상승률 94.8%를 기록한 아르헨티나에서 고객들은 가격에 매우 민감한 상황인데도 대다수의 댓글이 피자 가게의 통쾌한 대응을 응원했다.

결국 클라우디오는 그날 나타나지 않았다. 피자 가게에선 당일 밤 12시까지 '클라우디오 할인 행사'를 진행, 클라우디오 이름을 대고 피자를 주문하면 15% 할인을 해 주는 이벤트를 진행해서 또 한 번 관중들의 호응을 얻었다.

스노우버드 스키 리조트와 아르헨티나 피자 가게 사례 모두 디지털 군중의 문화와 커뮤니케이션의 방식을 이해하고 활용하는 재치 있는 대응 사례이긴 하나 모든 부정적 리뷰를 이러한 방식으로 대응하는 것은 위험하다. 그동안 기업들은 소셜 웹 공간에서 디지털 클라우드 컬처인 잉여 코드, 병맛을 흉내 내다 오히려 비난받은 사례가 더욱 많았다는 사실을 기억하자. 미리 준비하고 숙달한 표준 프로세스나 가이드 방법을 따르자.

부정적 리뷰를 우선적으로 빠짐없이 신속하게 응답하라

긍정적 리뷰는 기업이나 다른 사람들의 관심을 기대하는 경우가 많은 반면에 부정적 리뷰의 대부분은 기업에 제품이나 서비스의 문제 해결 또는 대답을 요청하고 있다. 이 요청의 기다림은 시간이 지남에 따라 불만이나 분노로 발전할 가능성이 커진다. 응답의 시간을 흘려보내다 보면 이제 리뷰어는 단순한 대답을 원하지 않는다. 이제 그들은 청중의 관심을 원하게 된다. 일이 커진 것이다.

고객 경험 개선 연구 및 솔루션 제공업체인 CX Act의 고객 개발 담당 부사장 신시아 그림Cynthia J. Grimm에 의하면 첫 번째 불만 접수 후 해결책을 받은 고객은 브랜드에서 다시 구매할 가능성이 거의 두 배에 달하고, 이에 대해 긍정적인 입소문을 퍼뜨릴 가능성이 네 배에 달한다고 한다.

결국 긍정적 리뷰보다 부정적 리뷰에 우선적으로 응답해야 한다. 구매가 직접 일어나는 이커머스 플랫폼의 부정적 리뷰에 더 우선적으로 응답해야 한다.

지하철 역사 안 수리 중인 장치에는 '시간이 걸리더라도 제대로 고치겠습니다.'라는 안내 문구가 붙는다. 제대로 고치겠다는 결연한 의지를 보여주어 왠지 더 믿음이 간다. 만약 평소보다 수리 시간이 더 걸려도 불만이 생기기는커녕 오히려 "더 제대로 고쳐주세요" 하는 응원의 마음이 들기까지 한다. 이러한 고지에는 두 가지 장점이 있다.

첫 번째, 같은 불편을 가진 고객들의 중복 신고를 막을 수가 있고 두 번째, 고객들의 불편함을 인지하고 최선을 다해 개선하고 있음을 인지시킬 수 있다.

기업의 부정적 고객 리뷰도 마찬가지이다. 빠르게 응답함으로써 고객의 불만을 해결하기 위해 온 힘을 기울이고 있다는 것을 보여 주어라. 고객의 감정을 누그러뜨리고 같은 불만을 갖는 고객에게 빠른 문제 해결의 모습을 보여주어 불만의 확산을 막을 수 있다. 그리고 빠른 응답을 통해 기업의 관심을 받으면 부정적 리뷰를 작성한 리뷰어도 돌아서서 지지 고객이 될 수 있다. 응답받지 않은 부정적 리뷰가 다른 사람들에게 그대로 노출되지 않도록 빠짐없이 답변을 주어야 함을 이제 이해하겠는가?

먼저 공감하라

한양대학교 경영대학 명예교수인 홍성태 교수는 저서 〈모든 비즈니스는 브랜딩이다〉에서 "공감의 방식은 어떤 '사실'을 인정하라는 게 아니라 상대방의 '생각'에 공감해 주는 겁니다. '사실'의 옳고 그름을 따지지 말고 상대방의 '생각과 마음'으로 이해하라는 거죠. 기업도 남성적 문제 해결manly solving의 관점에서 여성적 이해feminine understanding의 관점으로 시각을 바꿔야 할 것입니다. 남성적 문제 해결이란 반품, 환불 등과 같은 기계적, 시스템적 해결을 뜻합니다. 오늘날 웬만한 기업에서는 당연히 기대expect할 수 있는 요소죠. 하지만 여성적 이해와 공감이 수반되지 않는 문제 해결은 고객과의 장기적인 연결고리connect에 도움이 되지 않습니다."[62]라고 기업의 공감 방식에 대해 설명하였다.

---

62 모든 비즈니스는 브랜딩이다 / 홍성태 / 쌤앤파커스 / p.185

부정적 리뷰에 응답을 하기 전 우리는 이러한 공감의 방식을 이해하고 취해야 한다. 응답에 앞서 고객이 왜 이러한 부정적 의견을 이야기하고 있는지 고객의 입장에서 '생각과 마음'을 이해해야 한다. 부정적 의견의 옳고 그름만을 따져 응답한다면 설령 해결을 한다 해도 홍성태 교수의 말대로 장기적인 연결고리는 만들 수 없을 것이다. 먼저 리뷰어와 공감을 해야 한다.

리뷰의 부정적인 의견은 고객이 자신의 머릿속에선, 자신의 세계에선 일어난 일이라고 생각하는 것이다. 이를 무시하여 주장에 동의하지 않고 억울하게 비난받고 싶지 않다는 이유로 불만에 답하지 않거나 비판적으로 응답하면 안 된다. 기억하라, 부정적 리뷰가 문제가 아니라 부정적 리뷰를 무시하는 것이 문제이다.

고객의 의견에 공감하라는 것은 고객이 항상 옳다는 의미가 아니다. 그것은 고객의 의견을 항상 듣고 있다는 것을 의미하며 기업의 제품과 서비스가 어떤 식으로든 야기했을 문제의 가능성을 인정하는 것이다. 의도적이거나 악의적이지 않다면 고객 리뷰의 부정적인 의견은 리뷰어의 관점에서는 '사실'이다. 고객은 비현실적인 기대를 가질 수 있다. 그들의 관점이나 단순한 오해로 인해 오도되었을 수 있다.

가장 좋은 방법은 그들의 인간성을 존중하면서 그들의 생각을 이해하고 기업의 인간성을 보여주는 것이다. 부정적 리뷰의 응답은 고객을 둘러싼 실제상황이 어떠한지 확인하고, 사실관계를 포함하여 고객이 불만을 제기한 동기와 목적, 그들의 의견, 생각에 대한 이해와 공감으로 시작되어야 한다.

잘못된 부분에 대해 인정하고 사과하라

소셜미디어가 만연하여 누구나 비평가가 되는 시대에 기업이 제공한 완벽하지 못한 고객 경험은 고객의 부정적 비평에 충분한 근거가 될 수 있다. 만약 고객 리뷰의 부정적 의견이 사실이라면 잘못된 부분에 대해 사과해야 한다. 이때 사과가 효과 있으려면 단순히 미안하다는 것 이상을 말해야 한다.

고객의 리뷰에 공감하고 기업이 실수를 인정한 후 일어난 일에 대한 설명을 제공하고, 문제를 바로잡을 명확한 다음 단계를 제시하고 고객에게 후속 조치를 취하는 것이다.

고객에게 사과하는 것은 물론 중요하지만 "죄송합니다. 이런 일이 일어나다니 정말 유감이네요."라는 식의 사과가 첫 단계가 되어서는 안 된다고 〈불평하는 고객이 좋은 기업을 만든다 A Complaint is a gift〉에서 자넬 발로는 이야기한다. 대신 "감사합니다. 그 말씀을 저에게 해주셔서 고마워요"라고 시작함으로써 고객들과 먼저 더욱 돈독한 유대관계를 맺어야 한다는 것이다. 그는 이 책에서 "'감사합니다'라는 말을 들으면 '저 사람이 우리에게 무언가를 해주려는 구나'라는 생각이 든다. 반면에 '죄송합니다'라는 말을 들으면 '저쪽에서는 더 이상 내게 해줄 게 없구나'라는 생각을 하게 된다."라고 설명한다[63].

또한 많이 사용하는 "불편함을 끼쳐드려 죄송합니다"라는 말을 하지 않도록 제한한다. 대신 "이런 일이 일어난 것에 대해, 그리고 고객님이 제게 말하지 않으신 다른 점에 대해서도 정말 죄송하게 생각합니다. 이런 일이 다시는 일어나지 않도록 하겠습니다."라는 구체적인 언급을 권하고 있다.

---

63 불평하는 고객이 좋은 기업을 만든다 / 자넬 발로 / 세종서적 / P.181

사과는 솔직하게 이야기하되 과장되지 않고 구체적인 내용을 담아야
한다.

사실을 바로잡을 때에는 맥락을 설명하라

'○○○ 피자에 속았다'라는 제목으로 홈페이지의 피자 사진과 실제 배달
된 피자가 너무 다르다는 부정적 의견이 담긴 리뷰가 주말 사이 많은 사람
들에게 회자되어 실제 신제품 출시 기간인데도 매출에 부정적 영향을 미
쳤다. 컨설팅 중이던 피자 배달 기업에 막 출시된 새로운 메뉴에 대한 부정
적인 리뷰가 금요일 저녁에 당시 아고라 게시판을 통해 공개되었던 때의
이야기이다.

월요일 오전, 비상 회의가 열리고 고객의 의견에 대한 조사가 이루어졌
다. 그 결과 홈페이지의 피자 사진은 신상품 홍보를 위한 연출 사진으로 피
자의 토핑이 강조되어 촬영된 것이고 실제 배달된 피자는 배달 과정에서
충격에 의해 토핑이 분리되는 것을 방지하기 위해 토핑 위에 치즈를 얹어
고정하는 방식으로 요리하는 과정 때문임을 알게 되었다. 바로 해당 고객
리뷰에 응답을 하기로 했다.

공식 블로그에 사과와 해명의 포스트를 발행하고 아고라에 댓글을 달
고 링크로 연결하였다. 포스트의 내용은 홈페이지 사진과 다른 피자를 배
달 받았을 때의 실망감에 대한 공감을 시작으로 실제 차이에 대한 인정, 그
리고 차이에 대한 설명을 이어갔다. 촬영장에 사용된 피자의 제조 방법과
실제 배달되는 제품의 제조 방법을 자세히 과정별로 비교하여 영상과 사
진으로 공개하였다. 충분히 오해의 소지가 있음을 밝혔고 결국 제조 방법
의 차이지 토핑의 양은 차이가 없음을 추가적으로 알렸다. 이후 홈페이지
제품 설명에도 내용을 정리하여 오해가 생기지 않게 조치하였음을 알렸고

추가 조치로 무료 쿠폰을 보내드리기로 한 것을 이야기하였다.

해당 고객은 응답에 만족했는지 아고라에서 해당 게시물을 삭제하였고 지켜보던 관중들은 이 이야기를 응답과 함께 확산하였다. 기업은 부정적 입소문의 확산을 이로써 막을 수 있었고 분위기는 역전되어 신메뉴의 인기도 다시 찾을 수 있었다.

종종 기업들이 잘못 알려지고 있는 루머를 바로잡을 때 '이것이 팩트이다.'라며 마치 위에서 내려다보는 시선 같은 톤 앤 매너로 '너희들이 알고 있는 것은 사실이 아니야, 이것이 팩트야.'라는 식으로 설명하는 경우가 있다. 루머와 그에 대한 객관적 사실을 나열하면서 말이다. 이것은 비효과적이며 오히려 위험을 초래할 수도 있다. 소셜 웹이라는 공간에서 누가 누구를 가르치려는 어투는 많은 사람들의 불쾌감과 도전을 유발할 수 있기 때문이다.

69개국 500여 명의 글로벌 팩트체커들이 참여해 탈진실 시대 속에서 어떻게 거짓 정보들과 싸워왔는지 경험을 공유하고 연대 방안 등에 대해 논의하는 '글로벌팩트9'에서 "진정한 팩트체크를 위해선 단순히 객관적 사실을 나열하는 것에서 벗어나야 한다. 사건의 맥락을 확인하고 서사적으로 연결할 수 있는 작업이 필요하다는 얘기다. '구슬이 서 말이어도 꿰어야 보배'라는 말처럼 일반 시민들이나 독자들에게 효과적으로 전달할 수 있는 방안을 팩트체커들이 고민해야 한다는 것이다. 시간이 걸리더라도 해당 사건이 발생할 수밖에 없었던 배경과 진행 과정을 심층취재하고 독자들이 이해하기 쉽게 이야기로 엮어내는 능력이 점점 중요해지고 있다."[64]라고 제

---

64 음모론과 가짜뉴스가 범람하는 탈진실 시대…'내러티브'의 힘을 갖춘 팩트체커를 요구한다 / 서울경제 / 서민우 / 2022.7.14.

언하였다. 사실을 바로잡을 때 기업에도 유효한 방법이다.

맞춤형 해결책을 제시하라

복사하여 붙여넣기 방식의 해결책으로 응답하는 것은 화를 키울 수 있다. 언급된 문제를 바로잡기 위해 어떤 행동을 취했는지 설명이 필요하다. 무엇이 잘못되었고 재발 방지를 위해 취한 후속 조치가 있다면 설명하라. 필요하다면 담당자의 이름과 이메일 등 응답이 가능한 주소 등을 함께 공개하는 것도 검토해야 한다. 1인칭 시점으로 맞춤 대화를 하는 것이다. 이렇게 맞춤형 응답을 하면 기업 뒤에 사람이 있음을 보여주고 인간적 상호작용을 느끼게 해준다.

두 번 이상 같은 응답이면 전환하라

부정적 리뷰는 공개적으로 응답하는 것이 좋다. 비공개로 응답하는 것은 고객 리뷰를 처리하는 방식을 공개하고 투명하게 함으로써 얻을 수 있는 신뢰를 쌓는 기회를 놓치는 것이다.

디지털 마케터 제이 베어Jay Baer는 그의 저서 〈불평자를 끌어안으세요 Hug Your Haters〉[65]에서 '응답은 딱 두 번만'이라는 자신만의 규칙을 주장하였다. 규칙은 간단한다. 온라인상 하나의 대화에서 한 사람에게 두 번까지만 응답을 하는 것이다.

"두 번 이상의 응답은 당신을 부정과 적대감의 소용돌이에 빠뜨릴 수 있으며 시간 낭비이기도 합니다. 두 번의 응답에도 계속 불평한다면, 그냥 그

---

65 HUG YOUR HATERS / JAY BAER / Penguin Publishing Group

렇게 하도록 내버려 두세요. 당신은 그의 문제를 해결하기 위해 두 번의 적합한 시도를 했습니다. 그는 당신에게 대답함으로써 이것이 사실임을 인정했으며 관중들도 똑같이 보게 될 것입니다. 이제 내버려 두고 떠나야 할 때입니다."

부정적 리뷰의 응답에서도 마찬가지이다. 기업의 응답에 리뷰어의 더욱 부정적인 응답이 돌아온다면 두 번의 응답 뒤에는 비공개 채널로 전환하여 응답을 진행하는 것이 좋다. 기업이 그들에게 어떻게 응답하든 만족하거나 만족시킬 수 없고 달래지도 못하는 고객이다. 이제는 '고객 만족'에서 '위기관리'로 전환하여 장기적인 대응으로 전환할 때이다.

〈고객님, 여기서 이러시면 안 됩니다.Sir, You shouldn't do that here!〉의 저자 엔카와 사토루는 고객 불만을 해결할 기회는 '수용하기', '타협점 찾기', '단호히 대처하기'의 세 번이라고 한다. 그는 성심성의껏 사과해도 용납하지 않는 고객이 제기하는 주장의 이면에서 금전이나 특별 대우 등을 원한다는 사실이 보인다면 단호히 대처하는 자세로 각오를 다지며 대응하라고 이야기한다.[66]

비공개로 전환할 시에는 기업이 응답을 중단한 것이 아니라 채널을 전환하였음을 관중들이 인지할 수 있도록 공개 댓글로 언급하여야 한다. 추후 모든 문제의 해결이 이루어졌을 때도 마찬가지로 공개적으로 그 결과를 알리는 것이 좋다.

---

66 고객님, 여기서 이러시면 안 된다 / 엔카와 사토루 / 팬덤북스 / p.23

일관성을 유지하라

리뷰어에 따라 부정적 고객 리뷰의 대응이 달라져서는 안 된다. 영향력이 있는 셀럽, 파워블로거, 인플루엔서 등이 작성한 리뷰에 대한 응답과 일반 고객의 응답이 달라서는 안 된다는 것이다. 리뷰어를 넘어 지켜보는 관중을 생각해야 한다.

대신 불만의 유형별로 그리고 불만의 경중에 따라 우선순위나 응답 수준을 달리할 수는 있다. 이때도 동일한 유형의 불만에는 일관성이 있는 응답이 있어야 하고 응답자에 따라 응답이 달라지지 않아야 한다는 점도 유의해야 한다.

리뷰에 응답을 하면서 일관성을 유지하지 못하면 또 다른 불만을 야기할 수 있다. 부정적 리뷰와 그에 대한 해결 응답을 공유하고 가이드에 포함함으로써 일관성을 유지할 방법을 생각해 보자.

부정적 리뷰에서도 긍정적인 점을 찾아 언급하라

부정적인 고객 리뷰에는 불만적인 의견뿐만 아니라 긍정적인 점을 이야기하는 경우도 종종 있다. 주의 깊게 리뷰를 읽어 보다가 긍정적인 점을 발견하면 응답에서 그 부분에 대해 언급해주어라.

리뷰어에게는 리뷰를 주의 깊게 읽었음을 보여 줄 수 있고 지켜보는 관중에게는 지금의 대화가 제품과 서비스를 개선코자 하는 건전한 방향임을 보여줄 수 있다.

부정적 리뷰를 완전히 없앨 수는 없다. 또한 부정적 리뷰가 반드시 제품과 서비스의 실패를 초래하는 것도 아니다. 영국 소프트웨어 회사 리부

Reevoo의 연구[67]에 따르면 고객은 부정적 리뷰를 읽을 때 웹사이트에서 4배나 더 오래 머물며 부정적 리뷰를 읽지 않은 고객보다 67% 더 많이 구매한다고 한다. 우리는 부정적 리뷰가 필요하다. 이상한 이야기지만 신뢰성을 더해준다.

미국의 이커머스 사용자 경험을 전문으로 하는 베이마드 연구소Baymard Institue의 연구[68]에 따르면 고객의 53%는 구매 결정을 내리기 전에 부정적인 리뷰를 검색한다고 한다. 중요한 것은 부정적인 리뷰에 대한 기업의 응답이 제공되었을 때 고객의 37%가 부정적인 리뷰에 대한 평가, 제품에 대한 평가 및 전자 상거래 브랜드 자체에 대한 평가를 긍정적으로 고려했다는 점이다.

사람들은 응답을 원하고 응답은 가치와 같다. 더 빠르고, 더 좋고, 더 완전하고, 더 정확한 답변을 제공할수록 고객에게 더 많은 가치를 제공한다. 따라서 적절한 시기에 가능한 최선의 방법을 통해 최상의 답변을 제공하라. 그것이 고객에게 중요한 가치이다. 고객들에게 기업이 진정으로 관심을 갖고 있음을 알리는 것이 정말 중요하다.

긍정적인 리뷰를 빠뜨리지 말자

아이러니하게도 긍정적인 리뷰에 대해 너무 정성을 들여 답하면 사람들은 오히려 해당 후기를 기업의 요청에 의한 광고/홍보성 리뷰로 인식할 수 있어 오히려 부정적 결과를 초래할 수 있다. 따라서 긍정적인 리뷰에 대한 응

---

67 https://www.reevoo.com/en/social-commerce-bad-reviews-are-good-for-business/
68 E-Commerce Sites Need to Respond to Some or All Negative User Reviews (87% of Sites Don't) / Baymard Institue / Rebecca Hugo / 2019.8.6. / https://baymard.com/blog/respond-to-negative-user-reviews

답은 담담한 어투로 감사한 마음을 담아서 간단하게 답하라. 같은 이유로 기업의 요청에 의해 작성된 리뷰에 대해서는 응답을 하지 않는 것이 좋다.

대신 긍정적 리뷰는 리뷰의 내용보다 상대적으로 리뷰어에 집중하라. 자발적으로 제품과 서비스의 긍정적인 리뷰를 작성하였다는 것은 기업의 제품과 서비스에 긍정적인 경험을 가지고 있다는 이야기이다. 이 긍정적인 경험을 잠재고객들에게 연결해 주어야 한다.

리뷰어와 지속적인 관계를 만드는 것이 중요한데 가볍게 브랜드에 대한 굿즈를 증정하는 것이 관계의 시작일 수 있다. 리뷰어의 리뷰에 스포트라이트를 비추어 기업의 관심을 보이고 다른 잠재고객에게 '선망의 대상'으로 그들의 경험을 공유하는 것도 좋은 방법이다.

소니코리아는 '소니 블로그 히어로즈'라는 프로그램으로 블로고스피어(Blogosphere : '블로그Blog'와 공간 · 장소를 의미하는 '스피어sphere'의 합성어. 모든 블로그가 서로 연결되어 있다는 공간적 개념)를 모니터링해 소니 제품을 자발적으로 리뷰한 블로거를 찾아 리스트업하고 심사해 격주에 2명씩 선발했다. 그리고 그 2명을 소니코리아 공식 블로그에서 '소니 블로그 히어로즈'라고 소개하고 리뷰 본문의 일부를 전문으로 연결되는 링크와 함께 공개한다. 소니라는 기업의 영향력을 나누어준 것이다. 경품은 영화 예매권 2장이었다.

처음 '소니 블로거 히어로즈'의 선발자들은 자신이 참여하지도 않은 이벤트에 당첨되는 것에 낯설어했다. 하지만 곧 소니 팬들에게 이 프로그램이 알려지고 긍정적인 반응을 얻었다. 이후 블로그에 부착할 수 있는 '소니 블로그 히어로즈 배지'를 경품과 함께 지급하니 6개월 뒤 선정된 블로거들의 배지 부착률은 80%가 될 정도로 인기를 얻었다. 자발적으로 소니 제품 리뷰를 쓴다는 것은 고객이 소니에 말을 건 것이다. 말을 걸었는데 소니가 적극적으로 관심 가져주고 칭찬까지 해주니 소속감, 충성도가 높아질 수밖에 없었던 것이다.

더 관계가 깊어지면 제품과 서비스의 지지자 또는 팬으로서 협업의 프로젝트를 만들어 초대하고 의미 있는 참여를 만들 수 있다. 긍정적인 리뷰의 리뷰어에 집중하여 그들의 영향력을 키워 잠재고객에게 '선망의 대상'으로 그들의 긍정적인 경험을 연결하는 장기적인 관점으로 관계를 키워나가는 방법을 만들어 보자.

실행 5 연결 단계 : 리뷰의 의미를 살리자

고객 리뷰의 수집, 분석, 응답까지의 과정에서 멈춘다면 이것은 단발성의 대화로 멈추게 되고 고객 리뷰의 의미를 제대로 살린 것이라고 볼 수 없다. 조금 더 나아가 보자. 이제는 고객 리뷰의 연결이다.

분석 단계에서 리뷰 이벤트, 체험단/서포터즈 등과 같은 방식으로 기업의 요청에 의해 작성된 리뷰는 별도로 구분하여 응답 없이 효과를 분석하여 인사이트를 위한 요청 진행 부서에 연결하면 된다. 물론 이미 담당 부서는 결과 분석을 위해 리뷰를 수집한 상태일 것이고, 추가적으로 고객의 반응 또는 의견을 더해서 연결 지어 주는 것이 좋다.

고객 리뷰 내용의 구분으로 긍정적/부정적/건설적 의견으로 나누는 방법을 살펴보았다. 여기서 긍정적인 고객 리뷰는 다른 사람들에게 연결 지어 제품과 서비스의 관심과 구매 전환으로 유도할 수 있고 부정적 의견·건설적 의견은 제품과 서비스 개발 관련 부서와 연결 지어 제품과 서비스의 개선에 적용하거나 새로운 비즈니스를 개발하는 데 영감을 줄 수 있을 것이다.

결국 고객 리뷰는 그 내용이 긍정적이든 부정적이든 고객의 제품과 서비스를 바라보는 관점과 의견을 담고 있어 비즈니스를 앞으로 진행하는데 주요한 역할을 한다. 다시 한번 강조하지만 고객 리뷰는 연결 지어질 때 더 큰 의미를 갖게 된다.

잠재고객에게 고객 리뷰를 연결

고객 리뷰는 잠재고객에게 영향을 미친다는 것을 앞서 살펴보았다. 구매 결정 전에 많은 리뷰를 잠재고객이 발견하게 하는 것이 고객 리뷰 연결의 첫걸음이다. 고객 리뷰는 이전 고객의 경험을 바탕으로 구매 결정을 마무리하는 사람들에게 필요한 귀중한 사회적 증거이다.

키어니 소비자 연구소kearney consumer institute의 2022년 보고서[69]에 의하면 고객의 62%는 3개 이상의 채널을 통해서 제품 정보를 조사한다고 한다. 이때 고객 리뷰의 신뢰도는 68%로 온라인 리서치의 78% 다음으로 비중이 높다.

따라서 잠재고객에게 유익한 제품과 서비스의 긍정적인 리뷰가 접근이 많은 채널부터 발견되도록 배치하여 연결하는 것이 중요하다. 이러한 이유로 많은 기업들이 고객 리뷰를 제품과 서비스의 키워드를 활용하여 검색엔진에 최적화하려고 하는 것이다.

최근에는 TV 광고, 유튜브, SNS에서 고객의 리뷰를 광고, 홍보 영상에 담아 활용하는 사례를 자주 볼 수 있다. 긍정적인 고객 리뷰를 적극적으로

---

69 Reconsidering consumer education / kearney consumer institute / 2022. 1Q

잠재고객에 연결하는 기본적인 방법이다. 홈페이지에 노출하거나 기업의 공식 채널에 소개하는 방법 등도 많이 사용되는 방법이다.

이커머스 플랫폼에서는 긍정적 고객 리뷰를 활용하여 판매 상품을 큐레이션해 주거나 실제 해당 상품의 상품 정보 페이지에서 주요한 콘텐츠로서 활용할 수 있다.

고객 리뷰에 의미를 부여하여 가치를 높이는 방법은 고객 리뷰 자체의 가치를 높여주어 연결하는 방법과 리뷰어의 가치를 높여주어 연결하는 방법이 있다.

먼저 고객 리뷰의 가치를 높이는 방법에 대해 살펴보자. 이미 제작된 고객 리뷰를 기반으로 주목도와 이해도를 높이거나 제작물의 질을 높이기 위해 재가공하여 웹툰, 애니메이션, 웹드라마, 동영상 등 브랜디드 콘텐츠나 광고로 연결, 확산하는 방법이다. 물론 원저작자인 고객의 동의를 얻는 것은 기본이다. 기업들이 고객 리뷰를 가장 많이 활용하는 방법 중 하나이다. 그래서 역으로 식상할 수 있다는 점도 감안해야 한다.

다음으로 리뷰어의 가치를 높이는 방법은 쉽게 말해 고객 리뷰에 대한 감사함과 관심을 표현하는 것이다. 고객 리뷰를 심사하여 우수한 리뷰를 선정하고 리뷰어를 시상하고 이를 다른 고객들에게 고지하는 것이 대표적인 방법이다. 또는 우수한 고객 리뷰를 발굴하여 인터뷰 형식의 콘텐츠로 리뷰어를 소개하는 방법도 있다.

두 가지 방법 모두 같은 원리이다. 자발적으로 작성된 리뷰나 작성한 리뷰어를 다른 고객들에게 선망의 대상이 되도록 만들어 '나도 한번 써 볼까?'라는 의욕을 불러일으켜 고객 리뷰 작성의 선순환이 될 수 있는 지속적이고 안정적인 구조를 만드는 것이다.

잠재고객에게 고객 리뷰를 연결할 때에는 '메시지는 공감이 갈 수 있도록', '메신저는 선망의 대상으로', '전체 과정은 진정성이 있는 자연스러움을 유지'하는 것이 중요하다. 이 세 가지 요소를 지키면서 다양한 방법, 다양한 채널을 통해 연결하려는 노력이 필요하다.

기존 고객과 고객 리뷰를 연결

소비자 구매 결정 여정인 '인지', '고려', '구매', '유지', '지지' 5단계 중에서 고객 리뷰를 가장 많이 검색하는 시점은 언제일까? 그렇다. 아무래도 구매 직전의 '고려' 단계일 것이다. 그렇다면 두 번째로 검색이 많은 시점은 언제일까? 구매 직후 '유지' 단계라고 한다. 제품의 포장을 뜯었기에 환불도 불가한 상황인데 왜 고객 리뷰를 찾아보는 걸까? 제품이나 서비스를 구매한 고객들은 어떤 정보를 찾는 것일까?

본인의 선택이 합리적이었음을 확인하기 위해서 일 것이다. 따라서 대부분 구매한 제품을 제대로 설치하는 방법 또는 활용법을 알려주며 구매의 확신을 주는 콘텐츠를 살펴볼 것이다. 이때는 정확하고 다양한 활용 정보를 제공해야 구매에 대한 확신을 주고 제품에 대한 만족도를 높일 수 있다. 먼저 제품을 구매하여 잘 활용하고 있는 고객들의 리뷰를 연결해 주어야 하는 타이밍이다.

고객들이 구매한 제품을 제대로 사용하게 하고 사용 빈도를 높여주면 주변기기, 관련 상품까지 구매하게 만드는 크로스셀링, 상위의 기종을 구매하게 하는 업셀링으로 이어질 수 있다. 더욱 중요한 것은 구매한 제품에 대한 만족과 확신이 긍정적 후기를 유도하고 나아가 브랜드와 제품에 대한 지지로 연결된다는 것을 명심해야 한다. 이 점을 활용하면 기존 고객들의 리뷰 연결을 통해 서로 정보와 교류를 나누면서 브랜드 커뮤니티 나아가 브랜드 팬덤으로 발전시킬 수 있다.

제품/서비스에 고객 리뷰를 연결

제2의 '짜파구리('짜파게티'와 '너구리'를 섞은 라면)', '신볶게티'를 아는가? 농심이 '신라면 볶음면'을 출시한 이후 '신라면 볶음면'에 '짜파게티'를 섞어 먹으면 매콤함과 감칠맛이 극대화된 이색적인 맛을 즐길 수 있다."는 리뷰들을 통해 입소문이 퍼지며 인기를 얻고 있었던 고객들의 레시피였다. 농심은 소셜미디어 버즈량을 분석하여 '신라면 볶음면'과 같이 가장 많이 언급된 라면은 '짜파게티'라는 사실을 알게 되고 '신볶게티'라는 고객의 레시피를 발견하여 고객들이 보다 간편하게 즐길 수 있도록 '신볶게티 큰사발면'을 출시하였다.

'수정하다modify'라는 단어와 '소비자consumer'를 합친 신조어 '모디슈머' 마케팅의 사례이다. 식품업계뿐만 아니라 다양한 분야의 기업들이 고객들의 아이디어를 직접 제품에 반영하여 성공을 거두고 있는 분야이다. 이처럼 고객 리뷰들을 관찰하다 보면 제품과 서비스를 다양하게 하고 만족도를 높일 수 있는 새로운 아이디어를 얻을 수 있다.

긍정적인 리뷰뿐 아니라 부정적 리뷰, 특히 반복적으로 등장하는 부정적 리뷰의 이슈는 대부분의 고객이 불편함을 겪는 사항이니 수정에 신속하게 반영하면 이 또한 고객 만족도를 높일 수 있는 방법이 된다. 고객 리뷰를 제품과 서비스에 연결하여 결과를 알리는 경우에는 반드시 의견의 출처를 밝혀 고객과의 협업, 고객 의견의 반영임을 알려주는 것이 중요한 포인트이다. '서포터즈와 협업으로' 또는 '고객과 협업으로' 보다는 'ㅇㅇㅇ

서포터즈의 의견을 반영하여', 'ㅇㅇㅇ고객의 아이디어를 기반으로'라고 구체적으로 알려야 한다.

새로운 비즈니스 기회와 고객 리뷰를 연결

고객 리뷰를 살펴보다 보면 고객들의 불편함을 감지할 수 있고 이를 해결하는 솔루션으로 새로운 비즈니스의 기회를 얻을 수 있다.

'딱 맞는 신발을 추천한다.' 신발 구입도 해외직구가 늘어나지만 각 브랜드마다 그리고 각 제품마다 사이즈가 상이해서 온라인 신발을 쇼핑할 때 사이즈에 대한 고객 고민이 많다. 실제 온라인 신발 쇼핑몰들의 고객 리뷰를 살펴보면 사이즈에 대한 의견이 가장 많다. 이러한 고객들의 불만을 기반으로 새로운 비즈니스를 만들어 낸 기업이 있다. 바로 펄핏^{perfitt}이다.

펄핏은 인공지능(AI) 기술을 기반으로 발의 크기를 측정하고 신발 사이즈를 추천하는 엔진을 개발해서 '내 발에 맞는 완벽한 신발 사이즈 추천 서비스'를 제공한다. 2022년 3월 말 기준 앱 누적 가입자 수는 50만 명을 기록했으며 재방문율도 65% 이상을 기록하여 많은 인기를 누리고 있다.

아예 고객 리뷰와 구매를 연결하는 방식의 특화된 이커머스 쇼핑몰도 등장하고 있다. 자신이 작성한 동영상 리뷰를 통해 제품 판매가 발생했을 때 판매에 기여한 만큼 금전적인 보상을 받을 수 있는 앱 '스프레이'와 자신이 사고 싶거나 산 물건, 지인이 필요한 물건 등의 리뷰를 작성하고 이를 통해 판매가 이루어지면 판매 금액에 대한 수수료를 수익으로 받을 수 있는 이커머스 플랫폼 '스타일씨'가 그 사례이다.

고객의 리뷰를 다양한 분야의 새로운 비즈니스 가능성과 연결하여 살펴봐야 한다.

이번장에서는 리뷰의 가치를 높이는 리뷰커뮤니케이션의 실행 단계를 살펴보았다. 단계별로 진행을 이해했다면 이제는 반복적으로 지속적으로 유지하는 것이 중요하다. 다음 장에서 지속적인 리뷰 생태계를 만들기 위한 마지막 실행 단계를 살펴보자.

5장
지속적인 리뷰
생태계 구축하기

5장 지속적인 리뷰 생태계 구축하기

지금까지 지속적인 리뷰 생태계를 만들기 위해서 리뷰 커뮤니케이션의 실행 단계를 차례로 살펴보았다. 리뷰의 장려와 수집, 그리고 수집한 리뷰의 내용을 분석하고 효과적으로 응답하고 연결을 통한 활용 방법을 설명하였다. 이 모든 활동이 고객들의 자발적인 리뷰를 지속적으로 얻기 위한 커뮤니케이션의 과정이라 생각한다면 이제 한 가지 더 고민해봐야 할 단계가 남아있다.

그 간의 리뷰에 대한 기업의 응답 활동을 정리하여 잠재적 고객과 리뷰어에게 공개함으로써 자발적 리뷰 작성의 의욕을 불러일으키는 피드백의 단계 말이다. 리뷰에 대한 응답이 1대1 커뮤니케이션을 기본으로 하였다면 피드백의 단계는 대중에게 보고하는 방식을 기본으로 한다.

이러한 공개 피드백은 지속적인 리뷰 생태계를 구축하는 저변을 다지게 된다. 구체적인 피드백의 방법을 살펴보고 리뷰 커뮤니케이션의 전체적인 체크포인트를 확인해보자.

실행 6 피드백 단계 : 피드백으로 관계를 만들어라

이제 리뷰 커뮤니케이션의 마지막인 피드백 단계로 응답의 단계에서 던졌던 커뮤니케이션의 씨앗을 거두는 단계이다. 쉽게 말해 고객 리뷰로 시작되었던 그간의 대응 과정을 정리하고 리뷰어와 함께 지켜본 관중에게 결과를 공식적으로 보고하는 단계이다.

먼저 부정적 내용의 리뷰에 대한 피드백을 살펴보자. 잘못된 부분에 대한 인정과 사과, 해결책을 제시함으로써 응답하였을 것이다. 이후 재발 방지를 위한 후속 조치가 이루어지거나 방안이 마련되었다면 이를 언급한 리뷰어에게 피드백으로 알려주는 것이다. 부정적 리뷰에 대한 응답을 지켜본 관중들을 위해서도 동일 문제에 대한 조치를 정리해서 공지해야 한다. 이때 처음 이 문제를 제기한 리뷰어를 언급하는 것이 좋다. 관중에게 '선망의 대상'이 되어야 하니까.

건설적인 의견이 담긴 고객 리뷰도 마찬가지 방식이다. 건설적인 의견에 대해 내부 검토한 결과를 해당 리뷰어와 관중들에게 친절하게 고지해야 한다. 쌍방향 커뮤니케이션의 진면목을 보여주는 것이다. 물론 검토 결과 반영이 어려운 경우라도 피드백을 주는 것이 좋다. 이때는 의견에 대한 감사의 마음을 전하고 검토의 결과 선정되지 않은 이유를 진솔하게 담으면 된다.

긍정적인 리뷰는 응답 후 잠재고객, 기존 고객과 연결 지어진 현황을 피드백해 주면 된다. 홈페이지나 공식 채널에 노출된 상황을 전해주고 공유할 수 있는 방법을 동시에 제공하라. 이때 감사의 표현으로 굿즈를 제공하는 것도 방법이다. 또한 긍정적인 리뷰의 리뷰어는 잊지 말고 추후 고객 행사에 초청을 할 수 있도록 관계를 맺어야 한다.

개별적인 피드백 외에 고객 리뷰 분석의 결과를 피드백할 수도 있다. 고객 리뷰를 수집하고 분석한 결과, 의미 있는 인사이트나 주목할 만한 공통점을 발견하여 검토하고 발전시킨 결과가 있다면 그 과정과 개선 활동을 고객 리뷰에 대한 피드백으로 고지하는 것이 좋다. 그뿐만 아니라 고객 리뷰에 통계나 의미 있는 데이터를 분석해 공개해도 좋다. 이런 고객 리뷰에 대한 피드백을 정기적으로 고지할 수 있는 방법을 준비해 보라. 뉴스레터나 공식 소셜미디어 채널 정기코너의 콘텐츠로서 활용도 좋다.

고객 리뷰의 인사이트가 어떤 방식이든 비즈니스에 반영되었을 경우 해당 고객뿐만 아니라 대중에게 그 과정과 적용 결과를 공개적으로 알리는 피드백이 중요하다.

스타벅스의 고객 참여 프로그램 '마이 스타벅스 아이디어'에 반영된 아이디어를 공개적으로 알렸던 '아이디어 인 액션' 서비스와 레고의 '레고 아이디어스'도 선택된 아이디어의 진행 결과를 그들의 소셜미디어 채널을 통해 널리 알리고 있는 것을 참조해 보자. 고객의 리뷰를 발전시키고 반영하고 그 결과를 알리는 것은 고객 리뷰의 가치를 높이고 다른 고객들에게는 고객의 의견을 소중히 듣고 반영하는 긍정적인 기업의 이미지를 줄 수 있다.

결국 고객 리뷰를 수집하고 분석하여 가치를 높인 후 다시 고객들에게 의미를 공유함으로써 지속적인 리뷰에 대한 관심과 참여도를 높이고 단순 구매 유도를 위한 마케팅이 아닌 커뮤니케이션으로서 리뷰가 역할을 할 수 있도록 피드백을 준비하고 공유하자.

지금까지 고객의 자발적인 리뷰를 대하는 리뷰 커뮤니케이션의 실행 방법을 살펴보았다. 자발적인 고객 리뷰에 응답하고 그 가치를 높여 다른 사람들에게 연결하면서 리뷰나 리뷰어를 선망의 대상으로 만들어 '나도 리뷰를 작성해 볼까?'라는 새로운 고객 리뷰어를 얻고 나아가 고객과 소통하는 긍정적 이미지를 얻어 자발적 리뷰의 순환 생태계를 만들어 보자.

리뷰 커뮤니케이션이 주는 기회

위기는 곧 기회이기도 하다. 현재 기업의 리뷰 마케팅이 여러 가지 환경적인 요소와 잘못된 방향의 운영으로 위기를 맞이하고 있다면 이는 역으로 개선하면 새로운 기회가 될 수 있기도 하다.

리뷰 커뮤니케이션의 새로운 기회는 가치를 높이는 연결과 지속적인 발견에 있다. 기존 리뷰 마케팅의 효과에 지속적인 연결과 발견의 과정을 추가하면 시너지를 얻을 수 있다. 잠재고객에게 리뷰를 연결하는 지금의 방식을 강화하고 여기에 기존 고객과의 연결을 추가한다. 그리고 고객 리뷰의 분석을 통해 지속적으로 새로운 발견의 문화를 배양하는 것이다. 기업은 리뷰를 제어하거나 통제할 수 없지만 리뷰 커뮤니케이션의 연결을 통해 관리하고 발견을 통해 배울 수 있다.

리뷰 커뮤니케이션의 리뷰에 대한 응답은 곧 소셜 고객 서비스Social Customer Service의 시작이 될 수 있다. 고객은 기업과 소통하기 위해 점점 더 소셜미디어를 많이 이용하고 있는 반면, 그에 대한 응답은 미비한 것이 현실이다. 고객 리뷰에 대한 응답을 지속적으로 관리함으로써 고객의 만족도를 높이고 장기적으로는 브랜드 신뢰도를 높이는 기회를 얻을 수 있다.

가치를 높이는 연결이 주는 기회

코로나19가 시작된 후 디지털 커머스의 규모는 커졌고 리뷰의 수도 크게 늘었다. 조작된 리뷰, 광고 홍보성 리뷰, 별점 테러 등 리뷰의 신뢰도는 위협받고 있지만 리뷰가 구매에 미치는 영향은 더욱 커져가고 있다. 리뷰가 잠재고객에게 연결되어 매출에 기여하는 효과는 앞으로도 더욱 커진다는 이야기이다.

리뷰 마케팅은 잠재고객과의 연결을 기본으로 한다. 단순히 공식 채널이나 검색엔진의 노출로의 연결에서 더 나아가 다양한 형식과 채널을 활용해야 한다. 노출의 방식도 다양화하고 리뷰 콘텐츠의 성격, 취향 등으로 분류해 맞춤 연결을 하여 효과를 높일 수 있다. 커머스 업계에서는 이미 고객 리뷰를 다양한 방식으로 상품 제안과 연결하고 활용하여 효과를 거두고 있다. 최근에는 리뷰 커뮤니티를 활용하여 연결을 강화하거나 콘텐츠로 진화하는 등 적극적으로 리뷰 연결을 강화하고 있다.

반려견과 반려인을 위한 패션 브랜드 '멀로Merlot'가 자사몰의 동영상 리뷰 서비스를 강화하여 좋은 결과를 얻었다. 잠재고객들이 영상 후기를 참고해 반려동물을 위한 제품들을 다각도로 고려할 수 있게 하여 구매 실패율을 줄인 것이다. 이런 긍정적인 소비 경험을 제공하며 상품 반품률을 최대 80%까지 줄였다고 한다[70]. 매출뿐만 아니라 제품의 신뢰도, 소비 경험 개선에도 리뷰의 연결을 적극 활용한다.

프리젠터를 하나 구입했는데 전원이 켜지지 않는다고 가정해보자. 건전지도 삽입되어 있는데 말이다. 사실 요즘 소형 전기제품은 배터리 전원이 공급되는 것을 막기 위해 얇은 비닐 막을 씌워서 제품을 출고한다. 이사실을 몰랐다면 불량 제품을 받았다고 착각할 수 있다. 여러분이 이런 상황이라면 바로 제조사의 고객센터에 전화할까?

요즘 고객들은 고객센터에 전화하는 대신 검색엔진에서 먼저 검색해본다. 신기하게도 똑같은 상황에 놓였던 질문자가 있었고 답을 찾고 나면 대부분 '아, 여기 비닐 막이 있네. 아휴, 내가 이걸 왜 못 보았지. 바보 같았군!' 하면서 자신의 어리석음을 탓할 것이다. 만약 검색으로 답을 찾지 못

---

70 반려동물 패션 브랜드 '멀로', 동영상 리뷰로 반품률 80% 줄였다 / 인사이트 / 김다솜 / 2022.12.2.

해 직접 고객센터에 전화를 걸었다고 생각해보라.

이때는 이야기가 달라진다. 이제부터 당신은 굉장한 불편을 겪은 고객이 된다. 여러 단계를 거쳐 연결된 상담사에게 상황을 설명했다. "고객님, 죄송한데요. 배터리 부분에 마감 비닐은 제거하셨을까요?" 고객은 어떤 답을 할까? "아… 이런 걸 여기 끼워놓았으면 그걸 잘 알 수 있게 설명해놓아야 하는 것 아닙니까? 제가 이것 때문에 얼마나 시간을 낭비한 줄 아세요?"라고 제조사의 책임으로 떠넘기게 될 것이다. 제조사의 책임으로 떠넘기지 않더라도 제품에 대한 만족도는 아무래도 낮아질 것이다.

이런 고객들에게 이미 잘 사용하고 있는 고객의 리뷰를 연결해 준다면? 고객센터에 문의 수가 감소하고 제품에 대한 선호도가 증가할 것이다. 고객 리뷰를 기존 고객에 연결하게 되면 제품 활용에 도움을 줄 것이고 만족도를 제공하여 충성도를 높일 것이다.

리뷰를 잠재고객과 연결하면 매출 향상 및 쇼핑 경험 개선의 기회가, 기존 고객에 연결하면 제품에 대한 만족도를 높일 수 있는 기회가 리뷰 커뮤니케이션에 있다.

지속적인 발견이 주는 기회

아이디어 젓가락으로 유명한 에디슨Edison은 고객 리뷰에서 지속적인 신제품 아이디어를 얻는다고 한다. 뚜껑에 달린 스팀홈이나 미끄럼 방지 처리가 된 바닥이 특징인 아기 모듈 식판도 주기적으로 모니터링하는 고객 리뷰에서 발견한 아이디어를 적용했다.

제품을 출시하고 피드백을 받아 개선하는 것은 일반적인 과정이다. 그리고 제품 개선에 대한 피드백을 가장 쉽게 발견할 수 있는 곳이 바로 리뷰이다. 지속적인 발견의 습관만 있으면 가능하니까.

더군다나 최근에는 고객의 의견을 적극 반영한 제품들이 인기이다. 젊은 세대들이 가장 맛있는 비율로 섞은 소주와 맥주를 '꿀주'라고 표현한다는 점을 발견하여 맥주 향과 꿀 향을 느낄 수 있는 소주 '처음처럼 꿀주'를 출시했다. MZ세대 사이에서 인기를 끌고 있는 '컵라면 볶음밥' 레시피를 제품화하여 오뚜기는 '진라면 볶음밥'을 출시했다. 식품 업계는 이미 고객들의 아이디어를 실제 상품화하고 있다. 고객 리뷰에서 지속적으로 그들의 아이디어를 발견해야 한다.

어디 제품 개선과 신제품에 대한 아이디어뿐인가. 100만 건의 리뷰 데이터를 분석해 소비자의 정확한 니즈를 파악하고 RTH(가열하면 먹을 수 있는 즉석식품), HMR(가정간편식) 등을 출시해 기존 사업자와 차별화한 '윙잇'도 있다. 책 리뷰 기반 커뮤니티 스타트업 아그레아블을 창업한 경험에서 새로운 비즈니스의 아이디어를 얻었다고 한다[71].

화장품 정보 플랫폼 '화해'에는 사용자들의 리뷰가 제품이 되는 'ONLY 화해' 서비스가 있다. 사용자가 작성한 리뷰를 분석해 용기를 변경하거나 용량을 크게 늘리는 등 기존 제품에서 업그레이드한 신제품을 출시하는 것이다. 고객의 리뷰를 지속적으로 제품과 연결 짓는 좋은 시도이다.

고객의 리뷰를 지속적으로 수집하고 분석하는 리뷰 커뮤니케이션은 제품 개선과 신제품 개발 그리고 새로운 비즈니스에 대한 기회를 제공한다.

---

71 책 리뷰 스타트업이 '800억원 간편식 플랫폼'이 된 이유는? / 아시아경제 / 2022.12.19.

적극적인 응답이 주는 기회

오디오와 관련된 DIY 영상을 업로드하고 있는 유튜브 채널 '공돌이파파'에 'ANKER 사운드바 음질 개선 - 분노의 개조' 영상이 업로드되었다. 영상은 사운드바의 벙벙거리는 저음과 특정 음역대에서 부밍음을 개선하기 위해 다른 부품을 활용하여 개조하는 과정을 소개한다[72]. 제조사의 입장에서는 부정적인 리뷰가 공개된 것이다.

얼마 지나지 않아 'ANKER 사운드바 악평 리뷰 후, 제조사(연구소)에서 연락이 왔습니다'라는 추가 영상이 업로드되었다. 운영자는 생각보다 기대에 못 미치는 제품이라는 결론의 리뷰 영상에 대해 제조사의 연구소에서 이메일을 보내와서 고소를 하려나 생각했다고 한다. 그러나 예상과 달리 제품에 대한 기술적인 특성 관련 자료를 보내왔다. 그것도 악평 리뷰 영상을 보고 연구소에서 새롭게 측정한 자료였다고 한다.

이에 자신이 가진 장비로 다시 측정을 하고 연구소가 보내온 데이터와 비교한 결과를 제조사의 입장과 함께 소개하고 운영자 자신의 의견을 차분하게 다시 영상으로 공개했다. 이 두 영상을 지켜보고 있자면 제조사와 유튜브 운영자가 제품과 관련하여 차분한 토론을 나누는 것 같은 느낌이 든다.

첫 번째 영상의 조회수는 2,900회 정도로 그리 높은 편은 아니었다. 그럼에도 이런 영상까지 찾아내었다는 것은 제조사가 지속적으로 리뷰 모니터링을 하고 있었다고 볼 수 있다. 여기에 부정적 리뷰에도 관련 자료를 측정하여 송부하는 적극적인 응답도 예사롭지 않다.

"부족함을 현명하게 대처하는 기업, 부족함을 모르고 무지한 사람들에

---

72 https://youtu.be/wiZxQ5c9n4g

게 알권리를 제공해 주시는 파파님...", "이 방송을 앤커 제품으로 듣고 있습니다. 공파님의 세세한 분석에 공감되며 제조사 측의 대응도 눈살 찌푸리게 하지 않아 좋네요." 등 유튜브 운영자와 제조사 모두에 긍정적인 댓글들이 주로 달렸으며 "개인적으로 ANKER 제품을 꽤나 사용했었는데 제품에 대한 피드백에서 굉장히 만족했었던 기억이 있는 브랜드입니다. 타 브랜드는 상세 설명이 이루어지지 않는 부분에서 불편을 문의하면 제대로 알아보지 않은 고객의 탓으로 미루는데 ANKER 브랜드는 본인들의 부족함과 잘못된 점을 인지하고 해당 제품을 교환해 주거나 환불 시에도 문제가 있는 제품을 받아 실험해보고 해당 내용도 같이 피드백을 해줍니다. 귀찮아서 그냥 환불이나 교환해주는 타 브랜드들과는 다르기에 몇 없는 제품라인을 가지고 있지만 신제품이 나오면 긍정적으로 구매를 고려하게 되더군요. 개인적으로 앞으로 더 잘되었으면 하는 브랜드입니다."라는 제조사 브랜드에 대한 긍정적인 평판의 댓글이 등장했다. 이 긍정적 댓글은 77명에게 '좋아요'를 받았다[73].

리뷰를 지속적으로 모니터링하고 진정성 있는 대화로 응답하는 리뷰 커뮤니케이션은 제품과 서비스의 신뢰도를 구축할 수 있는 기회를 제공한다.

단발적인 이벤트 성격의 리뷰 마케팅에서 지속적인 리뷰 커뮤니케이션으로 나아가야 하는 이유는 현재의 방식이 안고 있는 신뢰도 하락과 낮은 효율 같은 문제점을 개선해야 하는 위기에 처해 있기 때문이고 지속적인 연결, 발견, 응답을 통해 얻을 수 있는 새로운 기회를 놓치지 않기 위함이다.

---

73 https://youtu.be/PWGZqjG2STU

케이스 스터디: 윌라 오디오북의 리뷰 커뮤니케이션 윌라 굿리스너

윌라 오디오북의 브랜드 팬덤 구축 컨설팅 시 단계별 팬덤 구축을 목표로 전체적인 계획을 세웠다. 그 첫 번째 단계는 자발적으로 윌라 오디오북의 리뷰를 작성한 고객들을 연결하는 작업이었다. 컨설팅을 시작하면서 제일 먼저 윌라 오디오북 고객들이 최근 1년 동안 자발적으로 작성한 리뷰를 살펴보았다. 많은 고객 리뷰를 보면서 윌라 오디오북의 브랜드 팬덤을 만든다면 제일 먼저 연결해야 할 지지자를 찾게 된 것이다. 윌라 굿리스너는 이렇게 시작되었다.

긍정적인 고객 경험을 찾아라

'윌라 오디오북 고객 경험의 연결'이라는 미션 하에 윌라 오디오북 브랜드 팬덤의 구축을 시작하였다. 그 첫 단계의 목표는 '윌라 오디오북 경험의 확산'이었다. 생각해 보라. 오디오북에 대한 경험이 일반적이지 않은 상황에서 사람들에게 경험을 유도하는 효과적인 방법이 무엇이 있을까?

잠재고객들에게 오디오북 경험을 권하는 것을 더욱 강력하게 추진하는 방법도 있겠지만 먼저 오디오북을 경험하고 긍정적인 감정을 가진 고객, 지속적으로 오디오북을 이용하고 있는 고객을 활용하여 그들의 경험을 추천하게 하는 방법이 있다. 두 가지 방법 모두 병행하는 것이 중요하지만 브랜드 팬덤의 관점으로 후자의 방법에 집중해 보았다.

본격적인 컨설팅이 시작되기 전에 약 9,000개의 자발적인 고객 리뷰를 모니터링하였다. 이를 통해 고객들의 다양한 리뷰를 읽으면서 현재 전달되고 있는 기업 메시지의 문제를 파악하였다. 그리고 앞서 설명한 인스타그램의 오디오북 인증의 문제, 그리고 책에 대한 리뷰인지 오디오북에 대한 리뷰인지 모를 모호한 형식의 문제 등 해결해야 할 숙제들을 이해할 수 있었다. 이 문제를 해결하기 위해서 자발적으로 리뷰를 작성한 고객들을 연결하는 프로그램을 기획하는 것이 우선이라는 생각이 들었다.

프로그램의 목표는 첫 번째 '윌라 오디오북의 긍정적 경험을 발굴하고 확산한다.' 두 번째 '윌라 오디오북의 긍정적 경험을 위한 활용 방법을 확산한다.' 세 번째 '윌라 오디오북의 리뷰 인증 방법을 개선하고 확산한다.' 로 선정하였다. 그리고 자발적인 리뷰를 남긴 고객 중심으로 목표를 달성할 프로그램을 기획했다.

많은 기업들이 이러한 목표를 달성하기 위해 영향력이 있는 셀럽, 인플루언서 등을 활용하는데 윌라 오디오북은 상대적으로 영향력은 작지만 자발적인 리뷰어를 중심으로 선정했다. 1년에 100권의 오디오북을 듣기에 도전하여 리뷰를 기록하는 고객, 매일 아침밥을 먹으면서 오디오북을 듣는 고객, 심지어 수영을 하면서 윌라 오디오북을 매일 이용하는 고객들의 경험이 비용을 지불받고 작성하는 그들의 경험보다는 더 진정성 있게 전달될 수 있을 것이라 생각했기 때문이다. 상대적으로 부족한 영향력은 기업이 다양한 방법으로 메워 줄 수 있다.

윌라 굿리스너의 실행

자발적인 윌라 오디오북 리뷰어들을 활용한 프로그램은 3단계의 구조로 설계되었다. 첫 번째 단계는 주간 단위로 소셜미디어의 고객 리뷰를 모니터링하는 것이다. 네이버 블로그, 인스타그램을 주축으로 유튜브, 페이스북, 티스토리, 다음 블로그 등 소셜미디어 채널에서 윌라 오디오북 관련 리뷰들을 검색하여 리스트업하는 단계이다. 이때 모니터링의 결과는 특징과 주목할 만한 포인트 등 인사이트와 함께 정리하여 해당 부서와 공유한다.

두 번째 단계는 주 단위 심사를 통해 '윌라 굿리스너'로 명명한 최고 리뷰어를 선정하는 것이다. 평가의 기준을 정하고 한 주간 2명에서 4명 정도의 숫자로 선정하였다. 선정할 만한 리뷰어가 없는 주는 그 숫자를 줄여 선정하였다.

세 번째 단계는 선정된 윌라 굿리스너와 그들의 리뷰를 윌라 오디오북의 고객과 잠재고객에게 알리어 연결시키는 단계이다. 윌라 오디오북 서비스 앱과 공식 소셜미디어 채널을 통해 선정 이유와 선정된 리뷰의 일부를 공개했다. 전문은 링크로 윌라 굿리스너의 소셜미디어 채널의 해당 페이지와 연결하였다. 보상은 윌라 오디오북 공식 채널에서의 리뷰 소개와 '윌라 굿리스너 인증 배지' 증정이었다.

정리하면 윌라 오디오북의 자발적인 리뷰를 발굴하고 고객의 의견을 들어 반영한 뒤 공정한 기준에 의거하여 우수한 리뷰어를 선정하여 공식 채널을 통해 알리고 배지로 인증하는 기본적인 설계로 진행하게 되었다.

윌라 굿리스너 프로그램 성공의 조건

궁극적으로 자발적 리뷰를 작성한 윌라 굿리스너를 다른 대중들에게 선망의 대상이 되도록 하여야 그들이 영향력을 발휘할 수 있고 다른 고객들도 자발적 리뷰 작성 동참으로 윌라 굿리스너에 지원하도록 유도할 수 있다. 즉 윌라 굿리스너를 다른 고객들에게 선망의 대상으로 만들어야 프로그램이 성공할 수 있다.

"너무 빨리 넘기는군. 사진을 거의 안 보고. 모두 똑같아 보이지만 한 장 한 장 다 다르지. 밝은 날 오전, 어두운 날 오전, 여름 햇볕, 가을 햇볕, 주말, 주중, 겨울 외투를 입은 사람, 티셔츠에 짧은 티셔츠를 입은 사람, 때론 똑같은 사람, 전혀 다른 사람, 다른 사람이 같아질 때도 있고 똑같은 사람이 사라지기도 해. 지구는 태양 주위를 돌고 있고 햇볕은 매일 다른 각도로 지구를 비추고 있지."

브룩클린의 한 담배 가게의 주인인 오기는 13년 동안 매일같이 아침마다 자신의 담배 가게의 같은 전경만을 찍었다. 배경은 한결같고 인물만 다른 4,000여 장의 사진을 단골손님인 소설가 폴에게 보여주자 모두 같은 사진이라 생각하고 대충 훑어보고 있는 폴에게 건넨 충고이다. 내가 좋아하는 영화 '스모크'[74]의 한 장면이다.

자발적으로 리뷰를 작성한 고객, 윌라 굿리스너를 선망의 대상으로 만드는 가장 기본적이고도 중요한 방법은 오기의 충고에 있다. 고객들의 기록인 리뷰를 하나하나 소중하게 읽어 주고 공감해 주는 것이다. 기업의 입장, 담당자의 입장에서 많은 수의 고객 리뷰를 접하다 보면 모두가 비슷해 보일지라도 말이다. 하나하나 천천히 고객을 이해하는 고객의 관점에서 리뷰를 읽고 대응해 주는 것이 무엇보다 우선이다. 그들의 리뷰에서 발견된 인사이트를 비즈니스에 실제 적용하고 이를 다시 피드백해 주는 것은 최고의 응답일 것이다.

다음으로 윌라 굿리스너들만을 위한 혜택을 준비하는 것이다. '윌라 굿리스너 인증 배지'를 증정하는 것을 시작으로 공식 채널을 통해 그들의 리뷰를 소개하고 별도의 인터뷰를 진행하여 좀 더 심도 있는 콘텐츠로 그들

---

74 스모크(smoke) / 1995 / 웨인 왕 감독 / 윌리엄 허트, 하비 케이텔 / 폴 오스터 각본

을 소개하는 작업을 준비했다. 제작 중인 윌라 오디오북 정보, 이벤트, 제작 후기 등 독점적이거나 남들보다 빠른 정보를 제공해주는 뉴스레터 서비스를 적용하였다. 순차적으로 오프라인 '윌라 굿리스너 파티'도 기획을 했었다. 지속적으로 참여를 독려하고 협업으로 결과물을 만드는 협업의 프로그램도 준비되었다. '윌라 굿리스너'로서 소속감, 참여감, 성취감을 느낄 수 있는 보상을 통해 다른 고객들에게 부러움과 선망을 얻을 수 있도록 지속적으로 기획을 고민하였다.

한 가지 주의할 점이 있다. 또다시 목표 이야기이다. 무언가 숫자의 결과를 고집하는 기업의 고질병이다. '윌라 굿리스너'의 성공은 많은 숫자의 윌라 굿리스너의 발굴·육성도 중요하지만 결국 이 프로그램이 얼마나 오랫동안 지속적으로 유지되어 윌라 오디오북의 고객 문화로 안착하느냐가 더욱 중요하다. 초기에 많은 숫자로 윌라 굿리스너를 선발하여 빠르게 활동하는 것을 바랄 수 있다. 하지만 그것보다 더 중요한 것은 희소성을 띤 선망의 대상으로 지속적으로 그 세를 늘려 고객들의 인정을 받고 참여하고픈 프로그램이 되는 것이다.

윌라 굿리스너 프로그램의 활용

윌라 굿리스너의 시작은 오디오북을 200% 활용하는 자신만의 방식, 오디오북과 함께 자신만의 취향을 즐기는 경험, 오디오북으로 꾸준하게 자기계발에 힘쓰는 실제 고객들의 이야기와 같은 오디오북의 긍정적인 경험과 실제적인 활용 사례를 널리 알림으로써 잠재고객들의 관심과 참여를 유도하는 것이었다. 고객의 리뷰에 관심을 갖고 공감하며 응답하는 윌라 오디오북의 긍정적인 이미지를 전파하는 것도 부가적인 이득이다.

고객의 리뷰를 살펴보면서 책에 대한 리뷰와 오디오북의 리뷰가 혼재함을 파악하고 장기적으로 독자적인 오디오북 리뷰에 대한 가이드 역할도 추천 리뷰의 선정을 통해 구현하려 했다.

궁극적으로 윌라 굿리스너 프로그램이 윌라 오디오북 고객의 긍정적인 경험이 담긴 리뷰를 선망의 대상으로 만들어 대중들에게 연결하는 것이다. 이에 영향을 받은 고객들이 윌라 오디오북 서비스를 경험하고 또다시 긍정적 경험을 리뷰로 남기는 선순환 구조의 자발적 리뷰 인프라를 구축할 수 있다. 이상적이라고 생각할 수 있지만 사실 불가능한 일도 아니라고 생각한다. 문제는 고객 리뷰에 대한 진정성 있는 태도를 얼마나 지속적으로 유지할 수 있는가이다.

다시 한번 말하자면 고객들의 자발적인 리뷰를 안정적으로 얻을 수 있는 방법은 그들의 경험의 기록인 리뷰에 관심과 진심을 담아 함께 공감하고 가치를 높여주는 것이다.

리뷰 커뮤니케이션 운영 체크리스트

3, 4, 5장에 걸쳐서는 기업들이 고객 리뷰를 단순한 마케팅의 방법으로만 활용하는 것을 넘어 고객과의 지속적인 커뮤니케이션으로 활용하는 방법을 과정별로 살펴보았다. 리뷰 커뮤니케이션으로 나아갈 방향성과 그 세부 방법들을 이해했길 바란다. 마지막으로 리뷰 커뮤니케이션의 운영상 체크리스트를 통해 다시 한번 내용들을 확인해 보자.

단계	주요 점검 항목	체크 사항	☐
리뷰의 장려	고객의 자발적 리뷰 작성 분위기를 조성하였는가?	고객 리뷰 작성의 불편함이나 문제점은 없는지 파악하였는가?	☐
		제품이나 서비스의 정보를 이해하기 쉽게 제공하고 있는가?	☐
		제품이나 서비스에 인스타워시한 가치를 반영하였는가?	☐
		제품이나 서비스에 특별한 경험이 제공되는가?	☐
		고객 리뷰 작성을 돕는 방법을 제공하고 있는가?	☐
수집	다양한 고객 접점에서 고객 리뷰를 수집하고 있는가?	이커머스 플랫폼의 고객 리뷰를 수집하고 있는가?	☐
		소셜미디어의 고객 리뷰를 수집하고 있는가?	☐
		고객 리뷰를 정기적으로 모니터링할 담당 부서나 담당자는 결정하였는가?	☐
		고객 리뷰를 수집하는 주기는 어느 정도인가?	☐
분석	고객 리뷰를 식별과 이해로 분석하고 있는가?	기업 요청에 의해 작성된 고객 리뷰를 식별하고 있는가?	☐
		긍정적인 고객 리뷰를 식별하고 내용상 세부 분류를 진행하고 있는가?	☐
		부정적인 고객 리뷰를 식별하고 내용상 세부 분류를 진행하고 있는가?	☐
		건설적인 의견이 담긴 고객 리뷰를 별도로 식별하고 있는가?	☐
		고객 리뷰의 특이점이나 공통점을 발굴하고 있는가?	☐
응답	고객 리뷰에 대해 합당한 응답을 하고 있는가?	모든 리뷰에 응답을 하고 있는가?	☐
		부정적 리뷰에 응답을 하고 있는가?	☐
		개인화된 대화로 응답하고 있는가?	☐
		부정적 고객 리뷰에 응답 시 빠르게 응답하고 있는가?	☐
		부정적 고객 리뷰에 고객의 생각과 마음으로 공감하였는가?	☐
		부정적 고객 리뷰에 응답 시 잘못된 점에 대해 인정하고 사과하였는가?	☐
		부정적 고객 리뷰에 응답 시 잘못된 점에 대해 맞춤형 해결책을 제시하였는가?	☐
		부정적 고객 리뷰에 응답 시 일관성을 유지하였는가?	☐
		긍정적 고객 리뷰에 응답을 하고 있는가?	☐

연결	고객 리뷰를 커뮤니케이션으로 확장하기 위해 연결 짓고 있는가?	잠재고객에게 고객 리뷰를 연결하고 있는가?	☐
		기존 고객에게 고객 리뷰를 연결하고 있는가?	☐
		제품과 서비스 개선에 고객 리뷰를 반영하고 있는가?	☐
		고객 리뷰에서 새로운 비즈니스의 기회를 찾고 있는가?	☐
피드백	고객 리뷰 응답 후 후속 조치들에 대해 고지하고 있는가?	부정적 리뷰 고객에게 최종 조치에 대해 피드백하고 있는가?	☐
		긍정적 리뷰 고객에게 리뷰의 게시 활용을 고지하고 있는가?	☐
		고객 리뷰의 비즈니스 반영을 고객들에게 공유하고 있는가?	☐

6장
리뷰로 브랜드
팬덤 구축하기

6장 리뷰로 브랜드 팬덤 구축하기

"당신이 방에 없을 때 남들이 당신에 대해 말하는 내용이 바로 브랜드다. Your brand is what people say about you when you're not in the room." 제프 베이조스 Jeff Bezos 의 말이다. 빗대어 생각해 보면 고객이 자발적으로 작성한 리뷰가 바로 제품과 서비스의 평판이자 브랜드일 것이다. 즉 자발적인 고객 리뷰에 응답·연결하고 피드백을 만들어 리뷰의 가치를 높임으로써 리뷰 작성을 장려하는 리뷰 커뮤니케이션이 바로 리뷰로 브랜딩하는 방법이다.

리뷰 커뮤니케이션은 이전 리뷰 마케팅과 달리 리뷰어 즉 제품과 브랜드를 지지하는 고객의 경험을 연결하고, 지지자를 연결하고 관계를 만들어 가는 것이다. 브랜드 팬덤의 구축 방법과 닮아있는 지점이다.

결국 리뷰 커뮤니케이션을 진행함으로써 리뷰로 브랜딩하고 이를 지속적으로 진행하여 관계를 쌓아감으로써 브랜드 팬덤의 구축을 도모할 수 있다. 사실 기업이 브랜드 팬덤을 구축하는 가장 쉽고 현실적인 방법일 수 있다. 이 방법을 자세히 살펴보자.

브랜드 팬덤 구축을 위한 스노우볼 팬더밍

30, 40대 남성들이 조조 상영부터 극장에 몰려서 화제가 된 영화가 있다. 코로나 기간 동안 영화 티켓 인상으로 인해 과거에는 개봉작을 골고루 관람하던 관객들이 이제는 영화 정보와 후기를 꼼꼼히 챙겨 좋은 영화만 골라보는 경향으로 바뀌었다. 더군다나 OTT(온라인 동영상 서비스) 시대에 제값을 주고 극장에 가기 아까워하는 관객들이 늘면서 극장가가 썰렁해진 이 시점에 관객들이 몰리니 당연히 사람들의 관심이 쏠린 것이다.

"포기하는 순간 경기는 끝나는 겁니다." 같은 명대사들로 한 시대를 풍미했던, 1990년대 전 세계 판매량 1억 7천만 부를 기록한 스포츠 만화의 전설 〈슬램덩크〉가 26년 만에 스크린에 부활하자 3040 세대가 팬심으로 들썩이기 시작한 것이다. 자신의 어린 시절 인생작을 스크린으로 볼 수 있다는 사실에 감동한 팬들은 아이들과 함께 관람하거나 N차 관람으로 흥행을 이끌었다. 이에 대한 영향으로 〈슬램덩크〉를 모르는 사람들도 극장으로 향했다. 30, 40대가 관람객의 77%로 압도적인 비중을 차지했으나 20대도 17% 정도를 차지했다.

2018년 여러 소속사의 연습생이 Mnet 서바이벌 프로그램 '프로듀스48'을 통해 데뷔한 그룹 아이즈원은 예정된 2년 반의 활동을 마치고 해체하였다. 이에 팬들이 활동 연장을 소속사에 요청하였으나 받아들여지지 않았다. 결국 그룹 아이즈원의 재결합을 위해 팬들이 직접 리론칭을 위한 〈평행우주 프로젝트〉를 진행하였다. 빠른 펀딩으로 모금액을 모아 개별 소속사를 설득하고 활동을 재개한다는 계획이었다. 40여 일 만에 약 2만 명의 참여로 32억 원의 지원금을 모아 국내 리워드형 크라우드 펀딩의 최고 모금액 기록을 경신하였다.

현대경제연구원은 2018년에 발표한 보고서 〈BTS의 경제적 효과〉에서 방탄소년단이 지금 같은 인기를 유지한다면 10년(2014~2023년)간 경제적 효과는 생산 유발 효과 41조 8,600억 원, 부가가치 유발 효과 14조 3,000억 원으로 총 56조 1,600억 원에 이른다고 예상했다. 한국개발연구원이 추정한 평창올림픽의 생산·부가가치 유발 효과는 41조 6,000억 원이니 어마어마한 숫자이다.

미국 오클라호마주 털사에서는 트럼프 대통령의 선거 유세가 진행되었다. 1만 9,000석 규모의 행사장을 메우고도 입장하지 못할 청중들을 위해 야외무대까지 단단히 준비했다. 그런데 2020년 6월 20일 공식 입장객이 6,200명에 불과했다. 트럼프 대선 캠프의 대변인은 그 원인을 과격한 흑인 인권 시위대가 트럼프 지지자들의 행사장 진입을 막았기 때문이라고 했지만 〈뉴욕타임스〉나 CNN 등 언론의 생각은 달랐다.

틱톡에 노예해방 기념일(6월 19일, 준틴스 데이)에 흑인 학살의 역사가 있는 털사에서 트럼프 대통령이 유세하는 것에 분노하며, 유세장 입장권을 신청한 뒤 나타나지 않는 이른바 '노쇼' 운동 시위를 벌이자는 제안이 등장한 것이다. 제안 영상은 하룻밤 사이 25만 회가 넘는 조회수를 올렸고 여기에 K팝 팬들이 동참하면서 폭발적으로 확산되었다. 온라인 사전 티켓은 100만 명 이상이 신청했지만 결과는 노쇼였다. 틱톡 10대들과 '케이팝 팬덤' 때문이었다.

소위 '빠순이'로 비하되고 비이성적이니 맹목적이니 하고 평가 절하되었던 팬덤이 최근에는 자발적으로 모여 망해가는 영화를 다시 살려내고 전 세계에 한류를 알리며 K-pop의 인기를 만들어 내는 영향력을 발휘하고 있다. 그들의 영향력은 음악, 영화, 연예, 스포츠 부문을 넘어 그들이 지지하는 가치와 취향에 따라 다양한 범주로 확장하고 있다. 나아가 이제는 사회적, 정치적 운동에도 무시할 수 없는 영향력자로 인정받았고 그들의 영향력은 이제 상상하기 힘든 일을 이루어내기도 한다. 연예든 스포츠든 정치든 팬덤 없이는 아무것도 안 되는 세상이다.

상황이 이러하니 기업이나 브랜드들도 그들의 팬덤을 간절히 원하고 있다. 하지만 브랜드 팬덤을 만드는 것은 생각보다 쉬운 일은 아니다. 실제 많은 기업들이 여러 가지 시도를 하고 있으나 아직 만족스러운 결과를 얻지는 못하고 있다.

긍정적인 고객 경험을 연결하는 브랜드 팬덤

팬덤fandom은 '특정 스타나 분야를 지지하고 열정적으로 좋아하는 자발적 공동체와 그들이 공유하는 문화'를 일컫는 용어이다. 열광적인 수용자를 의미하는 'fan'과 지위, 상태, 집단을 뜻하는 접미사 'dom'을 붙여 만든 합성어이다. 따라서 브랜드 팬덤은 팬, 팬덤의 개념과 유사하게 '특정 기업의 브랜드나 제품, 서비스를 지지하고 열정적으로 좋아하는 공동체와 그들이 공유하는 문화'를 의미한다[75].

기업의 브랜드나 제품, 서비스에 대한 팬은 어떻게 만들 수 있을까? 일반적으로 팬에 입문한다는 것은 입덕(어떤 분야나 사람에 푹 빠져 열성적으로 좋아하기 시작함) 과정을 거친다. 입덕의 계기는 흔히 '덕통사고'라고 한다. 덕통사고는 '덕후'와 '교통사고'의 합성어로 갑자기 혹하고 들어오는 교통사고와 같은 순간적이고 강렬한 경험으로 인해 팬, 즉 덕후가 되는 것을 이르는 신조어이다.

---

75 스노우볼 팬더밍 / 박찬우 / 쌤앤파커스 / p.100

기업이나 브랜드가 교통사고처럼 강렬한 경험을 제공할 수 있을까? "총탄이 분명 가슴에 맞았는데…" 베트남 전쟁 당시 미 육군 소속의 안드레즈 중사는 자신의 상의 주머니에 넣어둔 지포라이터가 총알을 막아줘 생명을 구할 수 있었다. 이렇게 자신의 목숨을 구해준 정도의 경험쯤 되어야 지포라이터에 입덕하지 않을까? 하지만 지금이 전시도 아니고 이 정도의 강렬한 경험을 제공하기가 쉬운 일이 아니다. 따라서 기업들은 한 번의 강렬한 경험보다는 지속적으로 좋은 경험을 제공하는 것이 중요하다. 그리고 요즘의 좋은 경험은 고객이 스스로 참여해 그 의미를 발견하는 것이 이상적이다.

좋은 경험, 긍정적인 경험을 고객에게 제공하기 위해 기업들이 성수동에 제품이나 서비스 관련한 브랜드 팝업스토어를 열기도 하고 메타버스에 브랜드의 공간을 마련하는 등 적극적인 활동들이 늘고 있다. 최근 기업들이 고객 경험 개선을 앞세우면서 실제적으로는 새로운 경험들을 준비하고 제공하는 경우를 어렵지 않게 주위에서 찾아볼 수 있다. 하지만 새로운 경험만이 고객들에게 긍정적인 경험을 만들어 주는 것일까?

오히려 제품과 서비스에서 고객들이 만나는 일상적인 경험들을 더 살펴볼 필요가 있다. 고객들이 제품과 서비스를 이용할 때 만나는 경험을 살펴본 뒤 불편한 점을 고쳐주고 새로운 기술을 적용하여 더 편리하게 해 주는 것이 우선되어야 한다. 새로운 경험을 만들기 위해 메타버스를 활용코자 컨설팅을 의뢰한 기업의 홈페이지에서 회원 가입 시 불필요한 많은 정보를 입력해야 하고 가입 결과로는 경고창에 '가입이 완료되었습니다.'만을 띄우는 허접한 상황이 안타깝게 느껴진다. 제품과 서비스를 이용하면서 만나게 되는 경험부터 편리하고 새롭게 해야한다. 좀 더 구체적으로 브랜드 팬덤을 구축하는 과정을 살펴보자.

브랜드 팬덤 구축의 5단계 : 스노우볼 팬더밍

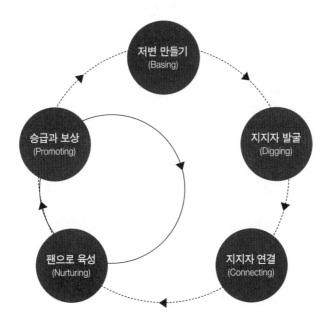

[그림 6-1] 스노우볼 팬더밍 서클

앞서 언급했듯이 기업의 팬은 한 번의 강렬한 경험으로 만들어지는 경우가 드물다. 브랜드에 관심을 갖고 브랜드를 경험한 후 지지자로 나아가게 된다. 그 지지자들을 더 많이 참여시키고 육성하려면 팬이 되기까지 장기간의 과정이 필요하다. 따라서 기업이 브랜드 팬덤을 구축하려면 단기적인 코스를 누적해 단계별로 육성하는 전체적인 설계가 뒷받침되어야 한다.

〈스노우볼 팬더밍〉에서는 브랜드 팬덤을 구축하는 프로세스를 5가지 단계로 제안했다. 브랜드의 참여와 경험을 통해 지지자들이 활동할 저변을 만드는 기본 단계인 '저변 만들기Basing'를 시작으로, 브랜드나 제품에 대한 지지자들을 찾아내는 '지지자 발굴Digging' 단계, 발굴한 지지자들과 브랜드, 그리고 지지자와 지지자를 서로 연결하는 '지지자 연결Connecting' 단계, 연결된 지지 세력을 팬으로 육성하는 '육성Nurturing' 단계, 마지막으로 육성을 통해 새로운 등급을 부여받는 '승급과 보상Promoting' 단계로 이루어진다. 승급 단계에서 다시 육성 단계를 거치면 다음 지위를 얻게 되는 순환 구조가 형성된다. 전체 서클을 한 바퀴 돌고 나면 그들만의 팬덤 문화가 다른 고객들에게 영향을 미치고 저변을 확장하는 순환 서클이 형성된다. 즉, 큰 서클이 순환할수록 브랜드 팬덤은 저변이 넓어지고 육성과 승급의 작은 서클이 순환할수록 브랜드 팬덤의 깊이가 깊어진다. 마치 언덕 위에서 굴린 작은 눈덩이가 지속, 반복적으로 뭉쳐져 큰 눈덩이가 되는 것처럼 말이다.

대중의 팬덤과 브랜드 팬덤의 차이

필자도 브랜드 팬덤 만들기를 주제로 〈스노우볼 팬더밍〉이라는 책을 썼다. 우연히도 많은 기업의 서포터즈, 기자단, 팬덤 커뮤니티를 컨설팅한 경험을 담았다. 그리고 출간 이후 몇몇 기업의 브랜드 팬덤 기획에 참여하게 되었다. 막상 브랜드의 팬덤을 원하는 기업을 만나서 첫 번째 컨설팅 미팅을 하게 되면 갑자기 막막해지는 경우가 많다. 기업의 담당자들도 팬덤에 대해 여기저기 듣고 배운 바가 있어 '브랜드의 세계관을 만들어야 한다', '굿즈를 만들자', '커뮤니티를 만들어야 한다' 등 좋은 이야기들을 하기는 하지만 자신의 기업의 사정을 고려하지 않고 여기저기 좋은 아이디어만 가져다 우왕좌왕하기 바쁜 경우가 많다.

그래서 브랜드 팬덤을 원하는 이유를 구체적으로 물으면 "우리 기업이나 브랜드를 응원하고 지지하는 팬이 생기면 좋잖아요."라고 생각보다 많은 담당자들이 이야기한다. "그럼 브랜드를 응원하고 지지하는 팬들을 어떻게 만들까?"라고 되물으면 이제 또 앞서 이야기한 막연한 방법들을 나열하기 시작한다.

팬덤 구축을 어디서부터 시작해야 하는지 막연할 때에는 '우리 브랜드의 팬덤이 생기면 팬덤이 어떤 일을 해주었으면 하는지, 아니면 어떤 일을 함께하고 싶은지'에 대한 질문을 스스로에게 던져보라. 많은 브랜드들이 팬덤이 생겨 '아낌없는 응원과 지지를 보내주기'와 같이 막연한 목표를 갖는 경우가 많다. 브랜드의 팬덤과 대중의 팬덤은 같을 수가 없다. 분명한 목표를 가지고 시작하는 것이 브랜드 팬덤 구축에 도움이 될 것이다. 대중의 팬덤은 브랜드의 팬덤 구축 경험이 미비하기 때문에 벤치마킹하는 것뿐이지 같은 방법으로 만들어지는 것은 아님을 인지해야 한다.

일본 내에서 베타서비스로 시작했던 프로젝트가 전 세계로 확장되어 2014년 4월부터 전 세계 레고 팬들을 만나게 된 레고 아이디어LEGO Ideas는 개인의 순수 창작 아이디어를 등록하면서부터 시작된다. 등록한 아이디어는 다른 레고 팬들에게 처음 60일 안에 100명, 이후 1년 안에 1,000명, 그다음 6개월 안에 5,000명, 그리고 그다음 6개월 안에 1만 명의 서포트를 받아야만 다음 단계인 제품화 후보가 될 수 있다. 이 단계를 통과한 아이디어는 레고 본사의 엄격한 심사를 거치게 된다.

심사를 통과한 제품은 매년 1월과 5월, 그리고 9월에 레고 공식 홈페이지와 유튜브 채널을 통해 발표된다. 최종적으로 선택된 아이디어를 제안한 참가자는 본사 디자이너들과 협업해 제품을 수정하고 보완한다. 드디어 제품으로 출시되어 판매가 시작되면 전체 순 매출액의 1%는 아이디어를 제안한 참가자에게 지급되며, 제품 설명서에 원작자에 대한 간단한 설명을 삽입해준다. 레고 아이디어는 브랜드 팬덤의 성공 사례를 꼽을 때 항상 등장하는 단골 사례이다.

샤오미는 사용자 모델을 통해 사용자의 참여로 더 좋은 제품을 만들 수 있다는 것과 좋은 제품은 입소문을 통해 더욱 널리 퍼진다는 것을 증명했다. 샤오미의 창업자 리완창은 마이크로소프트의 많은 개발팀에 상대할 수 있는 고객과의 협업 개발팀 구성을 이렇게 설명했다.

"MIUI(미유아이, 샤오미가 개발한 안드로이드 기반 펌웨어)는 샤오미 전자게시판에서 활동하는 10만여 명의 사용자들로 이루어진 인터넷 개발팀이 다 함께 만드는 것이다. 이 팀의 핵심 멤버는 공식 엔지니어 100여 명이지만 그 바깥에는 샤오미 전자게시판에서 심사를 거쳐 선발된 전문가 수준의 명예 개발팀 100명이 있고 또 그 바깥에는 제품의 기능과 개발에 대해 열정적으로 의견을 개진하는 10만여 명의 사용자들이 있다. 그 바깥을 다시 업데이트된 MIUI의 사용을 기다리는 수천 명의 사용자들이 둘러싸고 있다. 이들은 모두 자신만의 방식으로 MIUI 업데이트 과정에 적극 참여했다[76]."

이 밖에도 할리데이비슨의 '호그(HOG:Harley Owners Group)' 등 성공한 브랜드 팬덤 사례들의 공통점은 자발적 참여를 통한 브랜드와 고객의 협업 모델이라는 점이다. 요즘의 팬덤은 과정도 결과만큼 중요하게 생각하고 그 과정에 적극적으로 참여하고 싶어 한다. 따라서 기업도 분주히 진행형으로 협업을 준비해야 하는 것이다. 대중의 팬덤과 브랜드 팬덤의 차이도 여기에 있다. 팬덤의 대상에 대한 막연한 응원과 지지를 브랜드의 팬

---

76 참여감 / 리완창 / 와이즈베리 / P.44

덤에서는 기대하기가 쉽지 않다. 대신 팬들과의 협업으로 결과를 만들어 참여감, 성취감, 소속감을 공유한다. 브랜드 팬덤에서 팬들을 협업의 파트너로 삼아 의미 있는 협업의 결과를 만드는 것이 유용한 방법이다.

포르쉐는 전 세계 50만 명이 넘는 회원들의 운전 경로를 기록하고 분석해 공유하는 앱 로드Road를 제공한다. 커뮤니티 회원들의 데이터를 수집·분석하고 다시 회원들의 평가를 받아 드라이브 코스를 제공하는 앱이다. 협업의 결과물을 의미 있게 활용하고 같은 취향의 다른 팬들을 모으는 좋은 프로그램이다. 이렇듯 브랜드 팬들과 협업한 결과물로 같은 문화와 취향을 즐기는 더 많은 팬들을 끌어모을 수도 있음을 기억하자.

요즘 기업의 브랜드 팬덤은 고객 집착, 고객 몰입Customer Obsession을 통하여 그들의 이야기를 듣고 그들의 의견을 반영하고 그들과 함께하는 것이다. 브랜드 팬덤과 함께한 협업의 결과물을 가지고 잠재고객에게 영향을 미치고 그들만의 문화로 팬덤을 확산한다. 팬덤에 대한 막연한 기대와 환상을 버리고 대신 고객에게 단단하게 집착하고 그들을 협업의 파트너로 함께해야 한다.

브랜드 팬덤 시작을 위한 5가지 질문

브랜드 팬덤 구축을 시작할 때 여전히 어디서부터 어떻게 시작해야 할지 혼란스럽다면 다음의 5가지 질문에 답하는 방법으로 그 방향을 찾아보자.

- **질문 1** 브랜드 팬덤이 만들어지면 그들이 무엇을 해 주길 바라나요? 무슨 일을 부탁하고 싶은가요?
- **질문 2** 그렇다면 그 일을 가장 잘할 수 있는 브랜드의 지지자는 누구일까요?
- **질문 3** 브랜드 팬들과 협업할 거리는 무엇이 있을까요?
- **질문 4** 협업에 참가한 브랜드 팬들에게 어떤 보상을 제공할 수 있을까요?
- **질문 5** 브랜드 팬들과 협업의 결과물을 잠재고객에게 어떻게 연결할까요?

[그림 6-2] 브랜드 팬덤 시작을 위한 5가지 질문

첫 번째 질문, "브랜드 팬덤이 만들어지면 그들이 무엇을 해주길 바라나요? 무슨 일을 부탁하고 싶은가요?" 팬들에게 막연하게 '응원과 지지'를 바란다면 브랜드 팬덤의 시작도 막연할 뿐이다. 브랜드 팬덤은 구체적인 목적이나 목표를 가지고 시작하는 것이 필요하다.

두 번째 질문, "그렇다면 그 일을 가장 잘할 수 있는 브랜드의 지지자는 누구일까요?" 첫 번째 질문의 답을 실행하기 위해 도움이 되고 협업이 가능한 지지자의 조건을 정의해 본다. 협업으로 실행해야 할 목표가 설정되어 있으므로 구체적인 조건들을 설정할 수 있다.

세 번째 질문, "브랜드 팬들과 협업할 거리는 무엇이 있을까요?" 이번에는 지지자와 협업으로 목표를 달성할 수 있는 구체적인 협업 프로그램를 생각해 본다. 지지자를 참여시킬 수 있는 장치와 협업이 끝나고 얻게 되는 결과물도 함께 예상해 보라. 이때는 참여자에게 성취감을 부여할 수 있는 장치를 고민해 보아야 한다.

네 번째 질문. "협업에 참가한 브랜드 팬들에게 어떤 보상을 제공할 수 있을까요?" 협업의 결과로 제공할 보상에 대한 고민이다. 금전적 보상보다는 사회적 인정 보상을 우선으로 참여의 정도에 걸맞은 승급도 함께 준비한다.

다섯 번째 질문, "브랜드 팬들과 협업의 결과물을 어떻게 연결할까요?" 팬덤과 협업으로 얻은 결과물을 다른 사람들에게 '있어 보이게' 연결해 주는 방법을 고민하자. 이때 참여한 팬들은 '선망의 대상'이 될 수 있도록 해야 한다. 팬들이 선망의 대상의 되어야 영향력을 끼치고 다른 사람들도 팬이 되어 참여하길 희망하게 될 것이다.

이 스노우볼 팬더밍 서클에 기반을 둔 다섯 가지 질문에 대한 답이 정리되면 그 답을 기반으로 세부적인 사항들을 기획하고 브랜드 팬덤에 중요한 요소인 소속감, 참여감, 성취감을 제공할 요소들을 디테일하게 구성한다. 그리고 가장 중요한 실행을 시작한다.

리뷰 커뮤니케이션으로 브랜드 팬덤 구축하기

대중의 팬덤도 처음엔 팬덤의 대상의 쿨하고 힙함에 매료되어 관심을 가지게 되고 나중에 그 뒤에 알려지지 않은 인간적인 스토리에 매료되어 사랑하게 되는 것처럼 브랜드 팬덤도 팬덤의 대상에 집중할 필요가 있다. 제품과 서비스의 경험을 개선하는 데 집중해야 할 필요 말이다.

제품과 서비스의 힙함과 쿨함을 지지자들은 주변인들에 추천할 것이고 이러한 공감을 중심으로 브랜드 팬덤이 만들어질 수 있다. 어디서 많이 들어본 이야기 아닌가?

바로 리뷰 커뮤니케이션의 방식이다. 제품과 서비스에 만족을 한 고객은 자발적으로 리뷰를 작성해 다른 사람들과 연결을 원한다고 이미 살펴보았다. 이러한 긍정적인 고객 리뷰를 잠재고객과 기존 고객에게 연결한다면 제품과 서비스 중심으로 공감을 이루고 커뮤니케이션하면서 관계가 만들어지고 그 관계가 브랜드의 팬덤으로 진화할 수 있다.

결국 브랜드 팬덤이나 리뷰 커뮤니케이션은 모두 제품과 서비스의 긍정적인 고객 경험을 연결한다는 점이 주목해야 할 공통점이다. 다시 말해 지금 여러분의 제품과 서비스에 긍정적인 고객 리뷰를 찾아 발굴하고 이것을 다른 고객들에게 연결하는 것으로 브랜드 팬덤 만들기를 시작할 수 있다는 이야기이다.

이제 컨설팅 시작 시에 기업들과 제일 먼저 고객 리뷰를 살펴보는 이유를 이해하겠는가? 특히 브랜드 팬덤을 만들기 위한 컨설팅은 항상 기존의 고객 리뷰 수집과 분석으로 시작해서 리뷰 커뮤니케이션을 완성하는 프로세스를 우선으로 살펴본다. 결국 브랜드 팬덤의 대상은 제품과 서비스인 것이 가장 자연스럽다.

리뷰를 수집하고 분석하고 응답하고 연결하고 피드백하는 리뷰 커뮤니케이션의 과정은 곧 여러분의 브랜드 팬덤을 만드는 과정이 될 수 있다. 새로운 경험을 만들기보다 고객과 기업, 고객과 고객을 연결하는 리뷰에 먼저 집중해 보자.

리뷰로 브랜드 팬덤 시작하기

리뷰로 브랜드 팬덤을 구축하는 방법을 알아보기 위해 앞서 이야기한 브랜드 팬덤 구축을 시작할 때의 5가지 질문을 다시 살펴보자.

첫 번째 질문, "브랜드 팬덤이 만들어지면 그들이 무엇을 해주길 바라나요? 무슨 일을 부탁하고 싶은가요?" 이 질문에 가장 많이 등장하는 답이 '제품이나 서비스의 홍보'이다. 브랜드 팬덤이 만들어지면 그들이 자발적으로 제품이나 서비스를 다른 사람들에게 알리거나 추천하기를 원하는 것이다.

두 번째 질문, "그렇다면 그 일을 가장 잘 할 수 있는 브랜드의 지지자는 누구일까요?" 제품이나 서비스를 홍보하는 일을 잘할 수 있는 브랜드의 지지자의 조건은? 일단 제품이나 서비스의 구매 고객이며 이용자일 것이다. 여기에 누가 시키지도 않았는데 이미 제품과 서비스에 대해 자발적으로 알리고 있다면? 이 두 가지 조건에 만족하는 지지자는? 바로 고객의 자발적인 리뷰 중 긍정적인 내용을 담고 있는 리뷰를 작성한 리뷰어일 것이다. 리뷰 커뮤니케이션의 응답 단계를 설명하면서 긍정적인 리뷰는 리뷰보다 리뷰어에 집중해야 한다고 설명했다. 바로 이런 이유에서다.

세 번째 질문, "브랜드 팬들과 협업할 거리는 무엇이 있을까요?" 자발적으로 긍정적인 리뷰를 작성한 것이 이미 제품이나 서비스 홍보에 협업을 한 경우이다. 자발적 리뷰어들에게 별도의 협업 거리를 제공할 수도 있다. 하지만 먼저 그들의 자발적 참여의 결과물인 리뷰를 선망의 대상으로 만드는 프로그램을 기획하면 어떨까?

네 번째 질문. "협업에 참가한 브랜드 팬들에게 어떤 보상을 제공할 수 있을까요?" 자발적 참여의 결과물, 리뷰 작성에 대한 보상을 생각해 보자. 선망의 대상이 되어야 하니 자발적 리뷰어를 칭하는 이름을 하나 만들고 그들에게만 제공되는 굿즈를 만들어 제공한다. 여기에 추가적으로 특별한 혜택까지 고민해 본다.

다섯 번째 질문, "브랜드 팬들과 협업의 결과물을 어떻게 연결할까요?" 그들의 자발적 리뷰를 공식 채널과 고객 접점 채널에서 그들을 구분 짓는 이름과 함께 소개한다. 그들에게 제공되는 보상도 소개한다. 그들을 다른 사람들에게 '선망의 대상'으로 만들고 그들의 리뷰를 공개하여 이를 본 다른 사람들도 리뷰를 작성해 참여하고픈 마음을 들게 한다.

이렇게 기획된 프로그램이 본문에서 소개한 윌라 오디오북의 '윌라굿리스너'와 '소니 블로거 히어로즈'이다. 가장 기본적이면서도 효과적인 리뷰로 브랜드 팬덤을 만드는 방식이다.

지금까지의 리뷰 커뮤니케이션 이야기를 잘 이해한다면 브랜드 팬덤을 만드는 방법과 리뷰 커뮤니케이션의 방식이 많은 유사점을 가지고 있다는 것을 눈치챘을 것이다. 그 유사점들을 살펴보면서 리뷰 커뮤니케이션으로 브랜드의 팬덤을 만드는 방법을 살펴보도록 하자.

참여를 기반으로 한 브랜드의 지지자는?

브랜드 팬덤과 마찬가지로 리뷰 커뮤니케이션도 고객의 참여를 기반으로 한다. 기업의 장려에 의해 작성된 고객 리뷰는 다시 기업의 노력으로 다른 고객들에게 연결되는 고객과의 협업 모델이다. 무엇보다 브랜드 팬덤과 마찬가지로 고객의 참여 없이는 진행될 수 없어서 기업은 다양한 방법으로 고객 리뷰의 참여를 독려해야 한다.

성공적인 브랜드 팬덤 프로그램은 브랜드를 지지할 가능성이 높은 사람들부터 시작해서 점차 그 범위를 넓혀간다. 자발적으로 리뷰를 작성한 고객들은 제품이나 서비스를 지지할 확률이 높은 사람들이다. 긍정적인 내용의 리뷰를 작성했다고 하면 더더군다나. 그래서 자발적으로 긍정적인 내용의 리뷰를 작성한 리뷰어부터 발굴하고 연결하면서 브랜드 팬덤을 구축하는 것이 좋은 방법인 것이다.

기존의 충성 고객에게 특별한 리뷰를 부탁하거나 리뷰어의 지위를 부여함으로써 브랜드 팬덤의 구축을 시작할 수도 있다. 오디오북의 1년 이상 구독자에게 '오디오북 1년 사용 리뷰' 또는 '초보 오디오북 가입자를 위한 첫 번째 오디오북 추천 리뷰'와 같은 특별한 리뷰를 요청하는 것이다. 작성된 리뷰를 잠재고객들에게 연결하고 리뷰어를 연결하여 팬으로 육성할 수 있다. 또는 로튼토마토의 비평가들의 평점 리뷰인 토마토미터^{TOMATOMETER}와 일반 관람객의 평점^{AUDIENCE SCORE}을 동시에 제공하는 것을 응용하여 선발된 충성 고객 그룹의 평점을 일반 고객 평점과 동시에 제공하는 리뷰 시스템을 적용하는 방법도 있다.

하지만 브랜드의 지지자를 찾는 것은 브랜드 팬덤 구축의 절반에 불과하다. 그들을 유지하는 것은 더 어렵다. 그래서 단발성의 활용이 아닌 지속적인 리뷰 커뮤니케이션이 필요하고 이것이 곧 장기적인 관점에서 브랜드 팬덤을 유지하는 기반이 될 것이다.

중요한 건 꺾이지 않는 마음

라면값 인상 결정을 내린 오뚜기에 비판 목소리를 낸 소비자 단체에 '오뚜기 팬덤'이 우르르 몰려가 단체의 홈페이지 '소비자 목소리' 게시판을 점령하는 일이 발생했다. '소비자 목소리'라는 게시판은 이 사건 이전까지 그해 약 7건의 게시물이 올라올 정도였는데 "서민의 대표 식품을 제조하는 기업답게 사회적 책임을 지고 이번 가격 인상을 재검토하기를 촉구한다."는 비판을 소비자 단체가 발표하자 '갓뚜기' '오뚜기만세' 등 익명의 오뚜기 팬덤으로 추정되는 사람들이 해당 단체 홈페이지에 대거 몰려들어 오뚜기 비판에 대한 성토글로 약 100건 이상 도배를 한 것이다. 어떤가? 이런 브랜드 팬덤을 원하는가? 우리 브랜드를 응원하고 지지하고 심지어 대신 싸워주는?

사회적 공헌과 훈훈한 미담으로 언제부터인가 '국민기업', '갓뚜기'라는 수식어가 붙으면서 적지 않은 팬덤을 형성한 오뚜기의 이야기이다. 오뚜기를 응원하고 지지하는 팬덤이 만들어졌지만 팬덤과의 지속적인 소통이 이루어지지 않아 생긴 해프닝 같은 이야기이다. 오뚜기 팬덤의 이름조차 없어 '오뚜기 만세', '오기두', '어처구니없네' 등 익명으로 게시글을 작성 하고 비판의 근거나 논조가 없이 달랑 '13년 동안 월급 동결하신 분?', '오뚜기가 만만해요?', '정작 롯데 같은 데는 찍소리도 못하면서...' 등과 같이 항의성 문구 한 줄의 게시물로 도배한, 몇 가지 상황만 보아도 평소 오뚜기가 팬덤과의 소통 또는 지속적인 관리가 없었다는 것을 추측해 볼 수 있다.

브랜드 팬덤을 구성하는 팬들은 다른 사람들에게는 '선망의 대상'이 되도록 해주어야 한다. 이렇게 우스꽝스러운 익명으로 마치 떼쓰듯 항의하는 모습은 선망의 대상은커녕 팬덤에서 보여서는 안 되는 '친목질'로 오인받기 좋다.

평상시 팬덤의 이름을 지어 소속감을 만들어주고 잦은 소통으로 교류하면서 라면값 인상 결정 발표 전에 "최근 밀가루, 팜유와 같은 식품 원자재 가격과 인건비 등의 상승으로 불가피하게 가격을 올릴 수밖에 없었습니다. 설비 투자 및 인원 충원 등을 통해 보다 좋은 품질의 상품을 개발하고 생산하겠습니다."라고 미리 인상 배경을 팬들에게 전했다면 소비자 단체에 찾아간 팬들의 행동이나 게시물의 내용이 지금과 같지는 않았을 것이다. 브랜드 팬덤은 구축하는 것도 중요하지만 지속적으로 운영, 지원, 소통, 관리하는 것이 중요하다.

브랜드 팬덤의 구축은 장기적인 관점으로 진행하여야 한다. 단기적인 성과에 집중한 나머지 짧게는 1개월에서 보통 6개월 정도의 활동을 단편적으로 진행하는 현재의 브랜드 팬덤에서, 참여자의 경험이 연결되어 쌓일 수 있도록 그래서 그들만의 문화가 만들어질 수 있도록 장기적인 계획을 가지고 시작해야 한다.

마찬가지로 현재 기업이 마치 바이럴 마케팅처럼 단발적으로 고객 리뷰를 활용하는 리뷰 마케팅도 모니터링과 응답을 기본으로 지속적인 대화를 하는 것처럼 장기적으로 운영하는 리뷰 커뮤니케이션으로 전환하는 것이 필요하다.

브랜드 팬덤을 구축하는 스노우볼 팬더밍 서클의 5단계처럼 리뷰 커뮤니케이션도 가능한 모든 고객의 리뷰를 정기적으로 '수집'하고 이를 식별하고 이해하는 '분석' 단계를 지나 구분된 리뷰에 맞는 '응답'을 하고 리뷰의 가치를 높여줄 대상에게 '연결'하고 최종 결과를 다시 '피드백'해주는 단계로 이루어진다. 이러한 순환이 이루어지면 질수록 기업이 고객의 리뷰를 장려하는 문화가 안착되어 고객이 기업의 요청 없이도 자발적으로 리뷰를 작성하고 소통하는 환경이 지속 가능하게 된다.

브랜드 팬덤을 만드는 것과 리뷰 커뮤니케이션 모두 장기적인 관점으로 설계하고 운영해야 하는 것이다. 그런데 현실에는 이러한 장기적 관점, 지속적인 운영에 가장 큰 걸림돌이 있다.

커뮤니티 컨설팅 회사인 피버비^{FeverBee}의 창립자 리차드 밀링턴^{Richard Millington}은 그의 저서 《필수불가결한 커뮤니티^{The Indispensable Community}》에서

그 걸림돌에 대해 설명한다. "할리데이비슨Harley Davidson 및 델Dell과 같은 성
공 사례는 종종 이익이 과장되고 비용이 적게 드는 브랜드 팬덤 커뮤니티
를 구축하는 것을 정당화하는 데 사용된다. 사례는 놀라운 이론적 이점을
보여줄 수 있지만 회계사는 이러한 이점을 대차대조표에서 찾아볼 수 없
다."[77]

브랜드 팬덤을 장기적인 관점으로 운영하거나 운영을 시작하려 할 때
항상 제동이 걸리는 질문들, "그래서 브랜드 팬덤이 우리 기업에 얼마의 수
익을 가져다주지?", "수익도 나지 않는 것을 우리는 왜 운영하고 있는 거
지?"가 있다. 이 질문들을 현실적으로 무시할 수 없고 극복하기도 쉽지가
않다. 이런 의문을 뛰어넘는 신념을 가진 담당자가 없는 이상 대부분 중도
에서 포기하는 경우가 많다. 그러다가 또 잊힐 만하면 팬덤 이야기를 다시
꺼내고 반복하는 것이다.

브랜드 팬덤 구축의 일환으로 리뷰 커뮤니케이션을 진행한다면 이러한
질문에 어느 정도 답을 가질 수 있게 된다. 리뷰를 효율적으로 잠재고객에
게 연결함으로써 매출을 유도할 수 있기 때문이다. 그리고 현재 단기간 반
복해서 진행 중인 리뷰 마케팅을 장기적 관점에서 지속적인 운영으로 전
환하는 것만으로도 기업이 원하는 브랜드 팬덤 구축의 시작을 만들 수 있
다. 뭔가 새로운 경험을 가지고 팬덤을 구축하는 것도 좋지만 이미 고객들
도 익숙한 비즈니스 프로세스의 경험을 개선하고 그 결과인 긍정적 경험
을 연결하는 방법을 우선적으로 검토해 보길 추천한다.

77 The Indispensable Community: Why Some Brand Communities Thrive When Others Perish / Richard
   Millington / FeverBee

양날의 검

"현재 가장 유해한 팬덤은 스타워즈 팬덤이며 이는 너무 슬픈 일이다."[78]

'스타워즈'가 자기 인생의 최고의 영화라고 언급하고 '스타워즈' 때문에 영화배우가 되었고 결국 '스타워즈'에 단역으로 출연하게 되어 성덕이라 불리던 사이먼 페그Simon Pegg가 최근 한 라디오쇼 인터뷰에서 한 말이다. 한때 전 세계 강력한 팬덤 중의 하나로 자주 언급되던 '스타워즈' 팬덤은 최근 인종차별적인 활동과 출연 배우진들에 대한 과도한 SNS 공격, 새로운 시리즈 등에 대한 반감 및 보이콧 활동으로 비난을 받는 경우가 빈번해지고 있다.

브랜드 팬덤을 이야기할 때 팬덤이 구축만 된다면 무언가 우리 브랜드에 좋은 일만 생길 것이라는 긍정적인 부분만 강조되는 경우가 대다수이다. 하지만 팬덤이 때로는 강한 부작용을 동반한다는 점을 알아야 한다. 특정 대상을 선호하고 지지한다는 정체성을 공유하는 집단인 팬덤은 종종 정체성을 달리하는 외부로부터의 어떤 비판이나 도전도 용납하지 않고 집단 공격으로 응수하는 부작용을 낳기도 한다. 이를 독성 팬덤toxic fandom이라고 한다.

브랜드 팬덤도 이러한 독성 팬덤으로 전락하는 것을 경계해야 한다. 독성 팬덤으로 전락하게 되면 다른 사람들에게 선망의 대상이 되기는커녕 비난의 대상이 되어 그들의 영향력을 잃게 되고 기업에 오히려 부담을 줄 수 있기 때문이다. 심지어 스타워즈 팬덤과 같이 팬덤의 대상인 브랜드를 공격하는 경우도 발생할 수 있다. 지속적인 대화와 소통, 그리고 관리가 필

---

78 Simon Pegg: 'Star Wars' Fandom Is the 'Most Toxic at the Moment' and It's 'Really Sad' / Variety / Zack Sharf / 2022.7.20.

요하다.

브랜드 팬덤이 마냥 긍정적인 이점만 가진 것이 아닌 것처럼 리뷰 커뮤니케이션도 양날의 검과 같은 부정적인 면이 있음을 인지하라. 이미 언급한 바와 같이 고객 리뷰는 긍정적인 내용의 리뷰만 있는 것이 아니다. 부정적인 내용의 리뷰 외에도 최근에는 조작되거나 허위의 내용이 담긴 리뷰와 경쟁사의 의도적 리뷰까지 점점 더 다양한 위기가 존재한다. 지속적인 모니터링, 지켜보는 관중을 의식한 일대일의 응답 그리고 때로는 단호한 조치 등 이미 앞서 다룬 부정적 리뷰 응답을 실무에서 적용하길 바란다. 고객 리뷰, 특히 부정적 내용의 리뷰에 대한 가이드를 준비하고 일관성 있게 대응할 수 있도록 담당자 또는 전담팀을 배치하고 주기적인 운영 관리를 계획해야 한다. 부정적인 내용의 리뷰는 피하고 무시한다고 해결되는 일은 거의 없다. 더 적극적으로 응답할 수 있도록 준비해야 한다.

리뷰 커뮤니케이션을 문화로 안착시켜라!

지금까지 고객이나 기업에 익숙하지만 너무 익숙해서 소홀하게 대하고 있는 리뷰에 대해 그 영향력, 속성 그리고 리뷰어의 속성 등을 알아보는 것을 시작으로 기업이 현재 실무에서 활용하고 있는 리뷰 마케팅에 대한 문제점, 개선점에 대해 살펴보았다. 그리고 기업의 요청에 의한 리뷰의 작성과 장기적으로 지속 가능하게 자발적 리뷰를 장려하는 방법까지 살펴보았고 제품 출시 때나, 필요시에만 일회성으로 진행되는 리뷰 마케팅을 주기적으로 안정화하는 리뷰 커뮤니케이션으로 전환하는 방법을 단계별로 살펴보고 이 리뷰 커뮤니케이션이 브랜드 팬덤의 방법으로 활용될 수 있음을 살펴보았다.

역시나 중요한 것은 실행이다. 고객 리뷰에 대한 전반적인 이해를 기반으로 여러분의 기업이나 브랜드의 현실적인 상황을 반영하여 감당할 수 있는 범위를 정하고 실행을 시작하라. 진행 중이었던 고객 리뷰 이벤트를 조금 더 정교하게 바꿔도 좋고, 고객 리뷰에 대한 응답을 시작하는 것도 좋다. 먼저 시작하고 결과를 다시 분석하고 수정하면서 기업에 맞는 리뷰 커뮤니케이션 전략을 하나씩 수립해 가고 전사적인 문화로 안착시키는 단계로 나아가면 된다.

고객 리뷰는 고객에게도 기업에도 점점 더 그 중요도가 높아지고 있다. 리뷰를 연결하고 고객의 긍정적인 경험을 연결하여 더 나은 비즈니스를 만드는 것이 리뷰 커뮤니케이션의 목표이다.

7장

성공적인 리뷰 마케팅을
위한 개선 팁

7장 성공적인 리뷰 마케팅을 위한 개선 팁

리뷰 커뮤니케이션으로의 전환은 지속적인 리뷰 생태계를 구축하는 과정이다. 따라서 시간과 계획, 준비가 필요하다. 그 사이 기업이 주도하여 리뷰를 요청하는 현재 리뷰 마케팅의 방식을 좀 더 효율적으로 개선할 수 있는 방법을 살펴보자. 앞서 이야기했듯이 기업의 리뷰 확보는 '요청'과 '장려', 두 가지 방법이 있다. 지금보다 효과적으로 리뷰를 요청하고 활용하는 방법으로 개선하게 된다면 더욱 더 공고한 리뷰 생태계 구축에 도움이 될 것이다.

현재 리뷰 마케팅은 기업의 요청으로 작성된 리뷰임을 밝혀야 하는 상황이다. 고객의 관점에서 더 필요한 내용을 담아 기업의 광고, 홍보임을 인지한 상태에서도 리뷰를 읽을 만한 가치를 만들어야 하고 내용을 신뢰할 수 있게 만들어야 한다. 여기에 더 많은 노력을 쏟아붓고 시행착오를 거쳐 자신만의 방법을 찾아야 한다.

현재 기업이 주도하여 리뷰를 요청하는 리뷰 마케팅 방식을 크게 두 가지 관점에서 개선해 보자. 첫 번째는 요청 전에 미리 준비하는 단계의 개선이다. 리뷰의 목적을 정하고 이에 맞는 리뷰 제작 가이드 등을 준비하는 과정을 세분화하여 준비하자. 리뷰어가 정확한 정보를 가지고 분명한 메시지를 담는 리뷰를 만들 수 있도록 말이다. 두 번째는 리뷰 요청 방법의 개선이다. 적합한 대상 군을 모아 필요한 형식의 리뷰를 요청하는 단계에서 준비된 가이드를 정확하고 다양한 방식으로 전달해 보자. 지금의 리뷰 마케팅에서 중요하게 생각했던 리뷰 확보의 양보다 양질의 리뷰, 즉 활용에 적합한 내용을 담은 리뷰를 요청하는 방법으로 개선하는 것이다.

지금부터 이제까지 진행하였던 리뷰 이벤트, 체험단, 서포터즈의 활용 등 고객에게 리뷰를 요청했던 경우를 복기하며 한 단계씩 살펴보도록 하자.

요청 전 먼저 준비할 것들

많은 기업들이 좋은 리뷰를 원하면서 사전 준비에는 소홀한 경우가 많다. 리뷰를 요청하여 원하는 결과물을 얻기 위해서는 사전에 몇 가지 사항들을 준비해야 한다. 대행사를 활용해 리뷰를 요청하는 경우에도 준비사항을 꼼꼼히 챙겨야 결과물에 당황하지 않을 수 있다. 리뷰 이벤트나 체험단, 서포터즈 운영 시 행사나 운영 준비에는 많은 신경을 쓴다. 하지만 실제 중요한 리뷰에 대한 가이드조차 제대로 준비되어 있지 않은 경우가 종종 있다. 사전에 결정되거나 준비되어야 할 것들을 살펴보면서 정리해 보자.

분명한 목적을 설정하라

누가 봐도 이해할 수 있는 범용(汎用)의 리뷰를 만들어 널리 확산시키는 것이 리뷰 마케팅 1.0이라 앞서 이야기했었다. 확산 배포할 범용의 리뷰를 만들기 위해서는 리뷰어의 상황과 이야기보다 제품이나 서비스의 기능 중심으로 리뷰를 작성했었다. 이때 리뷰의 목적은 누구나 제품이나 서비스의 특장점을 쉽게 이해하게 하여 결국 구매로 이어지게 하는 것이다.

현재의 리뷰 마케팅 2.0은 어떠할까? 리뷰도 고객 관점에서 나누어 니치를 겨냥하여 쪼개지듯 리뷰의 목적과 활용도 세분화되어야 한다. 요즘도 고객에게 리뷰를 요청할 때에 범용의 리뷰를 요청하는 일이 빈번한데 세분화된 목적에 맞추어 좀 더 구체적으로 이야기할 필요가 있다.

리뷰 콘텐츠의 목적은 거의 대부분 판매 촉진일 것이다. 이 판매 촉진의 목적도 세부적으로 단계를 나눌 수 있다. 신제품의 인지, 제품의 특장점을 알리기, 제품의 가성비를 알리기, 제품의 효능 알리기 등으로 말이다. 제품이나 서비스의 활용을 높이기 위함도 리뷰 콘텐츠의 목적이 될 수 있다. 제품을 구입한 고객이 다양한 방식으로 제품이나 서비스를 활용하는 일상을 공유하는 것이 그것이다. 제품 인지의 환기도 목적일 수 있다. 출시 이후 어느 정도 시간이 지난 제품이나 서비스의 인지를 환기하기 위해서 리뷰 콘텐츠를 제작하고 다시 확산하는 경우이다.

고객들에게 리뷰를 요청하는 리뷰 마케팅에서는 기업이 콘텐츠의 방향성을 정할 수 있다. 아니 사전에 정해야 한다. 구체적으로 요청으로 만들어질 리뷰들이 어떻게 활용될 것인지를 미리 결정해야 적합한 리뷰어, 가이드, 요청 방법, 확산 채널들을 결정할 수 있다. 사전에 정확한 목적이 설정되면 진행 후 효과 분석이나 인사이트를 찾는 것도 효과적일 수 있다.

세분화된 목적을 가지고 필요에 따라 다른 리뷰를 요청하는 방법으로 제품이나 서비스의 다양한 리뷰를 확보하는 것이 고객들에게 다양한 관점의 공감을 이끌 수 있다.

어떤 리뷰를 원하는가, 리뷰의 결과물을 예측하라

요청한 리뷰의 결과물을 받아 본 순간, 리뷰의 수준이 낮아서, 콘텐츠의 퀄러티가 좋지 않아서, 제품의 특장점이 부각이 안 되어서 등의 이유로 낭패를 보는 경우가 종종 발생한다. 그러면 "아, 우리가 생각했던 것과는 다르게 리뷰가 작성되었네요."라며 수정을 요구하지만 쉽게 만족도를 높일 수 없다. 리뷰어의 잘못일까? 살펴보면 리뷰를 요청하면서 준비가 덜 된 경우가 태반이다.

그래서 요청 준비 시 리뷰 목적에 맞는 예상 리뷰를 먼저 작성해보는 것이 중요하다. "어떤 리뷰를 원하시나요?"라고 컨설팅 시에 질문을 하면 막연하게 "이런저런 내용이 담겼으면 좋다."라고 구두로 의견이 전해지는 경우가 많다. 이런 경우 결과물이 나오면 서로 다른 생각에, 앞서 이야기한 상황이 벌어지는 것이다. 당연한 이야기이다.

자동차 신차발표회는 다른 신제품 발표회와 유사하게 자동차 업계에 영향력이 있는 셀럽, 블로거, 커뮤니티 주인장, 유튜버 등을 초청한다. 그들에게 신차에 대한 리뷰를 요청하는 자리라고 볼 수 있다.

한 자동차 기업이 신차발표회 일정에 대해 의견을 요청해서 살펴본 적이 있다. 제주도에서 1박 2일로 진행되는 신차발표회는 김포공항에서 초청자들이 모여서 비행기를 타고 신차들이 도열을 하고 있는 제주공항에 도착하면서 시작된다. 2인 1조가 되어 신차를 배차받아 숙박할 호텔로 드라이브를 하면서 신차를 경험하게 된다. 호텔에 도착해서는 코스요리를 즐기면서 CEO의 인사말, 개발담당의 신차 소개 등의 행사에 참가한다. 이후는 자유시간으로 다시 2인 1조가 되어 승마, 패러글라이딩, 씨워킹 등 레저를 즐기기 위해 각 장소로 신차를 타고 출발한다. 신나는 레저 타임이 끝나면 준비된 호텔 숙소에서 저녁 식사와 자유시간으로 일정은 마무리된다. 예상컨대 밤이 되면 비공식적으로 삼삼오오 모여서 이야기를 나누며 술을 마시게 될 것이다. 다음 날 아침, 밤새 마신 술을 해장하기 위해 해장국으로 아침 식사를 마치고 사우나를 한 후 서울로 돌아가면서 일정은 마무리된다.

신차발표회 참석자들은 어떤 리뷰를 작성하게 될까? 컨설팅의 결과로 준비된 일정에 맞추어 가상의 리뷰를 작성해서 담당자에게 제출했다. 참석자가 부지런하다면 김포공항에서, 아니라면 제주공항에서 인증샷으로 리뷰는 시작될 것이다. 멀리 도열된 신차를 한 장 사진으로 보여준다. 숙소로 드라이빙하면서 신차의 내부를 찍으려면 뒷좌석에서 몸을 바짝 뒤로 젖힌 채 사진을 찍어야 하지만 처음 만난 조원과 서먹서먹한 관계로 그냥 옆자리에서 살짝 한 장. 행사장에 도착해서 CEO와 개발 담당자의 신차에 대한 이야기 살짝. 준비된 코스요리를 항공샷으로 연속 촬영 소개. 선택한 레저 타임을 즐기기 위한 이동 중에 신차 인증 한 번. 이후에는 레저를 즐기는 멋진 나의 모습을 잔뜩 소개해야 할 것이다. 기업 담당자와 다른 참석자들이 모여 술 마시는 장면은 서로에게 이로울 것이 없으니 리뷰에서 생략. 전일 술 마신 내용이 없으니 아침 해장국과 사우나 생략. 제주공항에서 마무리.

무엇이 문제일지 가상의 리뷰로 짐작할 수 있는가? 전체적으로 신차에 대한 소개나 소감의 리뷰 내용이 제공되는 식사, 레저의 소개 내용과 같은 비중이거나 또는 심지어 적어질 수도 있겠다는 부정적 의견을 전했다. 그리고 목적에 맞게 행사 내용 및 일정 수정을 권했다. 결과물을 예측해 보면 수정해야 할 부분들을 미리 알 수 있다.

콘티^{continuity}는 영화나 텔레비전 드라마의 촬영을 위하여 각본을 바탕으로 필요한 장면의 번호, 화면의 크기, 촬영 각도와 위치에서부터 의상, 소품, 대사, 액션 따위 등 각 장면의 아이디어를 기록하여 전달하는 그래픽이다. 즉 현장에서의 촬영 계획으로 최종 편집용을 예상할 수 있는 제작 스태프들과의 커뮤니케이션 언어의 한 종류이다.

리뷰를 제작하는 것에도 많은 사람들이 참여하게 되므로 리뷰의 목적에 따른 정확한 가이드와 의사전달을 위해서 이런 콘티와 같은 최종 결과물에 대한 예측이 필요하다. 가장 좋은 방법은 요청되어 제작되길 원하는 리뷰를 미리 한 번 만들어 보는 것이다. 그 예상본을 가지고 논의를 거쳐 의견을 취합하여 수정 반영하는 것이다. 그리고 이러한 예상본을 중심으로 고객들에게 적합한 요청을 하기 위해 필요한 제작 가이드, 제작 요소, 커뮤니케이션 방법들을 산출한다. 그 준비된 산출물을 기반으로 리뷰의 요청을 진행한다면 당연히 서로의 생각만으로 진행하는 리뷰의 요청보다 좋은 결과물을 얻게 될 것이다.

고객에게 리뷰를 요청하기 전에 우리가 원하는 리뷰의 결과물을 반드시 미리 준비해 보라. 시행착오를 줄일 수 있고 정확한 커뮤니케이션과 실행에 도움이 된다.

리뷰어를 정의하라

"파워블로거, 인스타그램 셀럽, 파워 유튜버로 리뷰어를 100명 구성해 주세요." 기업이 일반적으로 리뷰를 요청할 때 처음 등장하는 단골 멘트다. 업무 지시를 받은 대행사는 이에 100명의 소개가 담긴 리스트를 기업에 전달한다. 리스트의 소개를 보고 다시 명단을 추려 50명 정도가 되면 대행사가 개별 연락을 하게 되고 참여 여부를 확인한 후 최종 리뷰어를 결정하게 되는 방식이다.

하지만 이제 "이 제품은 특정 기업으로부터 금전적 지원을 받아 작성되었다."라는 광고 고지 문구가 포함된 리뷰를 진정성 있게 받아들이기는 어려워졌다. 그래서 조금 더 리뷰어 선정에 신중을 기해야 하는 상황이 되었다. 막연하게 영향력 있는 리뷰어보다는 리뷰의 활용 목적에 더 적합하고 타깃 고객에게 더욱 영향력을 줄 수 있는 리뷰어를 신중하게 정의하고 선정해야 할 때이다. 다시 말해, 광고 고지 문구를 담더라도 신뢰감을 줄 수 있고 공감을 이끌 수 있는 리뷰어를 정의해야 한다.

"최근에 저희 제품 스카이라인에 대해서 포스팅해 주셔서 누구보다 빨리 새로운 스카이라인을 보여드리고자 한다." 닛산은 스카이라인 신차발표회에 기존 기업들의 일반적인 방식인 셀럽이나 영향력자를 초청하지 않았다. 대신 제품명인 '스카이라인' 키워드로 검색하여 최근 자신의 소셜미디어 채널에 '스카이라인' 신차에 대한 기대감을 포스팅한 일반 블로거를 찾아 개별적인 연락을 통해 초청장을 보냈다. 총 100명에게 말이다.

일반 직장인들이 대다수인 점을 감안하여 이동이 편한 시내 긴자의 갤러리에서 퇴근 시간을 고려해 8시에 행사를 진행하였다. 초청받은 100명 중 90%인 90명이 참석했다. 그들이 신제품에 기대하고 궁금했던 부분은 신차 개발자와의 만남을 마련해 대화할 수 있도록 해주었다. 이후 닛산은 고객들이 실제로 신제품에 대해 궁금해하는 내용이 담긴 유익한 리뷰를 얻게 되었다.

제품의 관심 고객을 중심으로 한 일반인을 리뷰어로 선정하는 방법이다. 앞서 이야기한 영향력자를 활용한 리뷰보다 일반 고객이 공감할 수 있는 질문의 내용이 담겨 비록 광고 고지 문구가 있더라도 유익한 내용의 리뷰로 전달될 수 있다.

타깃 고객의 눈높이에서 공감을 끌어낼 수 있는 일반인을 리뷰어로 선정하는 방법을 적극적으로 활용하여야 한다. 한국지엠의 일반인 시승기 시리즈가 그렇다. 택시 기사, 초보운전자, 오토캠퍼, 대리운전 기사, 장롱면허 엄마 등을 리뷰어로 선정하여 시승기는 이어졌다. 소셜 웹 콘텐츠가 제공해야 하는 기존에 볼 수 없었던 새로운 시각이라는 재미 요소를 모두 갖추고 있었다. 게다가 기존 자동차 전문가 리뷰에 반해 어렵지 않고 이해하기 쉬워 고객의 공감까지 이끌어 낼 수 있었다.

여러 가지 이유로 인플루언서를 리뷰어로 활용하게 된다면 세분화해서 집중하는 것이 중요하다. 신제품을 빠르게 알리기 위한 목적으로 인플루언서를 활용하는 경우가 대부분이다, 이때 주로 선정 기준으로는 그들의 영향력이 주요하다.

인플루언서는 대중에게 미치는 영향력, 즉 팔로워의 숫자에 따라 크게 메가mega, 매크로macro, 마이크로micro, 나노nano 인플루언서로 나뉜다. 메가 인플루언서는 팔로워 기준 100만 명 이상의 인플루언서를 말한다. 연예인이나 스포츠 스타 같은 셀럽으로 상위 수준의 인지도와 팬을 보유한 인플루언서가 이 그룹에 속한다. 매크로macro 인플루언서는 수만에서 수십만 명 팔로워를 보유한 인플루언서를 말한다. 주로 특정 분야의 타깃층에 대한 전문성을 갖춘 전문가로 콘텐츠를 만들며 영향력을 행사하는 그룹이다. 메가와 매크로 인플루언서는 상대적으로 많은 비용이 필요하지만 강한 영향력으로 단기간 내에 제품 및 브랜드 인지도를 강화하고 신뢰도를 높이는 것에 효과적이다.

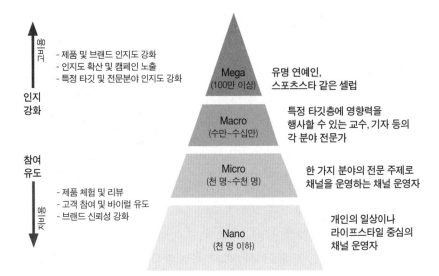

[그림 7-1] 인플루언서 마케팅의 활용 (출처: 디지털이니셔티브 그룹)

마이크로micro 인플루언서는 천에서 수천 명 팔로워를 보유한 인플루언서를 말한다. 매크로 인플루언서와 유사하지만, 적은 수의 팔로워와 그에 따른 충성심이 특징이다. 한 가지 분야의 전문 주제로 채널을 운영하는 채널 운영자들이 대부분이다. 전문적인 지식을 바탕으로 콘텐츠를 제작하기 때문에 제품과 서비스의 신뢰도를 높이는 리뷰를 요청하고 활용하는 방법을 고려해 보자.

마지막으로 나노nano 인플루언서는 천 명 이하 팔로워를 보유한 인플루언서를 말한다. 일반인 중에서 팔로워가 많은 경우, 인기 게시물 게시를 통해 팔로워를 얻은 경우 등이 여기에 속한다. 개인 일상이나 라이프스타일 중심 채널 운영자인 나노 인플루언서의 팔로워들은 인플루언서를 자신의 친구처럼 여기기 때문에 공감도와 신뢰도가 높을 가능성이 높다.

이처럼 인플루언서마다 각각의 특징과 장점이 있기 때문에 리뷰 활용의 목적에 맞는 그룹을 선정하는 것이 중요하다. 일반 고객에게 우선적으로 리뷰를 요청하는 경우에도 인플루언서의 요청을 곁들여 이들을 연계하면 더 큰 효과를 거둘 수 있다.

인플루언서의 영향력, 팔로워의 숫자 이외에도 살펴봐야 할 사항들이 있다. 미디어 관점에서 그들의 도달 능력, 확보된 팔로워의 숫자, 영향력을 살펴봤다면 이번에는 콘텐츠 측면에서 연관성relevance을 살펴보아야 한다. 인플루언서들은 그들이 영향력을 얻고 유지하는 콘텐츠의 차별점이나 그들 콘텐츠만의 세계관이 존재한다. 많은 기업들이 인플루언서에게 리뷰를 요청하면서 그들의 콘텐츠적인 특징을 살리지 않고 그들의 영향력에만 의존하여 제품과 서비스의 리뷰를 요청하는 경우가 많다. 이러한 결과물은 그들의 세계관과 일치하지 않는 경우가 대부분이어서 그들의 영향력을 얻을 수가 없게 된다. 그들의 세계관이 기업의 제품과 서비스와 연관성이 있거나 어우러질 수 있는지 살펴봐야 한다.

마지막으로 평판이다. 인플루언서의 평판, 즉 이미지가 우리 기업과 우리 제품에 부합하는지 살펴봐야 한다. 아무리 높은 영향력을 보유한 인플루언서라도 우리 제품에 맞지 않는 평판을 갖고 있다면 당연히 리뷰를 요청해서는 안 된다는 이야기이다.

제품 출시 후 시간이 좀 지난 뒤 리뷰를 통해 제품이나 서비스에 대한 환기가 리뷰 활용의 목적이라면 먼저 요청해야 할 리뷰어는 당연히 제품을 구매해서 사용 중인 고객이다. 그중에서도 제품이나 서비스를 잘 사용하고 지지하는 충성 고객을 찾아 요청하는 것이 더 좋은 방법이다.

충성 고객에게 리뷰를 요청할 시에는 더욱더 그들이 사람들에게 선망의 대상이 될 수 있도록 주의하여야 한다. 충성 고객에게 주요한 보상은 사회적 인정 보상, 즉 우리 제품과 서비스를 잘 활용하고 있는 모습으로 선망의 대상을 만들어 주어야 결과물의 영향력이 제힘을 발휘할 수 있다. 내부 고객 데이터를 활용하여 제품을 긍정적으로 사용하고 있는 충성 고객들을 찾아내 정중하게 리뷰를 요청하고 결과물을 다른 고객들에게 의미 있게 연결해 주어야 한다.

전문적인 리뷰를 위해서 전문가를 섭외해서 요청하는 방법도 있지만 이때 임직원을 리뷰어로 선정하는 방법도 있다. 아무래도 제품이나 서비스 개발에 참여하거나 해당 기업에 소속된 임직원들이 더 많은 정보를 쉽게 접할 수 있으며 더 많은 배경 이야기를 알 수 있다. 이를 리뷰로 활용하는 것이다. 이때는 반드시 임직원임을 밝혀야 한다.

임직원을 리뷰어로 활용할 때는 객관적인 리뷰보다는 좀 더 많은 정보를 제공하거나 일반 고객들이 쉽게 할 수 없는 상황에서의 제품 활용 등 특별한 주제를 선정하는 것이 좋다. 소니SONY는 신제품을 출시할 때마다 해당 제품의 기획이나 개발에 참여한 임직원들이 모여서 개발 배경과 뒷이야기를 중심으로 제품의 리뷰 또는 프리뷰 콘텐츠를 제작하여 활용하고 있으므로 참조해보자.

정리하면, 본격적으로 리뷰를 요청하기 전, 리뷰의 목적과 타깃 고객에 맞는 리뷰어를 일반 고객, 인플루언서, 충성 고객, 임직원 등 여러 가지 후보 중에 선정한다. 선정한 리뷰어 군을 가지고 리뷰 요청 내용, 확산 채널과 방법 등 이후 세부적인 전략까지 미리 준비하면 더욱 효과를 거둘 수 있을 것이다.

분명한 가이드라인을 준비하라

리뷰의 목적과 리뷰어를 설정하고 리뷰의 결과물까지 예측해 보았다면 이제 그 결과를 기반으로 리뷰어에게 전달할 가이드라인을 준비해야 한다. 가이드라인은 리뷰어에게 리뷰를 작성할 때 주의해야 하는 점, 강조해주었으면 하는 점 등을 전달하는 것으로 현업에서 활용하고 있다. 하지만 이런 내용은 요청 시 질문이나 주제에 반영하여 전달하는 것이 좋다.

제조업체에서 온라인 마케팅 팀장으로 일했을 적에 이야기이다. 신제품 출시 전 제품 리뷰 콘텐츠가 필요해 당시 유명했던 리뷰어 집단에게 리뷰 요청을 했었던 적이 있다. 리뷰 요청을 위해 준비한 제품은 기존에 보편적으로 사용되지 않아 설명서 없이는 제대로 이해하기 힘든 신제품이었다. 더군다나 시제품(대량 생산에 앞서 미리 제작해보는 원형)이라 정식 설명서가 아직 준비되어 있지 않은 상태였다. 미팅에서 간단하게 제품의 기능과 사용법을 구두로 설명하고 나니 불안한 마음이 들어 "문서로 정리된 간단 사용 설명서와 세일즈 포인트가 정리된 문서를 돌아가서 메일로 전달 드리겠습니다."라고 이야기했더니 "아니요, 그런 자료는 오히려 리뷰에 도움이 되지 않을 것 같습니다. 대신 이 시제품을 2주 정도 저희가 사용해 볼 수 있을까요?"라는 요청이 돌아왔다.

내심 불안했지만 시제품만 전달했다. 2주 후 리뷰어 집단의 리뷰를 제출받게 되었다. 놀랍게도 신제품에 대한 정확한 사용법을 소개하고 있었다. 그리고 세일즈 포인트 중심으로 마무리 정리가 되어 있었는데 우리가 정리한 그것보다 더욱 고객의 관점에 일치하는 것이었다. 기대 이상이었다. 비결을 물었더니, "웹에서 정보를 찾아 고객의 입장에서 자유롭게 여러 가지 방법으로 제품을 사용해 보니 특징이 그대로 보이더라고요. 그것을 정리한 것입니다."

고객에게 리뷰를 요청할 시에 제공하는 것을 검토해 보아야 한다. 자유로운 고객의 관점에서 고객 언어로 구성된 리뷰를 얻게 될 확률이 높아질 것이다. 너무 많은 개입은 뻔한 리뷰를 생산해 내는 주요한 원인이 될 수 있다. 최소한의 가이드라인에는 리뷰 작성 시 질문이나 기타 사항에 대응할 수 있는 담당자의 연락처를 담는 것이 좋다. 리뷰 작성 기간에 직접 소통해 가면서 서로의 의견을 조율해 가는 방식으로 자율성에 대한 보완을 하기 위해서이다.

하지만 셀럽이나 인플루언서 등 일반 고객이 아니라 리뷰 요청의 대가로 비용이 지불된 경우에는 가이드라인을 꼼꼼히 준비할 필요가 있다. 이때 가이드라인은 상호 간 약속의 역할을 하므로 주요한 사항들을 담을 필요가 있다.

앞서 이야기했던 리뷰를 작성할 때 주의해야 하는 점, 강조해주었으면 하는 점을 비롯하여 작성 이후 수정 가능 여부에 대한 조건 고지, 리뷰 확산을 위해 포함해야 할 주요 키워드, 전체적인 일정 등을 포함하되 간략하고 명료하게 준비해야 한다. 너무 길고 장황한 가이드라인은 전달되기 어렵다. 리뷰어 대상과 목적에 따라 분명한 가이드라인을 준비하는 것이 필요하다.

떠들 거리, 이야깃거리를 준비하라

요청에 의해 완성될 고객 리뷰가 다른 사람들에게 쉽게 발견되거나 재미있게 읽히기 위해 제품과 서비스에 관한 떠들 거리, 이야깃거리를 추가적으로 준비하여 제공하는 것도 좋은 방법이다.

영화 홍보시 개봉 전 또는 개봉 직후 숨겨진 뒷이야기들을 공유해서 영화 리뷰의 제작에 반영될 수 있도록 하는 경우가 많다. 영화 정보 온라인

데이터베이스 IMDb사이트[79]에서는 각 영화별로 사람들이 알고 싶어 하는 이야깃거리나 뒷이야기인 트리비아Trivia를 서비스로 제공하고 있다. 영화 리뷰를 작성할 때 리뷰어가 자신의 리뷰를 풍성하게 하여 사람들에게 선택받기 위함으로 이 트리비아를 번역해 내용에 반영하는 경우가 많아지고 있다.

넷플릭스 코리아도 오리지널 시리즈 '수리남'을 공개할 당시 '수리남 TMI[80]', '수리남 코멘터리[81]'와 같은 트리비아에 해당하는 콘텐츠들을 자신들의 공식 유튜브, 페이스북 등의 채널을 활용하여 공개하였다. 영화 홍보를 위해서 의도적으로 개봉 직후 숨겨진 이야기를 공개한 것이다. 이러한 이야기들은 고객 리뷰를 통해 널리 확산되는 효과를 얻기도 한다.

기업도 참고해서 제품 개발과 관련된 숨겨진 이야기를 활용하는 것도 좋은 방법이다. '당신이 몰랐던 LG아트센터에 관한 20가지 이야기![82]'와 같은 영상은 LG아트센터에 방문한 고객들이 리뷰를 작성할 때 뒷이야기로 활용할 정보를 잘 담고 있다. 최근 개관한 LG아트센터 서울의 'LG아트센터 서울 건축 이야기[83]' 영상도 같은 맥락에서 리뷰의 이야깃거리를 제공하고 있다.

제품 출시 초기 고객 리뷰를 요청하기 위해 파워블로거들을 초청하여 신제품 발표회를 진행했을 때 이야기이다. 당시 파워블로거 초청 신제품 발표회는 제품에 대한 소개를 저녁 식사가 제공되는 행사 방식으로 진행

79 https://www.imdb.com/
80 https://www.facebook.com/NetflixKR/posts/pfbid0KU3iDTEws4BkWqZWg9tpnj3UovhW7Yga2V7vxCX-HDw5DtCGkFb8eMWBAFTW3yghpl
81 https://www.youtube.com/watch?v=RUoBxe0oWhs
82 https://www.youtube.com/watch?v=caPl0P7AllU&t=22s
83 https://youtu.be/2LOAJ6f0dEA

하는 것이 보편적이었다. 그 결과 리뷰에 신제품과는 무관한 그들이 즐겼던 코스요리가 등장하는 것이 문제였다. 신제품 소개를 보다 리뷰어들이 먹은 식사 코스 정보를 보게 되면 독자들의 집중력은 떨어질 것이고 심지어 그들에게 주어진 특별한 혜택에 대해 부정적인 반응을 보일 수 있기 때문이다.

당시 신제품 발표회에는 공통적인 특징이 하나 더 있었다. 바로 해당 신제품의 광고모델이 행사장을 방문하는 것이었다. 이 점을 활용했다. 저녁 식사 코스가 시작되니 파워블로거들이 예상대로 음식을 하나하나 촬영하기 시작하였다. 메인요리가 나오기 직전, 갑자기 광고모델을 등장시켰다. 행사 초대 시 광고모델의 방문을 알리지 않았기에 파워블로거들은 놀라고 이내 당황하기 시작했다. 코스요리와 광고모델 촬영 중 선택을 해야 하는 상황이었기 때문이다. 대부분이 당시 인기 있었던 광고모델 촬영을 선택하였고 이는 그들의 리뷰에 반영이 되었다. 그리고 코스요리가 그들의 리뷰에서 사라지거나 비중이 줄었다. 코스요리는 연속성 있게 찍어 올리는 것이 중요한데 중간에 촬영 못 한 음식이 있어 전체를 통으로 빼거나 부분적으로만 리뷰에 포함한 것이다.

신제품 발표회에 광고모델을 초대하는 것은 그들의 기사와 리뷰의 추후 확산과 주목도를 위함도 있다. 광고모델에 대한 대중의 관심을 활용하는 방법이다. 이 방법을 파워블로거들도 그들의 리뷰를 위해서 선택하게 될 것이라는 예상이 맞아 들어가 당시 리뷰의 문제를 해결했다. 리뷰를 풍성하게 해주거나 주목도, 관심도를 이끌 이야깃거리를 미리 준비하고 언제 공유할지를 고민해보자.

준비하고 제공하면 안 되는 것들

2019년 12월 LG전자는 자사 제품의 다양한 후기를 연결하는 독립 플랫폼 LG서포터즈를 만들고 공개 리뷰 이벤트를 진행하였다. 새로운 LG서포터즈 플랫폼은 LG전자 고객들의 후기를 한곳에 모으는 목적을 가지고 있었다. 초기 리뷰 이벤트는 새로 오픈된 LG서포터즈 플랫폼에 다양한 LG전자 제품의 리뷰를 등록하는 것이었다. 이때 후기 이벤트에 제공된 가이드는 LG전자의 요청을 받은 크리에이터들이 먼저 만들어 공개한 리뷰 콘텐츠를 참조하여 리뷰를 작성하라는 것이었다.

고객들에게 광고성 리뷰, 가짜 리뷰라고 비난받는 고객 리뷰의 특징을 아는가? 대부분 기업의 입장에서 제품과 서비스의 장점만을 이야기하거나 무언가 부자연스러운 칭찬 일색인 경우가 많다는 점이다. 고객들은 이런 가짜 리뷰의 징후를 금방 알아채고 있다고 앞서 이야기했었다. 첫 번째 징후는 리뷰의 내용 구성이 비슷한 경우이다. 리뷰를 꼼꼼히 읽어보지 않아도 서문, 본문, 결론이 한눈에도 유사한 경우가 많이 있다. 이런 경우는 하나의 모범 가이드 리뷰를 보고 작성한 경우가 대부분이다. LG서포터즈 플랫폼의 후기 이벤트도 이런 유사한 구성의 리뷰가 결과적으로 접수되었을 것이다. 모범이 되는 크리에이터들의 리뷰를 참조해서 리뷰를 작성하라고 가이드를 주었으니까.

다음으로는 동일한 사진의 사용이다. 분명 다른 리뷰어가 작성한 글인데도 같은 사진을 사용하는 경우를 볼 수 있다. 마치 행사 시 기자들에게 나누어 주는 보도자료 킷을 기반으로 한 기사가 모두 유사해 보이는 것과 마찬가지 경우이다. 보도자료 킷에는 기사 작성 시 활용을 위한 제품 사진이 동봉되어 있기 때문이다. 리뷰를 요청할 시에 제품이나 서비스의 사진,

이미지를 배포한다면 분명 작성된 리뷰에 공통으로 이미지가 사용될 것이다.

이처럼 내용 구성이나 이미지가 유사한 리뷰는 고객들에게 좋은 리뷰로 영향력을 발휘하기는 어렵다. 리뷰를 요청하기 전에 꼼꼼하게 준비해야 할 사항들을 지금까지 정리했지만 준비된 모든 것을 리뷰어에게 전달해서는 안 된다. 유사한 리뷰가 만들어지면 리뷰어나 요청한 기업이나 좋을 것이 없다. 따라서 리뷰를 서로 유사하게 만들 수 있는 원인이 되는 자료는 내부적 업무를 처리하기 위해 준비하되 리뷰어에게 전달하지 마라.

대표적인 것이 리뷰의 결과물을 예측하기 위해서 만들어 보는 가상 고객 리뷰이다. 종종 이렇게 미리 만들어진 리뷰가 모범 가이드처럼 리뷰어에게 제공되는 경우가 있다. 전달이 되면 리뷰어가 오해하기 쉬워 모범 가이드 범주에서 내용이 벗어나질 않는다. 샘플 리뷰나 모범 리뷰, 가이드 등 어떤 것이든 리뷰 형식을 갖춘 정보를 리뷰어에게 공유하지 마라.

당연히 제품이나 서비스의 사진, 이미지도 제공하면 좋지 않다. 제품을 리뷰어가 실제로 수령할 수 없거나 볼 수 없고 촬영할 수 없는 경우에만 제한적으로 제공해야 한다. 하지만 대부분 리뷰라는 것이 제품을 보고, 만지고, 사용한 후에 작성하는 경우라 이러한 경우는 드물 것이다. 제품에 대한 특장점을 자세하게 정리하여 전달하는 것도 좋지 않은 방법이다. 정리된 특장점의 순서대로 리뷰가 구성될 확률이 높다.

정리하면 유사한 리뷰가 만들어질 수 있는 정보나 콘텐츠는 구체적 · 일괄적으로 제공하지 않아야 한다. 대신 리뷰어 각각의 특성을 파악하고 이해하여 그들의 장점이 반영된 리뷰를 작성할 수 있게 지원하는 방법을 다각도로 고민하고 제공하여야 한다.

리뷰의 요청은 구체적인 질문으로

워킹맘 커뮤니티 플랫폼을 준비 중인 기업이 찾아온 적이 있다. 준비한 커뮤니티 플랫폼 런칭을 앞두고 사전에 커뮤니티 환경 조성을 위해 이벤트를 진행 중인데 예상과 다르게 활발한 대화 교류가 이루어지지 않아서 의견을 물으러 왔던 것. 진행 중인 이벤트는 "워킹맘으로 살아가는 어려움과 고민을 말해주세요."라는 공식 질문에 자신의 사연을 응모하는 이벤트였다. 워킹맘 커뮤니티를 시작하며 워킹맘의 고민거리로 대화의 장을 예열해 보려는 시도인 것이다.

이벤트의 내용을 보자마자 문제점을 찾은 것 같았다. 무엇이 문제였을까? 정답은 없겠지만 나는 질문을 보자마자 사람들이 어떻게 사연을 공유했을지가 예상되었다. 아마도 "저는 30대 워킹맘입니다. 새벽에 일어나 아침 식사를 간단히 차려 식구들과 나누어 먹고 출근해서 하루 종일 회사에서 시달리다가 집에 돌아오면 아이는 숙제도 안 하고 놀고 있고 남편은 자기 저녁 먹은 설거지도 안 하고 TV만 보고 있고……." 이런 정도의 고민이나 어려움을 토로했을 것이다. 일반적으로 예상되는 고민이니 조회수나 댓글도 그리 많지 않을 것이다.

이번에는 이벤트를 변경해볼까? 진행 중인 이벤트이니 살짝만 고쳐보자. "워킹맘으로 살아가는 어려움과 고민이 가장 컸던 그날의 이야기, 그 사건에 대해 말해주세요." 좀 더 구체적으로 질문을 바꾸어보라. 이제는 접수되는 사연이 달라질 것이다. "그날은 이상하게 아침부터 무언가 기분이 좋지 않은 날이었어요. 몸도 좋지 않아 하루 월차를 낼까 하다 중요한 회의를 미룰 수 없어 출근했죠. 그런데 출근하자마자 내 책상 위에는……." 특정한 날의 사건 이야기로 말이다. 이런 사연이 올라와야 댓글도 달리기 시작할 것이다. "○○님 그런 날이 있어요. 그냥 맘 굳게 먹고 또 이겨내야지요!" 등등. 구체적인 이야기에 사람들은 반응할 것이기 때문이다.

일반적인 질문에 구체적인 답변을 기대하긴 어렵다. 고객 리뷰도 마찬가지이다. 일반적인 리뷰를 얻기 싫다면 리뷰 요청 시 먼저 질문부터 구체적으로 바꾸어야 한다. "제품을 사용해 보시고 리뷰를 해주세요."라는 일반적인 질문보다는 다음과 같은 항목을 바탕으로한 구체적 질문으로 리뷰를 요청하는 방법을 살펴보라.

리뷰를 활용 목적에 맞추어

리뷰 요청 전에 리뷰를 활용하는 목적에 맞추어 질문을 좀 더 구체화하는 방법이다. "신제품의 가성비에 대해서 리뷰해 주세요.", "서비스를 1년 동안 사용해 보시고 생활의 변화에 대해 리뷰해 주세요." 등 신제품 홍보, 기존 제품의 활용과 같은 목적을 좀 더 구체적인 질문으로 리뷰를 요청하는 것이다. 리뷰어에게 리뷰를 작성할 때 주의해야 하는 점, 강조해주었으면 하는 점 등을 가이드라인의 내용으로 전달할 수도 있지만 이렇게 리뷰 요청 질문에 구체적으로 담는 방법이 더욱 효과적이다.

리뷰를 읽는 목적에 맞추어

1장에서 사람들이 리뷰를 읽는 9가지 이유에 대해서 알아보았다. '제품/서비스 관련 위험을 줄이기 위해, 제품 가치에 대한 정확한 판단을 위해, 올바른 제품 선택을 판단하기 위해, 환불/포장/배송 등 서비스 관련 위험 감소를 위해, 시간/노력/금전의 절약을 위해, 호기심 때문에, 인지 부조화 감소를 위해, 제품과 서비스의 활용을 위해, 관계 지향 동기 때문에'가 그 이유였다.

이 9가지 이유에 답을 얻을 수 있는 질문으로 리뷰를 요청하라. "제품의 배송과 포장 상태에 대해 리뷰해 주세요.", "신제품의 목재에 대한 접착력에 대해서 리뷰해 주세요." 등등. 신제품이나 새로운 서비스에 대해 사람들이 궁금해할 부분에 대한 질문으로 비록 요청에 의한 리뷰이지만 독자에게 읽을 만한 가치를 부여해 주자. 사람들은 광고성 리뷰라 해도 자신이 궁금해서 찾은 정보에 대한 답이 담긴 리뷰라면 선호할 것이다.

개인의 스토리를 유도하는

'더 넥스트 스파크 시승기, 월요병 돋는 출근길 극복기!'[84] 제목 그대로 월요일이 괴로운 직장인이 출근길에 타 본 '더 넥스트 스파크' 리뷰이다. 앞서 고객 리뷰가 비슷해지는 이유가 제품과 서비스의 기능을 중심으로 리뷰를 작성하기 때문이라고 설명했다. 해법 중 하나는 리뷰어의 스토리를 중심으로 리뷰를 할 수 있는 질문으로 요청하는 것이다. 상기 리뷰의 요청 시 질문은 "'더 넥스트 스파크'를 당신의 일상에서 리뷰해 주세요."였다. "취미를 즐기면서 듣는 윌라 오디오북의 리뷰를 해주세요."라고 요청하면 "달리기를 하면서 듣는 윌라 오디오북", "뜨개질을 하면서 즐기는 윌라 오디오북" 같은 리뷰를 얻을 수 있다.

셀럽이나 인플루언서들에게 리뷰를 요청할 때 그들의 영향력만 활용하기 위해 그들의 콘텐츠에서 뜬금없는 제품이나 서비스가 등장하는 경우

---

84 https://blog.gm-korea.co.kr/4970

가 종종 있다. 이런 경우 셀럽이나 인플루언서의 그들의 이야기, 그들이 영향력을 얻는 이야기에 제품과 서비스를 자연스럽게 연결하는 것이 중요하다. 그렇기에 셀럽이나 인플루언서를 섭외해 리뷰를 진행할 때에는 그들의 이야기와 영향력의 배경을 이해하고 우리 제품과 서비스에 잘 맞는지를 확인할 필요가 있다.

다양한 사용 가치를 중심으로

제품과 서비스에 대해 발견한 사용 가치는 추후 제품, 서비스 커뮤니티에서 그들의 레벨을 결정짓는 주요한 정보가 된다. 즉 특정 제품에 대한 다양한 활용 경험과 인사이트가 제품 커뮤니티에서 게시, 리뷰, 질문, 응답 등 다양한 활동의 기반이 되어 높은 레벨을 얻을 수 있다. 따라서 사람들은 제품과 서비스의 다양한 사용 가치를 담은 리뷰를 작성하고 읽기를 원하고 있다.

고객에게 리뷰를 요청할 시에 이점을 활용해 보자. 클립엔실clip-n-seal[85]은 개봉된 봉투를 다시 밀봉하기 위한 제품이다. 어느 날 진공 성형이나 가구 미장 붙임과 같은 제품의 새로운 용도를 발견하고 블로그에 코멘트를 남긴 고객의 의견을 수렴하여 "저희 제품으로 봉투의 밀봉 외에 다른 용도로 활용한 리뷰를 작성해 주세요."라는 리뷰 이벤트를 진행하였다. 이를 통해 더 다양한 용도로 활용한 고객 리뷰가 공개되면서 제품의 활용 용도가 확장되어 매출을 증가시키는 데 성공했다.

제품과 서비스의 다양한 사용 가치를 경험할 수 있는 사례를 얻을 수

---

85 https://clip-n-seal.com/

있는 질문을 해보자. 제품과 서비스의 숨겨진 가치가 고객 리뷰를 통해 확산할 수 있다.

이 밖에도 차별화되고 다양한 리뷰를 얻기 위해 구체적인 질문을 개발해 보자. 중요한 점은 독자가 광고성 리뷰임에도 리뷰의 가치를 인정할 수 있도록 그들의 관점에서 유용하거나 재미있는 주제를 리뷰어가 담을 수 있게 유도하는 질문을 찾아야 한다는 것이다.

리뷰의 요청은 다양한 형식으로

"자발적인 고객 리뷰의 숫자가 많지 않고 그 영향력도 그리 큰 것 같지 않은데 왜일까요?" 언젠가 강의가 끝나고 난 뒤 받은 질문이다. 질문자는 고객 맞춤 제작 케이크를 판매하고 있었다. 주로 블로그와 인스타그램 채널에서 리뷰를 모니터링하고 있었다. 생각보다 많지 않은 리뷰 수와 그나마 작성된 리뷰도 다른 사람들에게 긍정적 영향을 미치기에는 부족한 내용이라 이에 대한 개선 방향을 묻는 질문이었다.

"고객 리뷰에 어떤 메시지가 담겨 전달되길 원하세요?", "맞춤 제작 케이크는 기념할 좋은 일이 있는 날 함께하는 음식이니 선물 받는 사람이나 선물하는 사람 모두 행복하길 원하죠. 맞춤 케이크는 곧 행복을 선물한다는 메시지가 담겼으면 좋겠어요." 여기까지 이야기를 듣고 '리뷰'보다 '리액션 영상'을 제안했다.

'리액션'이란 영화에서 '다른 연기자의 대사나 행동에 대해 반사적 작용으로 나타나는 연기'를 의미한다. '리액션 영상'이라는 용어는 대략 2007년 미국에서 등장한 것으로 추정된다. 당시 '2 girls 1 cup'이라는 제목의 외설적인 영상이 유튜브에서 화제가 되었는데, 그 영상에 대한 사람들의 반응 (리액션)을 촬영한 영상들이 한동안 유행이 되었다. 너무나 충격적인 영상이다 보니 친구들, 부모님들, 군인들의 반응에서부터 각계각층 인사들의 반응 등이 인기를 얻었다. 정작 선정성을 문제로 유튜브에서 삭제 조치되었던 '2 girls 1 cup'은 2007년 한 해 많은 관심을 받은 유튜브 동영상 중 하나로 선정되었다. 이후 유튜브 채널 바이럴 영상 열풍을 타고 하나의 장르로 자리 잡게 되었다.

새로운 K-POP 뮤직비디오가 공개되면 어김없이 이에 대한 리액션 영상이 등장하고 블록버스터 영화의 예고편이 공개되어도 마찬가지이다. 영화 〈곤지암〉 개봉 당시 상영관의 관객 리액션을 '곤지암 관객 리얼 반응[86]'이라는 특별한 예고편으로 활용하여 홍보하였다.

뮤직비디오와 영화 예고편 말고도 사람들의 관심거리인 제품의 출시에도 이 리액션 영상이 등장한다. 유튜브에서 'iphone 14 reaction'을 검색해 보면 많은 리액션 영상을 볼 수 있다.

이러한 배경으로 맞춤 제작 케이크를 선물 받은 사람의 행복한 모습과 반응을 글이나 사진으로 표현하는 것보다 리액션 영상으로 담는 것을 추천한 것이다.

인스타그램이나 유튜브에서 해시태그 '#임밍아웃이벤트'를 검색해보라. 임신을 한 소식을 전달하고 이에 기뻐 놀라는 가족들의 리액션 영상을 살펴보고 참조하자.

고객 리뷰를 텍스트에 가두어두지 말자. 한 장의 사진, 짧은 영상 하나가 더 큰 영향력을 미칠 수 있다.

---

86 https://youtu.be/hW_06M570zE

새로운 대세는 동영상 리뷰

요즘 고객 리뷰의 트렌드가 텍스트와 사진에서 동영상으로 진화하고 있다. 콘텐츠의 경향을 따르는 것이기도 하고 텍스트 위주의 리뷰보다 좀 더 생생한 리뷰를 전할 수 있기 때문이다. 실제로 유튜브 채널을 살펴보면 이미 다양한 고객 리뷰들을 살펴볼 수 있다. 하지만 상대적으로 동영상 리뷰는 촬영, 편집 등 복잡한 작업이 요구된다. 고객들에게 동영상 리뷰를 요청하기에는 리뷰에 대한 강한 의지와 약간의 전문성이라는 진입장벽이 있기도 하다. 따라서 동영상 리뷰 요청 시에는 동영상 리뷰가 가능한 대상에게 선택적으로 요청해야 한다. 아니면 기술적인 지원을 제공하거나 또는 고객의 리뷰 스토리를 수집하여 영상으로 제작하는 방법을 활용한다.

이러한 전문성의 요구는 상대적으로 촬영과 편집이 단순한 숏폼 콘텐츠 리뷰가 주목받기 시작한 이유이기도 하다. 숏폼 콘텐츠는 1~10분 이내의 짧은 영상으로, 언제 어디서나 모바일 기기를 이용해서 콘텐츠를 즐기는 대중들의 소비 형태를 반영한 트렌드이다. 이러한 짧은 영상에 리뷰를 담기 시작한 것이다.

눈 깜짝하면 지나갈 짧은 시간에 제품과 서비스의 리뷰를 담을 수 있을까 의심이 간다면 단 6초 동안의 닛산 영상[87]을 먼저 살펴보자. 닛산의 GT-R은 0km/h에서 100km/h의 속도에 도달하는 데 2.7초가 걸려 6초가 다 필요 없다고 숏폼 콘텐츠의 형식을 활용하여 제품의 특징을 더욱 강조하고 있다.

자동차용품 제조 판매 기업, 불스원은 갑자기 폭설에 가까운 눈이 내리

---

87 http://bit.ly/1zl2uG7

자 자사의 제품인 눈길 스프레이 체인 제품을 눈길에서 사용하는 방법을 숏폼 콘텐츠로 바로 촬영하였다. 이 영상을 SNS에 실시간 공유[88]하여 눈길에 고생 중인 사람들에게 많은 호응을 얻었다.

신라면세점의 인터넷 면세점은 숏폼 콘텐츠에 대한 선호가 확산하는 추세를 반영해 주요 상품의 설명을 텍스트가 아닌 상품 브랜드 직원과 유명 크리에이터가 참가하는 '1분 이내의 숏폼' 영상으로 제공한다. 구매 고객을 대상으로 한 동영상 리뷰 포스팅 기능을 통해 숏폼 리뷰 영상을 제작할 수 있는 기능도 추가하였다[89].

다각도로 꼼꼼한 확인이 필요한 상품일수록 영상 리뷰를 찾는 경향이 있다. 기업의 제품과 서비스의 특징을 고려하여 최근 많은 사람들이 선호하는 콘텐츠 방식인 동영상 리뷰의 요청을 적극적으로 진행할 필요가 있다.

한 장의 사진만으로도 효과적인 포토 리뷰

오픈서베이의 온라인 리뷰에 관한 보고서[90]에 의하면 소비자의 45.8%가 '상품의 실제 모습을 확인하기 위해서' 리뷰를 확인한다고 한다. 그 밖에 다른 이유는 '구매 팁을 얻기 위해서(23.6%)', '나와 있지 않은 세부 내용을 보기 위해서(18.0%)', '다양한 상품을 비교하기 위해서(5.6%)'였다. 소비자들은 포토 리뷰를 텍스트 리뷰보다 더욱 선호한다는 이야기이다.

리뷰의 유형 면에서는 '포토 리뷰(43.6%)'를 '실구매자의 리뷰(86.1%)'에 이어 신뢰한다고 한다. 참고적으로 '최신 리뷰(23.8%)', '길게 쓴 리뷰

---

88 http://bit.ly/1zl2uG7
89 신라免, 인터넷면세점 "1년간 싹 바꿨다"…고객 편의↑ / 서울경제 / 2022.9.12.
90 2018 모바일 쇼핑 트렌드 / 오픈서베이 / 2018.11.08.

(15.5%)', '좋아요가 많은 리뷰(12.8%)'가 그 뒤를 잇는다.

동영상으로 상세한 리뷰를 보아야 하는 상품군도 있지만 한 장의 사진으로도 그 이상의 효과를 얻을 수 있는 포토 리뷰의 효과도 주목해야 하는 이유이다. 특히 인스타그램 채널의 포토 리뷰는 더욱 강력한 효과를 얻을 수 있을 것이다.

'새로운 시각'의 다양한 시도가 중요

영화 '7광구'가 개봉한 후 사용자들이 마치 놀이처럼 한 장의 사진으로 공유했던 영화 리뷰를 기억하는가? 바로 구깃구깃 구겨버린 영화표를 촬영한 사진으로 여러 말 필요 없이 강렬하게 영화에 대한 감정을 전달하는 인증샷 형식이었다.

안중근 의사를 주제로 한 뮤지컬 영화 '영웅'을 관람한 관객들은 관람 중 흘린 눈물을 닦은 휴지를 찍어 올리는 '폭풍 오열' 인증 리뷰, 안중근 의사와 독립군들의 숭고한 희생에 존경심을 그림으로 표현한 '팬아트' 리뷰, 잊지 못할 역사를 기억해야 한다는 '역사 공부' 리뷰 등 다채로운 리뷰를 선보였다[91].

아이들은 좋은 선물을 받으면 기쁨의 함성을 지르기 마련이다. 그리고 함성이 크면 클수록 선물에 대한 만족도가 높음을 알 수 있다. 미국의 장난감 기업인 마텔Mattle은 크리스마스 시즌을 맞아 이러한 아이들의 반응을 활용하여 크리스마스 선물을 추천하는 'the sound of excitement' 캠페인[92]을 진행했다. 사운드의 크기, 즉 데시벨(dB) 측정이 가능한 스튜디오에서

91 "폭풍 오열 인증"…'영웅' 실관람객 극찬 관람평 화제 / 스포츠동아 / 2023.1.3. / 이승미
92 https://youtu.be/g6KZ4X18c9Q

아이들에게 다양한 마텔의 신제품 장난감을 선물로 보여주고 반응한 함성의 크기를 측정하여 판매하는 장난감에 측정 데시벨을 표시했다. 데시벨이 높을수록 아이들 선물로서의 반응을 예측할 수 있으니 이를 참조하여 크리스마스 선물을 준비할 수 있도록 해준 것이다. 크리스마스 선물은 아이들의 반응이 제일 중요한 것 아니겠는가?

UBD라고 들어보았나? 영화 '자전차왕 엄복동'의 '엄복동Um Bok-dong'에서 앞의 한 글자씩 따온 줄임말로 영화 티켓 판매량의 단위를 뜻하는 인터넷 유행어이다. 1 UBD는 '자동차왕 엄복동'의 관객수 172,212명을 반올림하여 단순화한 17만 명을 의미한다. 즉 1,700만 관객 수로 흥행을 한 영화 '명량'의 티켓파워는 100 UBD가 되고 60 UBD는 천만 영화가 되는 것이다. 밈처럼 퍼져나가 한때는 영화평론사이트 '로튼토마토(www.rottentomatoes.com)'의 토마토미터처럼 영화의 재미를 판단하는 기준이 되기도 했다.

대부분의 고객 리뷰 특히 별점 리뷰는 평가 대상을 '절대평가'하는 것이다. 그런데 일상에서 우리는 조금 다른 방식으로 평가하는 경우가 많다. 예를 들면 친구들과 대화에서 "영화 '범죄도시 2'가 어때? 재미있니?"라고 묻는다면 두 가지 유형의 답이 있을 것이다. 첫 번째는 "응, 아주 재미있어, 10점 만점에 8점 정도.", 두 번째는 "응, (같은 시기에 개봉한) '쥬라기월드: 도미니언'보다는 못하지만 '닥터스트레인지 2'보다는 나은 것 같아. 그리고 '범죄도시 1'보다는 재미가 덜하고." 두 가지 평가 중 어느 방식을 주로 사용하는가? 첫 번째 방식은 절대평가의 방식이고 두 번째는 상대평가 방식인 것을 눈치챘는가? 대부분의 고객 리뷰는 여러 가지 이유로 첫 번째 방식인 절대 평가를 많이 사용한다. 상대평가를 적용한 고객 리뷰 방식이 등장하면 조금 새롭지 않을까?

몇 가지 사례로 고객 리뷰의 새로운 기회를 소개해 보았다. 구매 결정의 핵심 요소로 고객 리뷰가 더욱 중요해지고 있다. 단순히 고객의 제품 사용 스토리를 담은 콘텐츠로만 바라볼 것이 아니라 고객 경험을 공유하고 연결하는 관점에서 다양한 시도와 리뷰의 확장이 필요하다.

기업이 요청하여 작성되는 고객 리뷰는 광고성, 홍보성 리뷰라 취급되어 미리 배제되는 상황에서 리뷰의 가치를 높이고 다양한 재미를 담지 않으면 안 된다. 기존의 리뷰의 형식에서 벗어난 다양한 시도에 도전해보자.

이벤트를 활용한 리뷰의 요청

래시가드 업체와 성수기 시즌을 앞두고 인증샷 이벤트 기획 미팅을 했을 때의 이야기이다. 많은 기업들이 인증샷 이벤트를 진행할 때 '제품이 정확하게 보이게' 또는 '브랜드가 정확하게 보이게' 촬영하도록이라는 가이드를 제공하거나 참가 조건으로 내걸고 있다. 그 결과 대부분 어색하게 제품을 들고 찍은 인증샷들을 얻게 된다.

한 조사에 의하면 인스타그램 사용자들은 이렇게 제품이 제대로 노출된 사진들을 선호하지 않는다고 한다. 일단 나부터도 이런 사진을 보면 '어느 기업이 또 이벤트를 하는구나.' 정도 반응으로 큰 관심을 가지지 않게 된다. 대신 '안경을 착용한 개' 사진, '브랜드명이 반쯤 노출된 커피' 사진, '다른 제품들 중 살짝 노출된 분홍색 과자박스' 사진 등 제품이 자연스럽게 노출된 사진을 선호한다고 한다.

래시가드의 인증샷 이벤트는 이 점을 반영하여 기획하였다. 당시 유행어가 조세호 씨의 '프로 불참러'였다. 이를 활용하여 인증샷 이벤트 명을

'프로 피피엘러^{PPLer}'로 지었다. 즉 고객사 래시가드 제품을 입고 가장 PPL 처럼 촬영한 참가자를 선발하는 이벤트이다.

PPL$^{product placement}$은 직역하면 말 그대로 '제품 배치'로 원래 영화를 제작할 때 각 장면에 사용될 소품을 적절한 장소에 배치하는 것을 일컫던 말이다. 현재는 영화나 드라마에 대가를 지불하고 제품을 노출하는 광고 방식을 일컫는 말이 되었다.

PPL은 시청자들에게 부담 없이 자연스럽게 노출되는 것이 생명이다. 인스타그램 사용자들이 선호하는 자연스러운 인증샷을 이벤트로 요청하기 위해 이 PPL의 룰을 차용한 것이다.

지금 여러분의 고객 리뷰 이벤트의 요청 방법을 살펴볼 필요가 있다. 기업들이 고객 리뷰를 요청할 때 불특정 대중을 대상으로 리뷰를 요청하는 경우는 '리뷰 이벤트'라 하고 특정 셀럽이나 인플루언서를 대상으로 할 때는 실무에서는 쉽게 '바이럴 마케팅'이라 한다. 이러한 고객 리뷰 요청이 너무 전형적이다 보니 결과물인 리뷰가 다른 고객들에게 광고성·홍보성 리뷰로, 심하게는 가짜 리뷰로 외면받고 있는 상황을 이해해야 한다. 이제는 이벤트나 비용을 지불하고 쉽게 고객에게 리뷰를 요청했던 예전의 방식으로는 다른 고객에게 영향을 미치는 리뷰를 얻을 수 없다. 요청 방법의 개선이 필요하다.

선입견을 뛰어넘을 수 있는 리뷰의 요청

기업이 고객 리뷰를 얻는 가장 쉬운 방법이 바로 이벤트를 활용한 리뷰 요청일 것이다. '주문 시 요청 사항란에 리뷰 약속이라고 말씀해주시면 콜라 or 사이다 500ml를 보내드립니다.'라는 배달앱에서의 리뷰 약속 이벤트에서부터 '잘 만든 동영상 리뷰'에 최대 10만 원을 내건 이른바 '리뷰 공모전'

까지 다양한 리뷰 이벤트가 진행 중이다. 많은 양의 리뷰를 얻는 것에 치중하고 있었던 리뷰 이벤트도 이제 질적인 부분을 강조하는 방향으로 바뀌고 있다. 금전적 지원을 하는 광고성, 홍보성 리뷰 이벤트의 비효율성이나 문제점이 커지면서 요청의 결과, 즉 리뷰의 질에 집중하는 경향은 더욱 커질 것이다.

사실 이번 장에서 내내 이벤트를 활용한 리뷰 요청의 방법을 알아보았다. 지금까지 논의했던 내용을 순서대로 진행하면 되겠다. 다시 정리해 볼까?

첫 번째, 설정 및 준비 단계로 이벤트를 통해 요청하는 리뷰의 활용 목적을 정의하고 참여의 결과 리뷰를 예측해서 준비한다. 이를 기준으로 리뷰어를 특정하거나 대상군을 정의한다. 요청 이벤트의 경우 불특정 대중이 대부분이며 공개 이벤트가 아닌 경우에는 셀럽, 인플루언서 등의 영향력자 그룹이나 기존 고객 또는 충성 고객 등 고객들을 대상으로 정할 수 있다. 다음으로 리뷰의 가이드라인을 준비하고 제공한다. 이때 리뷰를 빛나게 만들 읽을거리, 떠들 거리를 함께 제공해 주면 좋다.

두 번째는 구체적이고 개인적인 경험이 담길 수 있도록 제대로 된 요청을 하는 단계이다. 요청을 좀 더 구체적인 질문으로 바꾸어 결과물의 방향성을 제대로 유도하는 것이 필요하다. 이때 다양한 리뷰의 형식도 고려해보자.

좋은 경품과 보상을 제공하면 우호적인 리뷰를 얻었던 때와는 달라져야 한다. 기업의 요청에 의해 작성되는 고객 리뷰는 다른 고객들에게 광고성·홍보성, 심지어는 가짜 리뷰라는 선입견을 일단 얻게 되는 상황이다. 이런 선입견의 불이익을 뛰어넘어 비록 광고성, 홍보성 리뷰라 할지라도 그들에게 볼 만한 가치가 있는 리뷰로 선택되게 해야 한다. 이전과는 다르게 리뷰 이벤트에 많은 기획이 필요한 이유이다. 리뷰 요청 방법의 개선점을 여러분의 제품과 서비스에 맞게 최적화하여 적용해 보자.

무신사는 스토어 내 리뷰 게시판에서 구매자가 상품을 착용하고 스타일링 팁을 공유하는 '스타일 후기'와 텍스트로 구매 의견을 남기는 '일반 후기', 포장이 제거된 상품의 사진을 첨부한 '상품 사진 후기', 사이즈를 추천해주는 '사이즈 추천 후기' 등의 여러 가지 스타일로 리뷰를 요청하고 있다.

배달의 민족은 리뷰 최강자를 찾는 '배민 리뷰 챔피언십' 이벤트[93]를 진행하였다. '웃음/ 감동/ 필력/ 주접/ 컨셉/ 언빌리버블'의 총 6개 부문별 챔피언의 리뷰를 요청하면서 배달의 민족 신춘문예에 이어 강력한 재미적 요소를 추가했다. 총 62,204개의 리뷰가 접수되었고 수상작들은 공식 채널을 통해 확산하였다.

고객 리뷰 요청 이벤트에 보상이 필요할까?

[그림 7-2] 고객 리뷰 요청 사례

---

93 https://youtu.be/g6KZ4X18c9Q

'주문 시 요청 사항에 리뷰 약속이라고 말씀해주시면 콜라 or 사이다 500ml를 보내드립니다.'라는 배달앱에서의 리뷰 약속 이벤트에 대해 좀 더 이야기해 볼까? 이 이벤트를 보면 어떤 생각이 드는가? 이 식당의 모든 리뷰는 서비스 음료를 받고 작성된 것이라 생각되지 않을까? '어째 모든 리뷰가 우호적인데 서비스 음료를 마시고 작성된 리뷰였구나.'라는 생각 말이다.

역으로 주문 접수 시 '연어 초밥 4p만 더 부탁해요. 리뷰 예쁘게 잘 올리겠습니다. 약속해요, 별 다섯 리뷰!'라는 고객 요청 사항을 받게 되면 어떻게 해야 할까? 고객 리뷰를 생각하면 쉽게 요청 사항을 무시할 수는 없을 것이다. 하지만 지속적으로 이런 관계를 만들어 내다보니 이제는 공공연하게 마치 권리인 것처럼 요청하는 경우가 많아져서 자영업자의 고민이 깊어지는 현실이 되고 있다. 배달된 음식에 손 글씨로 '맛있게 드시고 또 이용해 주세요. 고객님의 리뷰는 큰 힘이 됩니다.'라고 쓰인 메모에서 시작된 리뷰 요청이 리뷰 이벤트로 변화하고 서로의 경쟁으로 이제는 큰 부담으로 돌아온 것이다.

'고객 리뷰 요청 시 대가를 지불하겠다고 한다면 리뷰에 어떤 영향을 미칠까?'를 알아본 케이틀린 울리Kaitlin Woolley와 마리사 A. 샤리프Marissa A. Sharif의 실험[94]을 살펴보자. 실험 결과에 의하면 고객 리뷰의 등록 건수가 증가하고 실제 사용 경험과 무관하게 긍정적인 리뷰를 남길 가능성이 커진다고 한다. 물론 리뷰에 대한 보상이 고객의 지지를 받을 자격이 없는 비윤리적인 기업이 주는 뇌물이라고 느껴질 때 리뷰의 긍정성은 낮아졌다고 한다.

---

94 What Happens When Companies Pay Customers to Write Reviews? / Harvard Business Review / 2021.6.25.

한 피자 기업이 신제품 출시를 기념으로 고객 리뷰 이벤트를 진행했을 때 이야기이다. 신제품에 대한 많은 관심과 경험을 유도하기 위해 큰 보상을 걸었다. 바로 프랑스 6박 7일 여행권이었다. 예상대로 많은 수의 리뷰 이벤트 참여자가 말 그대로 몰려들었고 참여자 대부분이 당연히 긍정적인 리뷰를 남겼다. 문제는 당첨자 발표 때였다. 20명의 당첨자가 발표되자 탈락한 참가자들이 선정된 리뷰를 모두 살펴보고 자신의 리뷰가 왜 당첨자보다 못한지 왜 자신이 탈락했는지를 항의하는 글이 쏟아졌다. 이어 선정된 20명이 공교롭게도 파워블로거들임이 드러나자 이미 짜고 친 고스톱처럼 미리 선정하고 진행한 가짜 이벤트가 아니냐는 비난의 글들이 온라인 곳곳에 도배되었다. 이 기업은 한동안 고객 리뷰 이벤트의 역풍에 시달릴 수밖에 없었다.

고객 리뷰 요청 이벤트에서 보상은 중요하다. 꼭 필요하기도 하고. 보상은 이벤트 참여를 유도하는 중요한 장치이다. 그런데 장기적으로 지속되다 보니 이제는 고민거리가 되어가고 있다.

자발적인 고객 리뷰를 장려하는 방법에서의 보상은 리뷰에 응답하고 모니터링, 리포트와 토론으로 발전시키고 의미 있게 다른 고객들과 연결함으로써 리뷰의 가치를 올려주는 것이다. 이런 고객 리뷰에 대한 사회적 인정 보상은 고객 리뷰 이벤트의 보상으로도 주요하다. 하지만 고객 리뷰 요청 이벤트에서는 이보다 우선적으로 직접적이고 즉발적인 보상이 필요하다. 이미 고객들이 그러한 보상의 맛을 알아버렸기 때문이다.

고객 리뷰 이벤트 요청 시 보상을 계획할 때 고려할 사항들을 생각해 보자. 첫 번째, 현 상황에 맞추어 직접적이고 즉발적인 보상을 검토한다. 금전적인 보상은 가능한 피하고 대신 상품이나 굿즈, 적립 포인트, 할인 쿠폰 등 대치 가능한 보상을 우선적으로 적용하는 것이 좋다.

두 번째, 금전적인 보상에 이어 사회적 인정 보상을 함께 준비한다. 이벤트 참여의 결과물인 리뷰의 가치를 높여 선망의 대상으로 만드는 방법을 고민해야 한다. 세 번째, 보상으로 너무 큰 상품이나 혜택은 부작용이 있을 수 있음을 명심한다. 리뷰 이벤트뿐만 아니라 이벤트 진행 시마다 '작은 상품을 많은 사람에게 보상할 것인가?'와 '큰 상품을 소수의 참여자에게 보상할 것인가?'라는 선택의 고민이 있다. 리뷰 이벤트의 경우엔 작은 상품을 많은 사람에게 보상하는 방법을 추천한다. 리뷰 이벤트 같은 경우는 결과물이 공개되고 확산해야 하므로 앞서 피자 기업의 사례 같은 곤란한 경우를 피하기 위해서라도 리뷰 요청에 과한 보상은 피해야 한다.

쿠팡은 많은 리뷰를 작성하거나 작성한 리뷰가 다른 고객들에게 '도움이 돼요'라는 호응을 받게 되면 점수를 주고 랭킹을 부여하여 이후 높은 순위의 리뷰어를 제품 체험단으로 선정하는 보상을 주고 있다. 다양한 보상을 고민하고 적용해 보자.

체험단, 서포터즈를 활용한 리뷰의 요청

신제품이나 새로운 서비스의 출시를 앞두고 초기 고객 리뷰가 필요할 때 일반적으로 사용하는 방법이 체험단의 운영이다. 고객 리뷰 이벤트는 제품 출시 후 고객들이 제품을 쉽게 구할 수 있는 상황에서 전개되는 반면 체험단의 운영은 제품이 출시되기 전에 초기 바이럴 마케팅으로 많이 적용되고 있다. 리뷰 이벤트는 대중을 상대로 리뷰를 요청하기 때문에 결과물에 대한 조율이나 리뷰의 품질을 보장받기는 어려운 구조이지만 체험단의 운영은 특정 조건의 대상을 모집하고 리뷰 요청을 진행하므로 상대적으로 품질 좋은 결과물이나 긍정적인 리뷰를 얻기에 유리해서 대기업에서 자영업자까지 많이 활용하고 있는 상황이다.

하지만 지금까지 이야기했듯이 '이 리뷰는 특정 기업의 금전적 지원을 받아 제작되었다.'는 대표적인 고객 리뷰 요청의 방법은 그 효과가 점점 더 무색해지고 있는 것도 현실이다. 따라서 지금까지의 체험단 운영 방법에 새로운 변화를 주지 못한다면 더 이상의 효과를 기대하기는 어려워질 것이다.

체험단 운영의 기본을 정의하자면 제품이나 서비스에 대한 특정인의 긍정적인 경험을 특정인이 영향력을 미칠 수 있는 사람들 중심으로 연결해 주는 것이 아닐까 한다. 체험단의 운영이 오랫동안 활용되면서 기업들이 체험단의 결과물, 즉 긍정적인 리뷰를 얻는 것에만 집중하는 것 같아 안타깝다. 체험단의 운영은 초기 긍정적인 경험을 널리 알릴 수 있고, 사람들을 움직일 수 있는 특정인이나 집단을 체험단으로 모집하는 것도 중요하다. 그리고 선정된 체험단의 긍정적인 경험을 효과적으로 사람들에게 연결하는 것도 마찬가지이고. 지금부터 하나씩 살펴보도록 하자.

추천의 힘을 살리는 체험단의 선정

최근 제품이나 서비스의 품질과는 상관없는 체험단의 리뷰들은 대부분 광고, 홍보성 리뷰로 취급되며 본래 가졌던 추천의 힘을 잃게 되었다. 기존 체험단 모집 시에는 주로 블로그, 인스타그램, 유튜브 등의 소셜미디어 채널에서 영향력을 얼마나 가지고 있는지가 주요한 선정의 기준이었다. 선정된 체험단의 리뷰가 다른 사람들에게 많이 노출되기를 원해서일 것이다.

하지만 상품이나 서비스와 연관성도 없는 주제의 파워블로거, 인스타그래머, 유튜버 등 영향력자들만을 체험단에 우선적으로 선정하는 것은 그들의 리뷰가 긍정적이고 많이 노출된다 할지언정 이전과 같은 추천의 효과는 기대하기 어려운 것이 현실이다.

체험단 선정은 먼저 리뷰를 활용해서 공감을 만들고 제품의 이야기를 확산할 초기 타깃 고객군을 선정하는 것으로 시작한다. 이후 선정된 타깃 고객군에게 영향력을 발휘할 수 있는 영향력자를 체험단에 포함하는 것이다. 여기에 타깃 고객군이 주로 사용하는 소셜미디어 매체의 영향력을 추가로 살펴보거나 기업이 해당 채널에서 영향력을 만들어 주는 방법을 고려해야 한다. 잃었던 추천의 힘을 다시 찾기 위해서는 제품이나 서비스와 체험단 구성원의 연관성을 강하게 하고 배경 이야기를 만드는 것이 필요하다. 체험단에게 추천의 명분을 만들어 주어야 한다. 요즘은 대중을 타깃으로 하기보다는 특정한 집단의 공감을 사는 고객 리뷰가 더욱 주요하므로 이를 체험단 선정의 기준으로 참고하는 것도 필요하다.

광고, 홍보성 리뷰의 오명을 뛰어넘을 가치를 찾아라

현재 체험단 리뷰의 가장 큰 문제는 사람들에게 기업이 만들어 낸 광고, 홍보성 리뷰로 인식된다는 점이다. 그도 그럴 것이 대부분의 체험단 리뷰가 제품의 실제 품질과 상관없이 기업의 주도하에 긍정적인 내용을 담았기 때문일 것이다. 체험단이 대가를 지불받아 제작된 리뷰이기 때문에 공정한 리뷰로서의 신뢰를 잃은 것이다.

신뢰를 다시 찾기 위한 방법으로 체험단의 리뷰를 제품과 서비스의 긍정적인 방향으로만 유도하기보다는 고객 상황에 따른 다양한 활용에 집중하는 방법을 생각해 보라. 제품과 서비스를 선택할 고객들이 가장 필요로

하는 정보를 담거나 제품과 서비스가 고객이 가진 문제를 해결할 수 있다는 확신을 주는 등 실용적인 내용의 리뷰를 체험단이 작성하게 유도하는 방법을 고민해보자.

리뷰 이벤트와 달리 체험단의 운영은 선정된 리뷰어에게 개별적인 미션을 부여할 수 있기에 체험단의 리뷰를 통해 다양한 제품의 가치를 보여줄 수 있다. 체험단 구성원의 개별적 특성을 활용한 개별 미션을 활용하면 일반적으로 제품의 특장점에만 집중하여 서로 유사해지는 체험단 리뷰의 고질적인 문제점도 해결할 수 있다.

더 나아가 고객 문제를 해결하는 것을 넘어 예상치 못한 제품과 서비스의 다양한 활용을 체험단 리뷰로 보여주는 것도 비록 기업의 지원을 받아 작성한 리뷰일지라도 고객이 읽고 참조할 만한 가치를 만들어 주는 방법 중 하나이다.

체험단의 경험을 기업이 직접적으로 지원하면 품질이 더 나은 리뷰가 될 수도 있다. 경험의 스토리만을 결과물로 제공받은 후 기업의 영상이나 인터뷰 등 좀 더 전문적인 지원을 받은 콘텐츠로 가공하는 방법도 고객이 참조할 만한 가치를 만들어 낼 수 있는 방법일 것이다.

체험단을 운영하면서 그들이 만들어 낼 리뷰들이 광고, 홍보성 리뷰로 낙인찍힌다는 현실을 직시하고 요청의 단계에서부터 기업이 좀 더 세심한 노력을 기울여야 한다.

그들의 영향력을 이해한 리뷰의 연결

체험단의 운영 시 결과물인 리뷰의 연결은 기획 단계에서부터 고려되어야 한다. 단순히 체험단 가이드라인으로 키워드나 해시태그를 제공하여 검색엔진에 노출되거나 해시태그 연결로 노출되는 방법도 있지만 좀 더 정교한 연결을 기획하는 것이 좋다.

먼저 체험단 구성원의 특성을 이해하고 그들이 영향력을 얻는 방식을 활용한다. 그들이 주로 활동하는 채널과 활동 방식에 맞추어 지원을 해주는 방법이다. 가벼운 이벤트의 지원도 유효하다. 지원은 하되 이벤트의 진행은 전적으로 맡겨야 한다.

기업의 공식 채널을 활용하여 직접적으로 연결하는 방법도 있다. 제품이나 서비스 출시 초기에는 고객 리뷰 콘텐츠가 부족하니 공식적으로 차용하여 관심 고객과 연결하는 방법이다. 이는 전문적인 체험단의 리뷰를 활용하여 많이 사용하는 방법이다. 여기에서 나아가 광고를 통해 확산도 고려할 수 있다.

체험단의 리뷰를 리뷰하는 이벤트도 진행할 수 있다. 가장 보편적으로 활용되는 방법은 최고의 리뷰를 뽑는 이벤트이다. 다른 고객들에게 리뷰에 대한 관심을 유도하여 제품이나 서비스의 관심으로 전환하는 방식이다.

최근에는 초기 입소문을 낼 수 있는 니치한 주제의 집단을 대상으로 선정하고 처음부터 이 집단을 겨냥한 체험단을 구성하여 그들의 리뷰를 연결하는 방법들을 사용하고 있다. 결국 체험단에게 요청하여 만들어진 리뷰는 출시 초기에 입소문 효과를 기대할 수 있는 대상 집단의 공감으로 연결 짓는 것이 주요하기 때문이다.

다양한 리뷰가 가능한 서포터즈

서포터즈는 체험단과 비슷하게 기업이 리뷰를 요청할 수 있는 방법이다. 기업의 서포터즈는 주로 6개월 단위로 활동을 하며 현재 대부분 기업의 공식 채널의 콘텐츠 제작에 기여하거나 제품이나 서비스를 홍보하는 역할을 하고 있다. 즉 단번의 리뷰 요청을 진행하는 체험단과는 달리 몇 번에 나누어 리뷰의 요청을 할 수 있는 장점이 있다.

서포터즈를 대상으로 효과적으로 리뷰를 요청하기 위해서 두 가지를 고려해 보자. 첫 번째는 리뷰의 주제를 나누어 요청하는 방법이다. 서포터즈 구성원의 특성을 고려하여 제품이나 서비스의 주제를 서포터즈 활동 기간에 맞춰 연재의 형식으로 나누어 기획하는 것이다. 여러 번의 질문으로 나누어 요청하는 것도 방법이다. 예를 들어 서포터즈에 국문학과 학생이 있다면 '소설가 지망생이 장르별 문학을 월라 오디오북으로 듣고 리뷰, 1. 공포 소설'이란 주제로 장르별 연재 리뷰를 만들 수 있다.

두 번째는 서포터즈는 협업의 파트너로 대하여 주어야 한다는 것이다. 서포터즈는 제대로 된 선발 과정을 거쳤다면 브랜드나 제품에 대해 우호적이거나 제품을 지지하고 있는 사람들일 것이다. 따라서 상대적으로 제품이나 서비스에 대한 이해도가 높고 참여도가 남다를 것이다. 조금 더 어려운 단계의 리뷰 요청도 가능하다. 예를 들면 제품이나 서비스의 다양한 사용 가치를 찾는 실험 같은 리뷰를 요청할 수 있다. 물론 당연히 필요한 지원은 해주어야 한다.

그리고 리뷰의 요청 후 기간 내에 미제출했을 때 체험단의 경우는 가이드라인의 상호 간에 약속된 조항에 의거해 결과물을 독촉하거나 제재나 불이익을 가하기도 하지만 서포터즈에게는 그렇게 하면 안 된다. 기간 내 제출하고 우수한 결과물들을 칭찬하는 방식으로 서포터즈들을 독려해 주어야 한다. 그들은 협업의 파트너이다.

무료 체험에서 중요한 것은 무료가 아니라 체험

특정한 기간과 대상을 정하여 체험단을 운영하는 방법 외에 상시적으로 제품이나 서비스의 무료 체험을 제공하는 비즈니스도 있다. 물론 이때는 리뷰를 정식적으로 요청하기 위해서기보다는 제품이나 서비스의 경험을 제공하기 위해서일 것이다.

예를 들면 넷플릭스 같은 OTT^{Over The Top} 구독 서비스의 경우는 장기 구독 전에 2주에서 한 달 정도 무료로 서비스를 제공한다. 오디오북이나 학습지 등 대체로 일정 기간을 구독해야 하는 서비스들이 이런 무료 체험을 제공한다.

학습지 기업을 컨설팅했을 때 경험이다. 고객의 관점에서 학습지 회사의 서비스 중 가장 중요한 무료 체험 서비스를 직접 경험해 보기로 했다. 웹사이트에서 무료 체험 신청을 위해 많은 개인 정보를 입력하고 신청을 완료하였더니 '무료 체험 신청이 완료되었습니다.'라는 안내뿐이었다. 14일간의 무료 체험에 대한 안내는커녕 무엇부터 시작해야 하는지 아무런 정보도 제공되지 않았다. 정식 서비스가 아니기 때문에 지원되는 부분과 지원되지 않는 부분에 대한 내용도 설명이 없었다. 혼란 그 자체였다. 그러길 며칠이 지나고 흥미를 잃어 체험 기간이 얼마 남았는지 관심도 없어질 무렵, 기간은 종료되고 마지막 안내가 도착했다. '무료 체험 기간이 종료되었습니다. 정식 서비스를 이용하시겠습니까?'

전자책 구독 서비스와 오디오북 구독 서비스를 비교해 보자. 두 서비스 모두 한 달간의 무료 체험 기간을 제공한다고 가정하자. 사람들은 전자책에 대해 익숙하고 또한 전자책이 기존의 책을 읽는 방식과 큰 차이가 없어서 무료 체험 기간에 별다른 안내 없이 이용할 수 있다.

오디오북 서비스는 어떨까? 책을 읽어 온 많은 사람들은 책을 듣는다는 것이 어색하여 처음에는 적응이 어려울 수 있다. 익숙해지기까지 많은 사람들에게 시간이나 연습이 필요할 것이다. 처음엔 듣기 쉬운 웹소설부터 시작해서 익숙해지면 전문 서적까지 말이다. 이러한 습관을 바꾸는 정도의 체험에는 안내가 필요할 것이다.

무료 계정만 열어 줄 경우, 일부는 몇 권 들어보다 포기하는 경우가 발생할 것이다. 그리고 무료 체험 기간이 그냥 지나버릴 것이다. 그런 체험자에게 주변인이 "지난번에 오디오북 무료 체험으로 들어보니 어때?"라고 묻는다면 뭐라 답을 할까? 아마도 쉽게 "역시 책은 읽는 거야."라며 자신의 습관을 바꾸려는 노력의 부족보다 오디오북의 부정적 의견을 전하지 않을까?

심플그린스무디(www.simplegreensmoothies.com)는 건강한 식습관으로 그린스무디의 레시피를 공유하고 관련 용품과 서적을 판매하고 있다. 아무리 건강에 좋은 그린스무디라도 습관이 들기까지가 쉽지 않다. 그래서 이 사이트에서는 '10일 스무디 챌린지10-Day Smoothie Challenge[95]' 프로그램을 제공한다. 이메일로 챌린지를 신청하게 되면 10일간 도전할 그린스무디의 레시피가 담긴 '스무디 플랜'이라는 가이드북을 받게 된다. 그리고 이전 도전자 중 그린스무디의 지지자 그룹인 '스무디 챌린지 호스트'의 페이스북 그룹 주소를 안내받게 된다. 챌린지 기간 내 매일 아침 전일 도전에 대한 시상이 이루어지고 '스무디 챌린지 호스트'와의 상담을 지원받는다.

무료 체험을 제공할 때에는 '무료'보다는 '체험'에 방점을 두어야 한다. 리뷰도 이 '체험'에 기인하니까. 체험에 대해 기업이 너무 깊게 개입하는 것을 권장하지는 않는다. 다만 체험에 흥미를 느끼고 지속할 수 있는 정도의 가이드나 미션을 제공하는 것은 중요하다. 이때 이전 체험에 대한 리뷰를 연결해 주는 것도 좋은 방법이다. 고객과 고객의 경험을 연결하는 것이다. 긍정적인 체험을 만들어 주는 여러 가지 방법을 고민해 적용해야 한

---

95 https://simplegreensmoothies.com/challenge

다. 그리고 자연스럽게 체험이 끝날 즈음 리뷰를 요청해 보자.

이커머스 플랫폼 리뷰의 운영

지금까지 주로 제품과 서비스의 평판을 만드는 소셜 웹상의 리뷰를 중심으로 기업이 주도하는 리뷰의 운영에 대해 살펴보았다. 잠시 제품이나 서비스의 구매 직전의 단계에서 구매 전환을 유도하는 이커머스 플랫폼상의 리뷰에 대해 살펴보자.

이커머스 플랫폼은 쿠팡, G마켓, 옥션 등과 같이 기업이 입점하여 제품이나 서비스를 판매하는 플랫폼이나 기업의 자사몰 또는 자사몰과 연결된 웹사이트 등을 말한다. 전자의 경우 리뷰의 운영 및 관리는 입점 기업이 아닌 플랫폼사에서 주관한다. 배달의 민족과 같은 배달앱도 같은 경우가 되겠다. 이러한 상황에서는 입점사는 주어진 리뷰 기능을 잘 활용하는 것밖에 권한이 없다. 대신 후자의 경우는 리뷰가 기업의 자산이므로 리뷰 기능의 설계 및 운영 관리 모두 권한을 갖게 된다.

SSG닷컴은 사진이나 동영상 등과 함께 나만의 스토리가 있거나 상품 활용 팁 등을 자세히 적은 '프리미엄 리뷰'를 후기 코너 최상단에 배치하고 혜택도 강화했다. '프리미엄 리뷰'가 붙은 상품의 매출은 이전보다 평균 20% 이상 늘어났고 매출이 50% 상승한 제품도 있었다고 한다[96].

올리브영은 오프라인 매장과 온라인몰에서 구매한 상품의 후기를 남길 수 있는 '온·오프라인 통합 리뷰 서비스' 도입 2년여 만에 1,000만 개에 달

---

96 '이것' 바꾸니 매출 확 늘었네…온라인 리뷰도 프리미엄 시대 / 중앙일보 / 주인영 / 2020.3.29.

하는 상품 리뷰를 확보했다고 한다. 그리고 오프라인 통합 리뷰 서비스 도입 이전인 해의 같은 기간과 비교했을 때 리뷰가 7.6배 급증했다고 한다[97].

이커머스 플랫폼을 중심으로 단순히 사진과 함께 상품에 대한 리뷰를 남기는 정도의 기능에서 고객 리뷰가 점차 고도화되고 속속 그 결과를 내고 있다. 리뷰가 양적으로든 질적으로든 향상되고 있는 것이다. 일반적인 리뷰 기능에서부터 추가적으로 개선할 사항들까지 살펴볼 필요가 있다. 차근차근히 이커머스 플랫폼상이나 웹사이트에서 리뷰 기능을 구현할 때 살펴봐야 하는 사항들을 전반적으로 알아보자.

구매 결정에 주는 도움은 빠르고 간결하게

이커머스 플랫폼 리뷰의 역할은 고객의 구매 결정에 도움이 되는 정보를 전달하는 것이다. 사람들이 리뷰를 읽는 이유 중 하나 '시간/노력/금전의 절약'을 떠올려 보라. 구매 결정에 도움을 주면서도 그들의 시간이나 노력을 줄이기 위해서는 그들에게 정말 도움이 되는 정보를 빠르고 간결하게 제공하는 것이 중요하다.

최근에는 고객의 리뷰를 최신 순(최근 작성 순), 평점 높은 순/낮은 순, 베스트 순으로 정렬할 수 있는 필터 기능을 기본으로 제공한다. 여기에 상품이나 서비스의 특성, 사용자의 특성에 맞추어 세분화된 항목의 필터 기능도 제공하고 있다.

호텔 예약앱 '데일리호텔'은 베스트 순을 기본으로 객실, 방문 유형별(가족, 비즈니스, 커플, 친구, 나 홀로), 청결, 위치, 서비스, 시설별 고객 리뷰 필터를 제공함으로써 숙소를 선택할 때의 기준별로 리뷰를 구분해 볼 수 있

---

97 화장품 사용 후기 월 36만개"…CJ올리브영, 누적 리뷰 1000만건 돌파 / FETV / 최남주 / 2021.10.14.

게 해주고 있다.

닛산은 '오너가 말하는 티다'라는 고객 리뷰 코너에서 고객 리뷰를 '연령', '가족 구성', '사양'으로 구분했다. 40대 2인 가족 고객이 20대 싱글남의 리뷰를 보면서 허비하는 시간을 줄이고 유사한 상황에 있는 다른 고객에게서 공감이 더욱 쉽도록 유도하는 장치였다. 유사한 경우로 무신사는 수많은 리뷰 중에 자신의 체형에 맞는 리뷰만 필터링할 수 있는 기능을 제공한다.

세금 신고 간편화 소프트웨어인 터보택스는 많은 고객 리뷰 중에서 자신이 터보택스 서비스를 이용하는 목적, 이전 서비스 이용 방법, 가족 상황 등의 정보로 리뷰를 분류해 등록하는 이벤트를 성공적으로 진행했다. 많은 고객들의 호응으로 현재는 웹사이트의 고정 코너로 자리 잡고 있다.

화장품 뷰티앱 화해는 많은 리뷰에서 '자극 없는', '흘러내리지 않는', '잘 안 발리는'등의 키워드를 정리해 필터로 제공하는 '리뷰 키워드' 서비스가 있다. 키워드를 선택하면 해당 키워드를 포함한 리뷰들을 볼 수 있다. 그 외에도 '사용 전후', '제형', '발림성', '발색', '패키지' 등의 조건으로 사진 리뷰를 필터링해서 보여주는 기능을 갖추고 있다.

네이버는 식당·카페 등 장소 후기의 '별점 테러' 부작용 때문에 평점 기반의 '별점'을 없애고 인공지능(AI) 기반 '태그 구름'을 도입한다고 한다. '태그 구름'은 방문객들의 리뷰를 바탕으로 제공되는 해시태그(#) 형식의 통계 정보로 방문객들이 남긴 리뷰에서 키워드를 추출해 태그로 구름 형태를 구성하는 방식이라고 한다[98].

패션아이템을 평가할 때와 화장품을 평가할 때 평가 기준이 달라야 하듯이 이커머스 플랫폼에서는 판매 상품의 카테고리마다 리뷰의 항목을 다

---

98 '별점' 없애는 네이버, '태그 구름' 뭐길래 / BLOTER / 김인경 / 2021.3.17. /

르게 구성해야 한다. 그리고 그 항목에 따라 리뷰를 빠르게 분류해 주어야
고객들에게 훨씬 큰 도움을 줄 수 있다.

이처럼 이커머스 플랫폼의 리뷰 기능은 점점 고도화되어 가고 있다. 그
리고 그 첫걸음은 고객들이 필요한 정보를 헤매지 않고 찾게 하여 더 빠른
결정을 할 수 있도록 고객 리뷰를 고객의 환경이나 상황, 목적으로 분류해
제공하는 것이다.

리뷰들을 의미 있게 한눈에

많은 리뷰를 분류해 보여주는 것만큼이나 구매 고객의 구매 결정을 빠르
게 돕는 다른 방법은 많은 리뷰들에서 의미를 분석해 보여주는 것이다. 이
는 고객 리뷰들의 전체 평점, 만족도, 별점별 비중을 제공하는 것을 기본으
로 한다.

온라인 서점 'YES24'는 평균 별점 외에 '내용', '편집/디자인'별 별점 통계
및 리뷰에 참가한 고객의 연령대별 평점을 추가로 제공한다. '나이키닷컴'
은 구매 고객의 의견을 통합해서 해당 제품의 '사이즈', '편안함', '내구성' 통
계를 그래프로 보여준다. 이런 형태의 서비스를 통해 많은 구매 고객의 평
균 의견을 쉽게 파악할 수 있어 제품 선택에 도움을 주고 있다. 빅데이터를
기반으로 맛집 정보를 제공해 주는 '다이닝코드'는 기본 평점 외에도 '방문
목적', '분위기', '편의시설' 항목에 대한 리뷰의 통계를 제공한다.

물론 이러한 통계 정보를 제공하기 위해서는 더 많은 항목의 리뷰 데이
터를 수집해야 한다. 리뷰가 많이 쌓일수록 의미 있는 통계가 되어 리뷰를
넘어 차별화할 수 있는 콘텐츠로서 경쟁력을 확보하게 될 수 있다. 이커머
스 플랫폼 리뷰 기능의 궁극적인 목표는 고객에게 도움이 되는 정보를 전

달하는 것이다. 고객 리뷰의 전체적인 경향을 전달하여 주는 것도 구매 고객에게는 제품 선택에 큰 도움이 될 수 있다.

리뷰 등록은 쉽게

아무리 좋은 고객 리뷰 분석 기능을 가졌다고 해도 고객이 리뷰를 등록하지 않는다면 아무 소용이 없을 것이다. 제품이나 서비스를 구입하고 매번 리뷰를 작성하는 것이 일반적인 고객에게는 쉽지 않다는 사실을 알고 있는가? 고객들이 리뷰를 작성하게 하는 것은 생각보다 어려운 일이란 것을 이미 잘 알고 있으리라 생각한다.

이커머스 플랫폼 리뷰 기능에서 많은 리뷰를 수집하기 위해서 가장 중요한 것은 바로 리뷰 작성을 쉽게 하는 것이다. 즉 리뷰 작성을 위한 프로세스를 쉽고 간단하게 설계해야 한다. 요즘과 같이 리뷰 기능이 고도화되는 상황에서는 간단한 클릭 몇 번으로 기본적인 리뷰, 만족도나 평점을 평가할 수 있도록 유인한 뒤 더 자세한 리뷰를 남기면 혜택을 제공하는 방법을 주로 활용한다.

CGV의 앱에서 실관람평을 등록하려면 먼저 '이 영화 어땠어요?'라는 질문에 '좋았어요!'와 '별로예요' 두 가지 답 중 하나를 선택하고 주관식 질문인 '나의 감상평'을 작성 해야 한다. 등록 버튼을 누르면 '관람 포인트'의 항목을 추가적으로 선택하여 마친다. 화면에 입력해야 할 항목이 가득하다면 아무리 좋았던 영화라도, 포인트를 지급한다는 안내가 있어도 망설여지기 마련이다. 그래서 입력을 두 단계로 나눈 것이 효과적이다. 물론 주관식 질문에 '문자를 포함하여 10자 이상(공백 제외) 작성해야 등록된다.'와 같은 제한은 풀어주고 오히려 자유롭게 입력하게 하는 것이 좋을 것이다.

'네이버 쇼핑'은 '상품은 만족하셨나요?'라는 질문에는 별점으로, '어떤 점이 좋았나요?'라는 질문에는 주관식으로 리뷰를 남기고 선택적으로 사진이나 동영상을 추가할 수 있도록 한 화면에 리뷰 기능을 구성하였다. 입력 단계를 한 단계로 압축하거나 두 단계로 나누는 것은 리뷰 항목에 따라 결정하면 되겠다. 이때 모바일로 리뷰를 입력할 때의 화면의 크기를 고려해야 한다. 네이버 쇼핑도 주관식 질문에 '최소 10자 이상 입력해주세요'라고 제한을 두고 있다. 마찬가지로 제한을 풀어주거나 일반적인 질문이 아닌 개인화되거나 좀 더 구체적인 질문을 해 보는 것이 자연스러운 리뷰를 얻을 수 있는 방법이다.

데일리호텔은 별점 또는 10점 척도 등의 점수 부여 방식이 아닌 감정 상태를 보여주는 다섯 가지 이모지 중 하나를 선택하는 방식을 사용하고 있다.

다시 한번 강조하지만 리뷰 작성 기능은 사용자가 쉽고 간편하게 그리고 필요한 항목만 정확하게 입력할 수 있도록 설계하는 것이 무엇보다 중요하다.

리뷰를 작성해야 하는 이유 제공

온라인 쇼핑몰 리뷰 솔루션인 크리마 리뷰 서비스의 보고서에 따르면 온라인 쇼핑 카테고리별 리뷰 작성률은 식품(12.1%), 패션(10.5%), 유아동/출산(8.1%), 리빙(6.9%), 뷰티(6.7%) 순으로 나타났다고 한다[99]. 구매 고객이 리뷰를 작성하는 리뷰 작성률을 높이기 위해서 사용하는 가장 대표적

---

99 크리마, 올해 상반기 기준 '높은 리뷰 작성률' 분석 / 어패럴뉴스 / 오경천 / 2021.9.23.

인 방법은 적립금이나 포인트를 제공하는 것이다. 이미 우리는 앞서 이 밖에도 리뷰의 가치를 높여주는 다른 보상들에 대해 논의하였다. 이커머스 플랫폼에서의 리뷰에 대한 다른 보상들을 살펴보자.

먼저 적립금이나 포인트 제공과는 별도의 리뷰 이벤트를 진행하는 방법이다. 최근 상대적으로 효과적이라 평을 받는 포토 리뷰나 동영상 리뷰와 같이 조금 더 많은 시간과 노력이 필요한 리뷰를 요청할 때 별도의 시상과 경품을 내건 이벤트를 진행한다. 일정 기간 내 원하는 리뷰를 수집하기 위함이다. 또한 이커머스 플랫폼 내의 리뷰를 장려하기 위해 여러 항목으로 등록된 리뷰를 심사하여 시상하는 이벤트 방식도 있다.

'펀샵'은 한 달 동안 온라인 쇼핑몰에 등록된 리뷰들을 분석해 '입담왕' 시상을 진행하였다. 'SSG닷컴'은 상품 리뷰 고객 중 추첨을 통해 310명에게 최대 10만 원의 SSG머니를 제공하는 '프리미엄 리뷰'를 진행했다. 상품의 포장을 여는 '언박싱' 영상 위주로 촬영한 리뷰 중 다른 고객에게 유용한 정보를 제공하는 상위 10개의 리뷰를 '동영상 리뷰왕'으로 선정하고 이외 우수한 평가를 받은 리뷰 300개를 프리미엄 리뷰로 선정하는 프로모션으로 눈길을 모은 것이다.[100]

리뷰 시상 이벤트는 리뷰어의 가치를 높여주는 방식으로 발전시킬 수 있다. '올리브영'은 구매한 상품에 대한 양질의 리뷰를 작성한 고객들을 1위부터 1천 위까지 매주 선정해 공개하는 '탑리뷰어' 서비스를 운영한다. 상품 리뷰 작성 수와 다른 고객에게 '도움이 된다'고 평가받은 수, 최근 활동 지수 등을 바탕으로 매주 월요일마다 순위를 업데이트한다. 탑리뷰어의 아이콘을 제공하여 다른 고객들에게는 리뷰의 신뢰는 높이고 리뷰어에

---

100 이커머스업계, 소비자 목소리 담은 '리뷰 콘텐츠' 주목 / 싱글리스트 / 용원중 / 2022.4.24.

게는 자부심을 제공할 수 있다. 지속적인 후기 독려에 효과적이다.

리뷰를 구매와 직접 연결하여 수익을 나누어 보상하는 방법도 있다. 신라인터넷면세점은 고객이 작성한 상품평으로 발생한 매출의 일부를 작성자와 나누는 개념의 모바일 상품평 '신라팁핑' 서비스를 운영한다.

고객이 작성한 리뷰를 콘텐츠화하여 가치를 높여주는 방식도 주요하다. 당일 회를 배송해주는 서비스 '오늘회'는 회뿐만 아니라 상을 차릴 수 있는 야채나 다른 음식들까지 판매 중이다. 고객이 오늘회에서 주문한 상차림 리뷰를 이용, 판매 상품을 묶음화하여 판매를 하는 '꿀조합'이라는 콘텐츠로 제공한다. 라이프스타일 전문몰 'SSF샵'은 고객이 스타일링 리뷰 콘텐츠를 자유롭게 올리고 소통하며 최신 트렌드를 파악할 수 있는 콘텐츠를 공유하는 커뮤니티 서비스 '세사패(세상이 사랑하는 패션)다이버'로 고객의 리뷰를 콘텐츠화하였다.

리뷰의 작성이 이커머스 플랫폼에 이익을 주기보다 리뷰어에게 의미를 주는 것이라고 강조하는 방법도 있다. 'CGV'에서 리뷰를 작성하면 '내가 쓴 리뷰'로 차곡차곡 저장되어 자신의 영화 관람 기록으로 활용할 수 있고 이는 '무비로그'의 한 항목으로 자신의 영화 관람 레벨 설정 기준이 된다. 영화 추천 서비스 '왓챠피디아WATCHAPEDIA'는 사용자가 자신이 본 영화에 대해 별점을 매기면, 취향을 분석해 좋아할 만한 영화를 알아서 추천해 주고 자신만의 컬렉션 제작, 박스오피스 순위 제공 등 다양한 서비스를 제공한다. 리뷰의 작성을 곧 자신의 기록으로 저장해주거나 리뷰를 근거로 추천 등 서비스를 제공하여 리뷰어의 이익으로 돌려주는 방법이다.

재미난 아이디어로 리뷰 작성의 이유를 제공하는 방법들도 있다. 화장품의 정보를 얻을 수 있는 '화해'는 더 많은 리뷰를 보기 위해서는 자신도 리뷰를 올려야 하는 조건이 있다. 조금 강제적인 방법이긴 하지만 이미 커뮤니티에서는 많이 사용된 규칙이기에 사람들에게 거부감은 적고 재미있게 다가올 수 있는 아이디어이다.

"왜 댓글이 없지?" 온라인 쇼핑몰 '펀샵'이 보낸 메일의 제목이다. 펀샵에서 판매 중인 제품에 리뷰나 댓글이 없는 제품들만 골라 리뷰를 독려하는 내용을 담은 메일이다. "락식 MD가 먹어본 팝콘 중에 세젤맛인데… 왜 댓글이 없지?", "이거… 촉감이 부드럽고 촉촉하고 너무 좋고… 심지어 몸도 잘 닦이는데 왜 댓글이 없지?" 등 메일에 선정된 제품을 모두 "왜 댓글이 없지?"로 소개했다. 메일에 있는 제품을 클릭하면 먼저 메일을 받은 고객들이 댓글을 달았고 잠재고객들은 재밌어하며 그 댓글을 읽었다. 고객의 후기를 독려함과 동시에 다른 고객에게 후기를 환기해 구매로 연결한 좋은 방법이다.

최적화된 타이밍에 리뷰 요청

CGV는 고객이 예매한 영화의 상영이 끝나고 일정 시간 뒤에 후기 등록을 독려하는 메시지를 발송한다. 고객들이 막 보고 나온 영화에 대해 딱 이야기하고 싶을 즈음에 말이다. 그렇다. 고객이 리뷰를 작성하도록 유도하는 방법에 '언제 리뷰를 요청하느냐'라는 적절한 요청 시점을 찾는 것도 중요한 요소이다.

나이키 닷컴에서 제품을 주문하면 배송이 완료되고 나서 1~2시간 내에 리뷰를 요청하는 문자를 받게 된다. 이처럼 주문 프로세스가 종료되는 시점에 자동적으로 리뷰를 요청하거나 리마인드해 주는 알림을 보내는 것이 일반적이다.

구매 결정 후 주문 완료 단계에서 리뷰를 요청한다면 선택 지원 편향 choice-supportive bias의 영향을 받을 수 있다. 이는 주어진 정보들을 통해 의사 결정이 이루어진 순간, 그 선택의 긍정적인 부분에 대해 더 많이 생각하고 그 결정에 반대되는 증거를 무시하게 되는 인지적 편향이다. 하지만 그 결과 너무 긍정적인 평가만을 얻게 되는 경우가 발생할 수 있다.

기업의 입장에서 좋은 리뷰는 우리 제품과 서비스에 긍정적인 평가를 해주는 것이라 생각할 수 있지만 고객의 입장에서는 구매 선택에 도움이 되는 리뷰일 것이다. 일방적으로 긍정적인 평가의 리뷰만 수집이 된다면 장기적으로 제공되는 리뷰 전체의 신뢰도가 하락할 수 있으므로 이렇게 얻어진 리뷰가 마냥 좋은 일만은 아닌 것이다. 그래서 구입의 프로세스 완료 후 일정한 시간을 두고 리뷰를 요청하는 것을 고민해 볼 필요가 있다.

하루 중 리뷰를 요청하기에 가장 좋은 시간은 언제일까? 온라인 리뷰, 피드백 등 고객 경험을 측정하고 피드백 향상을 지원하는 리뷰트랙커스 ReviewTrackers에서 수집한 150,000개 이상의 리뷰 샘플조사[101]에 따르면 오후 2~3시와 오후 6~7시 두 시간대라고 한다. 사람들은 점심시간이나 퇴근 후에 비즈니스 사이트를 자주 방문하기 때문이라고 한다.

그렇다면 언제 리뷰를 요청하지 않아야 할까? 같은 조사 데이터에 따르면 새벽 2시부터 새벽 3시까지 아무도 리뷰를 작성하지 않는다. 물론 상식이다. 흥미로운 것은 아침에 사람들이 일어나는 시간(예를 들어 오전 6시에서 7시)부터 점심시간(12시에서 오후 1시 사이)까지가 적어도 점심 식사 후에 발생하는 리뷰 작성 활동에 비해 리뷰 작성이 상당히 적다는 것이다.

정리하면 리뷰 요청을 배송이 완료되고 구매가 완료되는 시점의 오후

---

[101] https://www.reviewtrackers.com/guides/ask-customers-review/

시간으로 정한다면 효과적일 수 있겠다. 하지만 단순히 그렇게 정하지 말고 이러한 데이터들을 참조로 하여 테스트, 측정 및 조정을 통해 최적의 리뷰 요청 타이밍을 찾아야 한다. 여러분 고객들이 리뷰를 작성하기에 최적의 시간을 찾아야 한다.

리뷰의 신뢰를 회복하기

세계 최대 전자상거래 업체 아마존이 물건을 판매하는 제삼자 판매자들과 금전 또는 물품을 대가로 가짜 리뷰를 작성해주는 브로커들에게 소송을 제기했다. 경제매체 CNBC는 "아마존의 리뷰 시스템은 아마존이 기록적인 수익을 올리는 데 보탬이 됐다"면서 "하지만 이제 너무 많은 가짜 리뷰가 있어 아마존에 있어 골치 아픈 문제"라고 설명했다. 아마존은 성명을 통해 "이번 소송은 가짜 리뷰 브로커를 근절하기 위한 것"이라며 가짜 리뷰와의 전쟁을 지속적으로 진행할 뜻을 밝혔다[102].

고객 리뷰를 악용하는 사례가 고객들에게 널리 알려져 사실상 이커머스 플랫폼 리뷰의 신뢰도는 이미 문제가 있는 상황이다. 리뷰의 신뢰도를 회복하기 위해서 많은 노력이 필요한 시점이다.

최근 고객 리뷰의 악용 사례 때문에 골머리를 앓는 대표적인 기업, 배달의 민족은 기존 리뷰 모니터링 시스템을 고도화하여 실시간으로 허위 리뷰를 찾아내 등록 또는 노출되기 이전에 이를 차단하겠다고 선언하였다. AI 기술을 활용한 리뷰 검수 기능에 실시간 모니터링 시스템을 도입하여 사용자가 리뷰 작성 완료 버튼을 누르는 순간, 허위 여부를 판별해 허위가

---

102 "가짜 리뷰 더는 못 참아" / 한국일보 / 조환동 / 2022.2.24.

의심되면 아예 등록되지 않도록 하고 있다.

이커머스 플랫폼이 고객 리뷰의 신뢰도를 높이기 위해 모니터링, 블라인드 시스템을 강화하고 있다. 'CJ올리브영', 'eBay 코리아', '네이버' 등 많은 이커머스 플랫폼 기업들이 적극적으로 모니터링 기능을 보완하고 있는 것이다. 심지어 가짜 리뷰에 나타나는 공통적인 특징을 AI에 학습시킨 후, 동일한 유형을 선발하여 차단하는 가짜 리뷰 검출 기술을 속속 접목하고 있을 정도이다.

또 하나의 방법은 리뷰어의 신뢰도를 높여주는 검증의 방식이다. 첫 번째는 실구매자만 리뷰를 등록할 수 있게 하거나 실구매자의 리뷰임을 알아볼 수 있게 하는 것이다. 'CGV'는 영화 관람자만 리뷰를 작성할 수 있는 '실관람평'을 제공한다. 호텔 예약앱 '데일리호텔'도 실제 호텔에 투숙했던 고객들만 리뷰를 작성하는 '트루리뷰' 서비스를 제공 중이다. '펀샵'의 경우 리뷰에 '145번째 구매자'와 같은 구매 내용과 순서를 표시하고 있다. 가장 간단한 방법으로 효과적이지만 앞서 이야기한 '빈 박스 리뷰'와 같이 악용된 사례를 참조하여 보완이 필요하다

두 번째는 리뷰어의 이력을 강조해 신뢰도를 확보하는 방법이다. Google 지도 콘텐츠에 참여하여 리뷰를 남기는 구글 지역 가이드에게 구글은 참여 정도에 따라 레벨을 부여하고 배지를 제공한다. '올리브영'은 구매한 상품에 대한 양질의 리뷰 중 매주 선정한 1위부터 1천 위까지의 탑리뷰어 순위를 리뷰와 함께 공개하고 있다. '오늘회'는 '65번 구매'와 같이 리뷰어가 리뷰 상품을 몇 번 구매했는지 리뷰와 함께 공개하고 있다.

세 번째는 리뷰어의 리뷰 평가 기능으로 신뢰도를 확보하는 방법이다. 'GS SHOP'은 리뷰에 '도움 돼요'라는 평가 기능을 통해 리뷰어의 리뷰를 검증한다. 이 방법은 이커머스 플랫폼에서 리뷰의 검증을 위해 많이 사용

되고 있는 방법이다.

　리뷰사이트 'Yelp'는 리뷰 기능 이외에 질문과 답변Questions & Answers 서비스를 추가하였다. 리뷰로 충족되지 않은 세세한 부분까지 직접 질문하면 경험한 다른 고객들이 답변에 참가하는 기능이다. 이 또한 고객의 경험을 연결하면서 신뢰도를 높이는 방법 중의 하나일 것이다.

　AI와 같이 신기술 또는 솔루션을 활용해 리뷰의 신뢰도를 높이는 방법에서부터 약간의 아이디어를 활용하는 방법까지 다각도로 고민하고 상황에 맞는 방법을 찾아 적용하여 개선의 의지를 보여야 한다.

업계의 기준이 되는 평가지수

영화 덕후들이 개봉작을 소개하거나 리뷰를 작성할 때 인용하는 평가 지수로 '썩토지수'가 있다. 옛날에 관객들이 작품성이 나쁜 공연에 토마토를 던졌던 것에서 비롯된 로튼토마토Rotten Tomatoes는 미국의 영화 관련 웹사이트로 영화 평론가들의 평가를 모아놓는 사이트로 시작하였다. 각각의 평론가가 작성한 리뷰에 근거하여 로튼토마토에서 해당 리뷰가 호평과 악평 중 어디에 가까운지 판단한 후, 해당 리뷰를 'Fresh(신선한)' 또는 'Rotten(썩은)'으로 분류하고 'Fresh'와 'Rotten'의 비율에 따라 '토마토미터'라는 지수를 제공한다. 이것이 영화 덕후들 사이에서는 '썩토지수'라는 애칭으로 불린다. '토마토미터'는 전체 평 중에서 Fresh의 비중을 나타내며, 그 비율이 60% 이상일 때는 영화가 'Fresh'로 분류되며 신선한 빨간 토마토가 그려지고, 60% 미만에 해당하는 경우에는 'Rotten'으로 분류되며 썩은 초록 토마토를 마치 벽에 던진 듯한 그림이 나타나게 된다.

　우리나라의 대형 멀티플렉스 체인 3사 CGV, 롯데시네마, 메가박스 모두 나름의 평점 리뷰 시스템을 가지고 있다. 그중 CGV는 '골든에그지수'라는 자체 영화 평점 시스템을 가지고 있다. CGV의 '골든에그지수'는 실관람자에 한해 영화 상영 종료 10분 후에 애플리케이션에서 평점 입력을 권유하는 알림이 뜨며, PC나 모바일 홈페이지, 앱을 통해 입력할 수도 있다. '로튼토마토'와 유사하게 '좋았어요!'와 '별로예요' 두 가지 답 중 하나를 선택하고 '관람 포인트'의 항목을 추가적으로 등록해야 한다.

'로튼토마토'의 '썩토지수'와 유사한 점이 많아서 초기에 카피한 것 같다는 부정적 의견도 많았다. 그러나 꾸준히 평을 쌓아 온 결과 '썩토지수'로 거론할 수 없는 한국 영화의 지표로 사용되기 시작하며 최근에는 '썩토지수'와 나란히 새로운 영화의 평가 지수로 널리 사용되고 있다. 사실 별점 1점 테러와 알바의 리뷰 도배질로 신뢰를 잃은 네이버 영화 평점을 제치고 가장 인정받는 영화 평가 지수가 되어 영화 리뷰의 기준이 되고 있는 상황이다.

'골든에그지수'로 대표되는 CGV 실관람평은 '매력 포인트'와 '감정 포인트'를 함께 그래프로 제공 중인데 그중 '매력 포인트'는 '감독/연출', '스토리', '영상미', '배우 연기', 'OST' 항목으로 영화를 평가해서 보여준다. 역으로 생각해 보면 영화의 매력 포인트를 CGV가 제시하는 5개의 항목으로 관람객들에게 각인시키는 역할을 하고 있다.

이를 활용해 여러분의 업종에 적용해 보라. 반찬을 판매하는 쇼핑몰의 경우를 예로 들어보자. 리뷰에 '맛있어요'와 '내 입맛엔 별로' 두 가지 선택 평가를 기준으로 평가 지수를 만들고 '(음식의) 간', '양', '(재료의) 신선도', '담음새'를 세부 리뷰 항목으로 제공한다 가정해보자. 리뷰가 쌓여가면서 좋은 반찬의 기준이 4가지 세부 리뷰 항목으로 고객들에게 인식될 수 있다. 즉 좋은 반찬의 기준이 되는 것이다. 자사의 강점을 항목에 포함한다면 차별화된 경쟁력을 얻을 수도 있다.

케이스 스터디 : 이마터즈, 서포터즈를 활용한 고객 리뷰의 연결

"새로운 서포터즈 프로그램이 필요합니다."라는 고객사의 요청에서 이마터즈는 시작되었다. 일반적으로 기업의 서포터즈라 함은 기업이나 브랜드에 우호적인 고객들을 모집하여 일정 기간 특정 목적의 활동을 진행하는 모임의 의미를 갖는다. 그러나 대부분 실제적으로는 일반 모집을 통해 구성하여 기업의 공식 소셜미디어의 콘텐츠를 대신 제작하거나 제품이나 서비스의 바이럴 활동을 하는 것이었다.

많은 기업과 단체가 서포터즈 프로그램을 활용하면서 활동에 대한 보상은 점점 더 규모가 커지는 반면 활동의 내용은 제자리를 맴도는, 의미도 퇴색되고 성과도 불분명한 프로그램으로 전락하고 있는 상황이었다. '이마트'도 같은 고민이 있었고 의미 없는 고객 참여 프로그램으로 효과성을 잃은 서포터즈 프로그램을 새롭게 개편하고자 하였던 것이다.

보상이나 혜택을 많이 해준다고 우수한 서포터즈를 모집할 수 있고 활동 내용이 나아질까? 이마트가 새로운 서포터즈 프로그램을 기획하면서 가장 중요하게 생각한 것은 바로 '참여감'이었다. 그리고 그 참여감은 자부심을 줄 수 있는 역할을 하며 피드백을 주었을 때 부여될 수 있다고 생각하고 프로그램을 설계했었다.

여기에 이마트에 대한 팬심이 작용할 수 있는 부분을 추가하기로 한다. 결국 이마트의 새로운 서포터즈들이 그들의 활동에 자부심을 느끼고 서포터즈임이 자랑스러워지게 만드는 것이 성공의 포인트라 생각한 것이다.

이마터즈의 모집

이마트의 서포터즈인 이마터즈는 이마트의 지지 세력으로 구성되었다. 기획 단계에서부터 활동비를 받고 홍보성 콘텐츠를 만드는 기존의 서포터즈 프로그램들과는 다르게 설계하자는 의욕으로 시작했기 때문에 이마트의 지지자를 모으기 위해서 선발 과정부터 다르게 기획했다.

소셜미디어의 영향력 중심으로 모집 지원자들을 서류 심사로만 평가하지 않고 좀 더 적극적이고 이마트를 잘 이해하는 지지자들을 찾으려 했다. 모집 과정 자체도 이슈화하여 선발될 이마터즈를 선망의 대상으로 만드는 것도 중요하게 생각했다. 그래서 온라인 1차 평가 시험과 2차 오프라인 시험에 이어 면접까지 3단계 과정을 준비했다.

이마트의 덕심을 활용하여 챌린지의 욕구를 자극하는 메시지와 과제, 리워드로 서포터즈 모집을 놀거리 형식으로 공지하였고 1차, 2차 시험의 문항도 황당한 난이도의 문제로 이슈화하는 데 중점을 두었다. 3차 면접시험에 당시 이마트의 모델인 김준현씨도 깜짝 면접관으로 참여함으로써 이슈를 만들었고 선발 과정도 콘텐츠화 하여 홍보에 적극적으로 활용하였다.

그 결과 11,689명이 1차 온라인 필기고사에 응시하였고 최종 213:1의 경쟁률을 뚫고 55명의 이마터즈 1기가 선발되었다. 이때 이마트의 지지자임을 구분하는 기준은 면접시험에서 '지금 스마트폰을 꺼내서 이마트앱을 보여주세요.' 문항이었다. 이마트의 충성 고객이거나 지지자라면 앱을 이미 설치하여 사용 중이었음을 확인하는 문제였다.

서포터즈를 활용한 리뷰 미션

어렵게 선발된 이마터즈에게는 어떤 미션이 주어졌을까? 55명의 이마터즈에게 매월 미션이 2가지씩 주어졌다. 하나는 본인이 이마트에서 장 본 상품을 자신의 소셜미디어 채널에 공유하는 '마이 쇼핑 카트'이다. 오프라인 매장에서 다른 사람의 카트와 스쳐 지나갈 때 무의식적으로 이런 생각을 한다. '저건, 매장의 어디에 있을까?', '저건 왜 2개나 샀을까? 세일하나?' 이런 궁금증에 빠져 본 경험을 살린 것이다. '마이 쇼핑 카트'로 자신의 쇼핑 카트를 공유하면서 집들이를 위한 장보기, 아이 생일상 차리기 위한 장보기 등 쇼핑의 '맥락'을 같이 소개하라고 독려했다. 앞서 리뷰 요청 시 고객의 스토리를 담아야 한다는 점을 강조한 것이다.

두 번째 미션은 한 달 동안 이마트에서 구입한 제품 중 가장 좋았던 상품을 하나 꼽아 리뷰를 작성하여 자신의 소셜미디어 채널을 통해 공유하는 '이마터즈 픽'이다. 직접 사용해보니 가장 좋았던 상품을 선정하고, 그 추천 이유를 리뷰하는 것이었다. 매월 55명의 이마터즈가 하나의 이마트 상품을 픽하면 한 달에 55개의 이마트 상품이 이마터즈에 의해 추천된다. 이 55개의 상품을 이마트의 담당자와 관련 실무자들이 심사해 5~6개의 최종 이마터즈 픽을 선정한다.

이마트의 지지자들에게 가장 쉽고 익숙한 '쇼핑'과 '리뷰'에 집중한 미션을 준비한 것이다. 기업이 특정 제품을 선정하여 서포터즈에게 리뷰나 바이럴 콘텐츠의 작성을 요청했던 이전의 방식에서 벗어나려 했다. 그리고 서포터즈가 스스로 제품을 찾아내 리뷰의 형식으로 다른 이마트 고객의 구매를 돕는 리뷰 본연의 목적을 달성할 수 있도록 하여 보람과 자부심을 느낄 수 있도록 설계하였다.

그 외에 미션은 활동 기간 내 격월로 '이마팅'이라는 오프라인 모임에 참석하는 것이었다. '이마팅'은 크게 두 가지 주제로 행사가 구성되었다. 첫 번째는 이마터즈의 활동에 대한 피드백으로 전문가가 그들의 콘텐츠 작성에 도움이 되는 정보를 제공하는 것이었다. 이때 중요한 것은 이마트의 입장이 아닌 서포터즈의 관점에서 그들의 콘텐츠가 독자들에게 효과적으로 전달되는 방법을 강의나 퀴즈의 형식으로 제공하는 것이었다.

두 번째는 그들의 활동에 대한 시상이었다. 기간에 맞추어 미션을 달성하지 못한 이마터즈에게 제약을 가하는 것이 아닌 미션을 훌륭하게 수행한 이마터즈에게 칭찬과 감사의 의미로 시상을 진행한 것이다. '이마팅' 덕분에 1기 활동을 마치는 순간까지 대부분의 이마터즈가 미션을 수행 완료하게 되었다.

긍정적인 이마터즈 경험의 연결

이마터즈의 미션 중 '이마터즈 픽'에서 최종 선정된 상품은 추천한 이마터즈 소개와 함께 리뷰 중 추천 이유를 정리해 이마트의 공식 블로그에서 월별로 공지하였다. 선정 발표와 동시에 '이마터즈 픽'으로 선정된 제품에 대해 소셜 웹에서 이미 자발적으로 작성한 리뷰를 찾아 '발견 얼리이마터'라는 코너의 콘텐츠로 소개하고 연결 지었다. 그리고 '이마터즈 픽'으로 선정된 제품에 대해 이마터즈나 발견 얼리이마터의 리뷰어가 놓친 특장점이나 활용 사례를 이마트의 입장에서 소개하는 '스토리뷰' 브랜디드 콘텐츠와도 연결 지었다. 이로써 소셜 웹에서 이마터즈와 고객 리뷰어, 그리고 이마트가 '이마터즈 픽'으로 선정된 제품의 리뷰 중심으로 연결 지어진 것이다.

더 나아가 오프라인, 즉 이마트 매장과도 연결한다. '이마터즈 픽'으로 선정된 제품에 대해 추천한 이마터즈 소개와 함께 리뷰 중 추천 이유를 정리해 매장용 POP로 제작한다. 이 POP는 전국 이마트 매장의 이마터즈 픽으로 선정된 상품 판매대에 부착되었다. 선정된 이마터즈는 자신의 리뷰가 이마트 전 매장에 POP로 소개되는 성취감을 느끼게 되었다. 그리고 다른 이마트 고객들은 이마터즈의 추천 리뷰를 통해 구매에 도움을 얻게 되었다. 이마트는 고객이 직접 추천한 리뷰, 즉 이마터즈의 긍정적인 경험을 다른 고객에게 연결하여 상품 판매라는 결과를 얻을 수 있었다.

이마터즈로 살펴보는 서포터즈 개선점

새로운 이마트의 서포터즈인 이마터즈 프로그램 실행 결과 이마터즈에게는 참여감, 성취감이 부여됐고, 잠재고객에게는 추천으로 영향을 미쳤으며, 실제 매장의 해당 제품은 매출이 향상되었다. 마지막으로 서포터즈 프로그램 개선 시 참고해야 할 점들을 몇 가지 정리해보자.

첫 번째, 서포터즈의 보상 설계를 금전적인 보상보다는 사회적 인정 보상을 우선으로 설계하라. 이마터즈에게도 물론 '쇼핑지원금'이란 금전적인 보상을 제공하였다. 이미 금전적 보상이 일반화되어 버린 현실에서 이를 무시하긴 어려운 일이다. 대신 그보다 사회적 인정 보상을 더 강력하게 기획하는 데 중점을 두자. 자신의 리뷰 콘텐츠가 리뷰의 본래 목적인 '다른 사람을 돕는' 이타적인 효과를 낼 수 있도록 말이다. 전체 매장에 POP로 자신의 리뷰가 소개되는 것은 리뷰의 또 다른 목적인 '자신의 존재감을 드러내는' 아주 좋은 결과이다. 사람들이 리뷰를 작성하는 이유를 리뷰의 보상으로 연결 지어 설계해 보라. 금전적 보상보다 우선적으로 성취감을 얻을 수 있는 보상을 준비해 보자.

두 번째, 판에 박힌 미션보다 놀이와 같은 재미있는 미션을 준비하자. 제품에 대한 리뷰 요청을 주로 미션으로 한다면 앞서 이야기한 것처럼 리뷰의 요청은 구체적인 질문으로 준비해야 한다. 그리고 여기에 재미있는 놀이를 연결해 주자. 재미있는 활용 사례를 요청하거나 시기적으로 유행하는 놀이, 우리 업(業)에 덕후들의 놀이를 접목해도 좋다. 이마터즈는 그들이 좋아하는 쇼핑에서 친구들에게 추천할 만한 상품을 찾는, 그들에게 익숙한 놀이를 적용했다. 우리 고객들에게 익숙하고 재미있는 놀이를 찾아 미션으로 만들어 보자.

　세 번째, 팬덤의 문화를 활용하라. 팬덤은 팬들과 그들만의 문화로 이루어진다. 팬덤이 소속감을 만드는 방법을 참조해 여러분의 서포터즈에도 적용해 보자. 이마터즈는 팬덤이 그들만의 문화, 그들만의 언어로 소속감을 만드는 점에서 착안하여 이마터즈 활동에 관련한 모든 언어를 만들었다. 굿즈의 개개 이름부터 행사의 명칭, 시상의 명칭까지. 재미도 주지만 결국 그들만의 언어를 통해 소속감을 만들 수 있다.

　그리고 웰컴 굿즈로 세심하게 준비했다. 배지서부터 볼펜, 수첩 하나하나까지 고가는 아니지만 재미와 정성을 가지고 준비해서 한정의 수량으로 존재감을 높였다. 인스타그래머블(인스타그램에 올릴만한 가치가 있는)은 너무 당연한 조건이었다.

기업 주도의 리뷰 마케팅 운영 체크리스트

이번 장에서는 기업 주도의 리뷰 마케팅을 개선하는 방법에 대해서 자세히 살펴보았다. 세부적으로 리뷰 이벤트, 체험단/서포터즈를 활용한 리뷰 요청에 대해 살펴보고 이커머스 플랫폼이나 자사몰에서 리뷰 기능을 운영하는 방법을 이야기했다. 다음의 체크리스트를 참조하여 고객에게 리뷰를 요청하여 운영하는 방법의 개선점을 찾아보자.

단계	주요 점검 항목	체크 사항	☐
기업 주도의 리뷰 마케팅 개선 수집	고객 리뷰 요청 전 준비되었는가?	요청할 고객 리뷰의 구체적 활용 목적을 설정하였는가?	☐
		요청할 고객 리뷰의 예상본을 준비하였는가?	☐
		요청할 리뷰어를 선정하였는가?	☐
		요청 시 제공할 가이드라인을 준비하였는가?	☐
		요청 시 제공할 떠들 거리, 이야깃거리를 준비하였는가?	☐
		요청 시 제공할 정보들에 대해 정리가 되었는가?	☐
	리뷰 요청 시 정확하고 효과적으로 요청하고 있는가?	요청하는 질문이 리뷰의 활용 목적에 부합하는가?	☐
		요청하는 질문이 사람들이 리뷰를 읽는 목적에 부합하는가?	☐
		요청하는 질문이 리뷰에 개인의 스토리를 유도하는가?	☐
		요청하는 질문이 다양한 사용 가치를 담을 수 있는가?	☐
		리뷰의 요청이 다양한 형식의 리뷰를 유도하고 있는가?	☐
다양한 리뷰 요청 방법 활용하기	리뷰 요청 이벤트를 효과적으로 활용하고 있는가?	광고, 홍보성의 리뷰라는 선입견을 뛰어넘는 리뷰의 기획을 담고 있는가?	☐
		고객 요청 이벤트에 다양한 보상을 준비하였는가?	☐
		기존의 리뷰 이벤트와 다른 재미를 포함하고 있는가?	☐
	체험단/서포터즈에게 효과적으로 리뷰 요청하고 있는가?	체험단/서포터즈의 선정은 합리적인가?	☐
		구체적인 리뷰 요청 미션을 준비하였는가?	☐
		재미있는 놀이와 같은 미션을 준비하였는가?	☐
		작성될 리뷰의 확산 방법을 준비하였는가?	☐
		리뷰에 대한 사회적 인정 보상을 준비하였는가?	☐
이커머스 플랫폼의 리뷰의 운영	이커머스 플랫폼, 자사몰에서의 리뷰 기능을 효과적으로 활용하고 있는가?	리뷰의 작성은 쉽고 간결하게 할 수 있는가?	☐
		수집된 리뷰들은 의미 있게 한눈에 볼 수 있는가?	☐
		리뷰를 작성해야 하는 이유를 제공하고 있는가?	☐
		고객에게 적절한 타이밍에 리뷰를 요청하고 있는가?	☐
		가짜 리뷰를 필터링할 수 있는가?	☐
		리뷰어의 신뢰도를 높이는 방안이 있는가?	☐

부록

추천보증심사지침:
경제적 이해관계 표시하기

부록 추천보증심사지침: 경제적 이해관계 표시하기

공정거래위원회는 홈페이지에 '추천보증심사지침: 경제적 이해관계 표시 안내서[103]'를 공개해 시행되는 개정 추천보증심사지침 내용을 예시와 문답 형태로 알기 쉽게 설명해 주었다. 이 안내서의 주요 내용을 발췌[104]해서 살펴보았으니 내용을 참조해 적합한 경제적 이해관계를 표기하자.

추천보증심사지침의 개요

'추천 · 보증 등에 관한 표시 · 광고 심사지침'의 정확한 준수를 위해 안내서의 전문을 살펴보는 것을 추천한다. 잠시 주요 부분만 살펴보자.

먼저 부당한 표시 · 광고란? 「표시 · 광고의 공정화에 관한 법률」은 소비자가 오인할 우려가 있고, 공정한 거래 질서를 해치는 부당한 표시 · 광고 행위를 금지하고 있는데 그 유형으로 거짓 · 과장, 기만, 부당하게 비교, 비방적인 표시 · 광고가 있다. 소비자의 구매 선택에 중요한 사실을 은폐 · 축소하여 표시 · 광고하는 경우 기만적인 광고에 해당할 수 있는데, 추천 · 보증이 사실상 광고인지 또는 진실한 후기인지 여부는 소비자에게 중요한 고려사항이다. 따라서 사업자로부터 경제적 대가를 지급받고 추

---

103 http://www.ftc.go.kr/www/selectReportUserView.do?key=10&rpttype=1&report_data_no=8706
104 추천보증심사지침: 경제적 이해관계 표시 안내서 / 공정거래위원회 / 2020.9.

천·보증하면서 그 사실을 공개하지 않을 경우에는 기만적인 광고에 해당할 수 있어, 반드시 경제적 이해관계를 공개해야 한다.

또한 실제 경험한 것과 다른 내용을 마치 자신이 경험하거나 체험한 사실인 것처럼 추천·보증하거나, 전문적 지식을 가진 추천·보증인이 자신의 합리적인 판단과 맞지 않음에도 '전문적 판단'인 것처럼 추천·보증하는 경우에는 거짓·과장의 표시·광고 등에 해당할 수 있다.

여기서 추천/보증의 정의는 광고주가 아닌 제3자의 독자적인 의견으로 인식될 수 있는 것 중, 상품 등에 대해 좋다고 인정·평가하거나 구매·사용을 권장하는 것을 말한다. 추천·보증 등의 예시를 살펴보면 상품 사용이나 구매를 권장하는 경우, 상품에 대한 사용 후기, 상품의 기능, 장점 등을 언급하여 설명하는 경우, 유명인이 상품이나 브랜드를 널리 알리려고 의도적으로 반복적으로 노출하며 브이로그 콘텐츠를 제작하는 경우, 상품 설명 등과 함께 구매할 수 있는 링크를 게시하는 경우, 간접광고가 포함된 방송 콘텐츠를 클립으로 제작하여 유튜브 등에 업로드하는 경우, 예를 들어 '가을에 듣기 좋은 노래 추천' 영상에 특정 음원을 포함하여 이를 업로드하는 경우, 기타 이와 유사한 예시로서, 상품 등을 좋다고 인정하거나 구매·사용을 권장하는 것으로 볼 수 있는 경우 등이다.

광고주의 의견은 별도의 경제적 이해관계 표시가 없는 경우라도 일반 소비자가 광고라고 판단할 수 있기 때문에 광고주가 신문, 방송, 자신의 SNS 계정 등을 통해 자신의 상품 등에 대한 성능, 효과를 알리는 경우에는 추천·보증에 해당하지 않는다. 예를 들어 기업이 공식 SNS 계정에서 전속모델 연예인을 활용하여 자사의 제품을 추천하는 경우는 추천·보증에 해당하지 않는다.

다만, 광고주라 하더라도 일반 소비자가 광고주가 아닌 제3자로 인식할 가능성이 있는 경우에는 해당 게시물이 광고라는 사실 또는 광고주와의 경제적 이해관계를 표시하여야 한다. 예를 들어 리뷰어가 기업의 사장, 임직원 등이라는 사실을 일반 소비자가 알지 못하는 상황에서 리뷰어가 자신의 계정에 기업의 상품을 추천·보증하는 경우, 기업이 자사 직원의 계정을 통해 자사 상품을 추천·보증하였으나, 직원이라는 사실을 일반 소비자가 알 수 없는 경우, 추천·보증한 계정이 광고대행사, 하위 브랜드 계정으로서 광고주와의 관련되었다는 사실을 일반 소비자가 알 수 없는 경우, 광고주가 인플루언서를 섭외해 광고주의 SNS 계정에 홍보영상을 게재하면서 '내돈내산', '실제로 사용해 본 후기', '개인적 경험', '광고가 아닌 순수한 의견' 등을 강조하여 제3자의 독자적인 의견인 것처럼 광고하는 경우에는 모두 해당 게시물이 광고라는 사실 또는 광고주와의 경제적 이해관계를 표시하여야 한다.

광고주와 추천·보증인 사이에 경제적 이해관계가 있는지 여부는 추천·보증의 신뢰도를 평가하는 중요한 요소이며, 소비자가 알아야 할 중요한 정보이다. 따라서 추천·보증이 광고주와의 경제적 이해관계에 따라 이루어졌다는 사실을 소비자가 충분히 인식할 수 있는 상태에서 그 내용을 평가하고 상품에 대한 구매 결정을 할 수 있도록 하여 소비자의 합리적인 선택권을 보장하고자 하는 것이다. 표시광고법 위반의 부당한 표시·광고 행위를 한 사업자에 대하여 시정조치, 과징금 부과, 고발 등의 제재를 할 수 있다.

경제적 이해관계를 정당하게 공개하는 방법

이제 추천·보증 광고를 할 때 광고주와 추천·보증인 간 경제적 이해관계가 있는 경우에 반드시 경제적 이해관계를 공개해야 한다. 여기서 경제적 이해관계란 광고주와 추천·보증인이 경제적 관련성을 갖는 모든 경우를 의미한다. 현금, 상품권, 할인권, 적립금 등 금전적 대가를 지급하거나 상품 무료 제공, 무료대여, 할인혜택 제공 등의 경우가 대표적이다. 또한 협업·공동구매 진행을 통한 수익 배분이나, 동업이나 고용관계 등 경제적 이익을 공유하는 경우도 포함된다.

경제적 이해관계가 있는 경우의 예시를 좀 더 살펴보면 추천·보증을 의뢰하며 광고료를 지급하거나 물품을 무료로 제공한 경우, 미용실에서 직접 개발한 제품에 대해, 미용실 소속 헤어디자이너가 무료 또는 할인가로 제품을 구매하여 사용하며 추천·보증하는 게시물을 올리는 경우, 유명 인플루언서가 기업과 공동구매를 진행하고, 그 이익을 분배하는 경우, 체험단에게 일반적인 할인율보다 높은 할인율을 제공하여 제품을 구매하도록 하고 추천·보증을 작성하도록 하는 경우, 경제적 이해관계 없이 작성된 추천·보증에 대해 사후적으로 광고료를 지급하고 활용하는 경우, 전속모델이 마치 자신이 직접 구입하여 사용하는 것처럼 자신의 SNS 계정에 후기를 작성하였으나, 실제로는 광고활동인 경우, 전속모델이 자신의 SNS 계정에 상품을 반복적으로 노출하는 경우, 출시되지 않은 상품을 무료로 대여하여 상품 리뷰, 소개를 작성하도록 하는 경우가 해당된다.

경제적 이해관계 공개 시 일반원칙을 살펴보자. 첫 번째는 접근성이다. 경제적 이해관계를 표시하는 문구는 소비자들이 쉽게 찾을 수 있도록 추천·보증 내용과 근접한 위치에 표시해야 한다. 본문의 중간에 본문과 구분 없이 작성하여 쉽게 찾을 수 없는 경우, 댓글로 작성한 경우, '더보기'를 눌러야만 확인할 수 있는 경우 등과 같이 쉽게 찾을 수 없는 위치에 있는 경우는 접근성이 있는 위치에 표시했다고 볼 수 없다.

두 번째는 적절한 문자 크기, 색상 등을 사용하여 소비자들이 쉽게 인식할 수 있는 형태로 표현하는 인식가능성이다. 문자 크기가 발견하기 어려울 정도로 작은 경우, 문자 색상이 배경과 유사하여 문자를 알아보기 힘든 경우, 너무 빠르게 말해서 소비자가 명확하게 이해하기 어려운 경우는 마찬가지로 적절한 표시 방법이 아니다.

세 번째는 금전적 지원, 할인, 협찬 등 경제적 이해관계의 내용을 소비자가 이해하기 쉽도록 명확하게 표시해야 하는 명확성이다. '일주일 동안 사용해 보았음', '체험단', '이 글은 정보/홍보성 글임', '#브랜드명', '@[상품명]', 기타 알기 어려운 줄임말 등의 애매모호한 표시는 명확하게 표시했다고 볼 수 없다.

마지막으로 추천·보증 등의 내용과 동일한 언어로 표시해야 한다. 추천·보증을 한국어로 했다고 하면 '광고', '유료광고', '상업광고', '협찬' 등의 표시는 사용 가능하지만 'Advertisement', 'AD', '땡스 투Thanks to', 'PR', '컬래버레이션Collaboration', '파트너십Partnership', '앰버서더Ambassador', 'Sponsor' 등은 동일한 언어로 볼 수 없는 경우로 사용이 불가하다.

매체별로 경제적 이해관계를 공개하는 방법

각 매체별로 경제적 이해관계를 공개하는 방법을 살펴보자. 첫 번째로 블로그, 인터넷 카페 등 문자를 주로 활용한 추천·보증의 경우이다. 표시문구는 게재물의 첫 부분 또는 끝부분에 본문과 구분되도록 게재하며, '더보기' 등 추가적인 행위를 요하지 않도록 해야 한다. 인플루언서가 기업으로부터 대가를 받고 개인 블로그에 기업의 제품 홍보글을 게재하였으나, 대가를 받았다는 사실을 본문과 구분되지 않는 형태로 중간에 삽입하여, 소비자가 이를 인식하기 어려운 경우는 적절하게 표현한 경우가 아니다.

두 번째는 인스타그램 등 사진을 활용한 추천·보증의 경우이다. 사진 내에 표시하되, 사진과 본문이 연결되어 소비자가 쉽게 인식할 수 있는 경우에는 본문의 첫 부분 또는 첫 번째 해시태그에 표시할 수 있다. 예를 들어 인플루언서가 광고료를 지급받아 SNS에 다이어트 보조제 후기를 남기는 경우, 본문의 첫 줄에 '광고이다'라고 작성하면 된다. 그런데 인스타그램에서 첫 번째 해시태그가 아닌 여러 해시태그 사이에 표시문구를 입력하여 소비자가 이를 인식하기 어려운 경우는 적절하게 표시한 것이 아니다.

세 번째로 유튜브 등 동영상을 활용한 추천·보증의 경우이다. 이 경우는 표시문구가 명확히 구분되도록 게시물 제목 또는 시작 부분과 끝부분에 삽입하고, 방송의 일부만을 시청하는 소비자도 경제적 이해관계의 존재를 쉽게 인식할 수 있도록 반복적으로 표시해야 한다. 예를 들어 상품을 무료로 지급받고 동영상의 일부를 고객 리뷰로 활용하는 경우, 고객 리뷰의 시작 부분과 끝부분에 '협찬받음'이라는 자막을 삽입하고 5분마다 반복적으로 표시했다면 적절하게 표현한 것이다.

마지막으로 아프리카TV 등 실시간 방송을 활용한 추천·보증의 경우는 동영상의 방식을 따르되, 실시간으로 자막 삽입 등을 할 수 없는 경우 음성을 통하여 표현해야 한다. 만약 1인 방송에서 상품 리뷰를 약 30분 동안 진행하면서 경제적 이해관계 있음을 단 한 차례만 언급하여 중간부터 시청하는 소비자들이 이를 인식할 수 없는 경우는 적절하게 표시한 경우가 아니다.

리뷰 이벤트의 참가작은 광고일까?

'추천보증심사지침: 경제적 이해관계 표시 안내서'에서 소개한 몇 가지 참조할 만한 사례들을 살펴보자. 안내서에 담긴 나머지 사례들도 꼭 살펴보길 바란다.

먼저 참가자들에게 제품 사용 후기나 추천 영상을 제작해서 자신의 유튜브 계정에 올리도록 하는 공모전을 개최하는 경우, 공모전 참여 영상도 광고에 해당할까?

기업이 공모전을 개최하여 제3자로 하여금 특정 상품을 추천 · 보증하는 영상을 제작하고 자신의 개인 SNS 계정에 게시하도록 하는 것 역시 광고에 해당한다고 판단되므로 해당 게시물이 광고에 해당한다는 사실 또는 공모전 참여 영상이라는 사실을 소비자에게 알리지 않아 소비자가 오인할 우려가 있다면 기만적인 광고에 해당할 소지가 있다.

매장을 방문한 소비자에게 인스타그램에 사진을 게시하면 소정의 사은품(음료, 사이드메뉴 등)을 지급하는 이벤트를 하거나, 배달 서비스 애플리케이션에서 후기를 작성하면 소정의 사은품을 제공하는 경우에도 경제적 이해관계를 표시해야 할까?

사진을 올리거나 후기를 작성하는 등 일정한 조건을 만족하면 차별 없이 모두에게 대가가 지급되거나, 광고주가 추천 · 보증 내용에 관여하지 않고, 그 대가가 매우 소액에 해당하며 사은품 등의 대가 지급 사실을 소비자가 쉽게 인식할 수 있는 경우라면 경제적 이해관계를 표시하지 않아도 문제되지 않는다.

쇼핑몰 체험단 등을 통해 일반인보다 높은 할인혜택을 받아 상품을 구매했다. 이 경우 직접 구매하였으니 경제적 이해관계를 표시하지 않아도 될까?

특정 집단에게만 가격할인 혜택 혹은 더 높은 가격할인율을 제공하는 경우에는 추천·보증의 신뢰도에 영향을 미칠 수 있다고 판단되므로, 경제적 이해관계를 표시해야 한다.

이 밖에도 더 세부적인 사항들은 정확한 준수를 위해 '추천·보증 등에 관한 표시·광고 심사지침' 안내서의 전문을 살펴보는 것을 추천한다.

리뷰마케팅

출간일 | 2023년 7월 17일 | 1판 1쇄

지은이 | 박찬우
펴낸이 | 김범준
기획·책임편집 | 유명한
교정교열 | 양은하
편집디자인 | 이승미
표지디자인 | 이세래나

발행처 | (주)비제이퍼블릭
출판신고 | 2009년 05월 01일 제300-2009-38호
주소 | 서울시 중구 청계천로 100 시그니처타워 서관 9층 949호
주문/문의 | 02-739-0739   **팩스** | 02-6442-0739
홈페이지 | bjpublic.co.kr   **이메일** | bjpublic@bjpublic.co.kr

가격 | 19,800원
ISBN | 979-11-6592-234-4
한국어판 ⓒ 2023 (주)비제이퍼블릭